2012
长江航运发展报告

交通运输部长江航务管理局　编

图书在版编目（CIP）数据

2012长江航运发展报告 / 交通运输部长江航务管理局编. -- 北京 : 人民交通出版社, 2013.6
ISBN 978-7-114-10677-4

Ⅰ. ①2… Ⅱ. ①交… Ⅲ. ①长江—航运—研究报告—2012 Ⅳ. ①F552.75

中国版本图书馆CIP数据核字（2013）第118516号

书　　名：**2012长江航运发展报告**
著 作 者：交通运输部长江航务管理局
责任编辑：赵瑞琴
出版发行：人民交通出版社
地　　址：（100011）北京市朝阳区安定门外外馆斜街3号
网　　址：http://www.ccpress.com.cn
销售电话：（010）59757973
总 经 销：人民交通出版社发行部
经　　销：各地新华书店
印　　刷：北京盛通印刷股份有限公司
开　　本：880×1230　1/16
印　　张：13
字　　数：225千
版　　次：2013年6月　第1版
印　　次：2013年6月　第1次印刷
书　　号：ISBN 978-7-114-10677-4
定　　价：168.00元
（有印刷、装订质量问题的图书由本社负责调换）

主编单位

交通运输部长江航务管理局

成员单位

云南省航务管理局

四川省交通运输厅航务管理局

重庆市港航管理局

湖南省水运管理局

湖北省交通运输厅港航管理局

江西省港航管理局

安徽省地方海事（港航管理）局

江苏省交通运输厅运输管理局

上海市航务管理处（地方海事局）

长江海事局

长江航道局

长江三峡通航管理局

长江航运公安局

合作单位

重庆航运交易所

江苏海事局

上海海事局

长江口航道管理局

上海组合港管理委员会办公室

编委会

编辑人员

主　　编：唐冠军　黄　强

副 主 编：魏志刚　朱汝明

执行主编：彭东方　彭书华

主要成员：徐培红　陈永彤　董鸿瑜　张妍妍　刘　涛　张贵宾
姜鸿燕　沈延虎　张旭东　陈良超　王汉纯　张兴远
周衍武　陆　薇　何　斌　刘　广　殷惠广　王明高
王　娇　翟　静　程娟娟　朱　江　黄昌顿　潘素芳
许　剑　周国强　马　超　吴保华　乔广燕　吴　虹
甘　露　黄　颖　周建武　万利峰　詹永渝　李　峰
张跃彬

策划统稿：彭书华

责任编审：综合报告篇　彭书华
省市报告篇　徐培红
专题报告篇　彭东方

编写说明

2012年，总体平稳的经济运行态势、不断完善的政策保障和积极引导，为长江航运发展提供了稳定的宏观环境。长江航运业深入贯彻落实国家加快长江等内河水运发展战略，注重水运业结构调整和转型升级，注重安全生产，更加突出加强公共服务和行业监管，更加突出创新驱动的引擎作用，在加快构建畅通、高效、平安、绿色的现代化长江水运体系的一些重点领域和关键环节有新的突破、新的成效。长江航运运输生产总体稳步增长，安全指标总体低位运行，基本建设快速推进，服务能力明显提升，行业管理效能和公共服务水平不断提高，长江航运在国民经济和社会发展中的重要作用进一步凸显。未来，长江航运业也将在带动、服务和促进沿江经济社会持续健康发展的过程中实现新的飞跃，必将成为实现“中国梦”的重要载体。

从2009年开始，《长江航运发展报告》已经连续出版了三期。该报告为政府及有关部门在推进长江航运科学发展时提供了决策参考，也有利于专业研究人员掌握长江航运发展的权威资料和数据，对长江航运从业人员和社会公众全面了解长江航运发展状况起到了一定作用。为更加全面、准确地反映长江航运行业年度发展情况，2012年长江航务管理局组织云南、四川、重庆、湖南、湖北、江西、安徽、江苏和上海等省（市）港航管理部门和长江海事局、长江航道局、长江三峡通航管理局、长江航运公安局等局属单位共同组成编委会，并邀请了重庆航运交易所、江苏海事局、上海海事局、长江口航道管理局、上海组合港管理委员会办公室等单位作为合作单位参与编制。

《长江航运发展报告（2012）》共包括综合报告篇、省市报告篇、专题报告篇和资料汇编篇四个部分。综合报告篇，详细分析了2012年

长江航运发展面临的宏观经济环境和行业发展的政策环境、市场环境、技术环境，着重描述了2012年长江航运行业整体运行状况和基础设施建设情况，回顾总结了行政管理部门在法制机制建设、行业管理和公共服务等方面的实践成效，预测展望了2013年长江航运的发展方向、市场前景和完善管理的主要措施。省市报告篇，从长江沿江七省二市的角度，分别从政策扶持、行业运行基本情况及特点、基础设施建设、行业管理工作、发展展望等五个方面逐一对各个省市进行全面深入的分析和总结。专题报告篇，分别从重点港航企业经营状况、内河液化危险品运输船舶运力情况、长三角地区港口经济运行情况、三峡坝区通航形势以及长江航运技术行业研发中心和重庆航运服务体系的建设、长江干线船型标准化工作、长江电子航道图的试运行等方面的热点问题进行了重点分析。资料汇编篇，汇编了2012年长江沿江省市水路运输的运输船舶、客货运输量和港口吞吐量等统计数据，收录了长江干线航道维护尺度、长江航运景气状况等内容。

《长江航运发展报告（2012）》的筹备和编撰工作得到了所有参编单位的积极响应和支持，在此特向所有参编单位及所有撰稿和编辑人员表示衷心的感谢！

目录

目录

目录

综合报告篇

第1章

发展环境与政策

1.1 宏观经济环境

1.1.1 宏观经济形势与政策

● 我国宏观经济走势与政策

2012年，全球经济呈低速增长的态势，主要经济体复苏步伐参差不齐，差异化明显。美国经济温和复苏，欧元区经济普遍疲软，日本经济仍处低迷，新兴市场经济体增长放缓。面对复杂严峻的国际经济形势，我国经济社会发展按照稳中求进的工作总基调，把稳增长放在更加重要的位置，以扩大内需为战略基点，以发展实体经济为坚实基础，以加快改革创新为强大动力，以保障和改善民生为根本目的，实施积极的财政政策和稳健的货币政策，稳步推进加强和改善宏观调控的各项政策措施，促进经济结构调整和区域协调发展，国民经济运行总体上呈现“缓中企稳、稳中有进”的格局，经济发展呈现“增长放缓、结构调整加快”的新型发展特征。

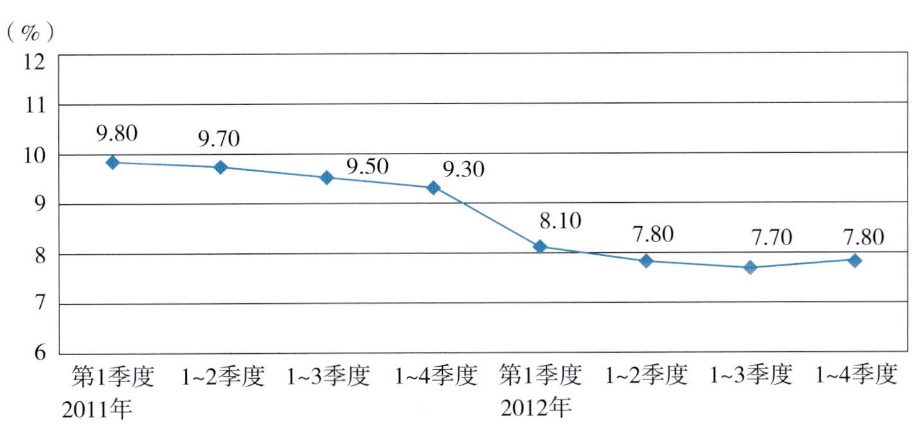

图1.1-1　2011—2012年中国国内生产总值同比增长速度

数据来源：国家统计局。

根据国家统计局公布《2012年国民经济和社会发展统计公报》，初步核算，全年国内生产总值51.9万亿元，比上年增长7.8%，增幅虽然较上年下降1.5个百分点，但实现了年初政府工作报告中确定的增长7.5%的目标。

从投资、消费和净出口三大需求结构看，全社会固定资产投资37.5万亿元，比上年增长20.3%；社会消费品零售总额21.0万亿元，比上年增长14.3%；货物进出口总额3.87万亿美元，比上年增长6.2%。最终消费对GDP贡献是51.8%，资本形成贡献50.4%，货物和服务的净出口贡献-2.2%，内需支撑作用增强。

从三次产业结构看，第一产业增加值5.2万亿元，增长4.5%；第二产业增加值23.5万亿元，增长8.1%；第三产业增加值23.2万亿元，增长8.1%。三次产业占国内生产总值的比重由2011年的10.1：46.8：43.1调整为10.1：45.3：44.6，服务业对经济增长的贡献明显提高。

从区域经济发展结构看，中西部地区的工业和投资增速均快于东部地区，其中中、西部地区规模以上工业增速分别快于东部2.5%和3.8%；全社会固定资产投资增速分别快于东部7.6%和6.6%。产业转移速度在加快，区域发展协调性有所增强。

● 长江沿江省市经济发展态势

2012年，沿江省市政府深入贯彻落实党中央、国务院决策部署，及时出台落实扩大内需、促进消费、稳定外贸增长和改善企业经营环境等多项提振实体经济举措，着力完善区域发展战略，着力调整优化经济结构，全面展开“十二五”发展布局，经济在转型升级中平稳增长。

2012年长江沿江七省二市国民经济主要指标 表1.1-1

地区	GDP（亿元）	同比增长（%）	三次产业结构	固定资产投资（亿元）	社会消费品零售总额（亿元）	外贸进出口（亿美元）	其中：出口（亿美元）
上海市	20 101.3	7.5	0.6：39.4：60.0	5 254.4	7 387.3	4 367.6	2 068.1
江苏省	54 058.2	10.1	6.3：50.2：43.5	31 707.2	18 215.3	5 480.9	3 285.4
安徽省	17 212.1	12.1	12.7：54.6：32.7	15 055.0	5 685.6	393.3	267.5
江西省	12 948.5	11.0	11.7：53.8：34.5	11 388.9	4 006.2	334.1	251.1
湖北省	22 250.2	11.3	12.8：50.3：36.9	16 504.2	9 196.8	319.6	194.0
湖南省	22 154.2	11.3	13.6：47.4：39.0	14 576.6	7 854.9	219.4	126.0
重庆市	11 459.0	13.6	8.2：53.9：37.9	9 380.0	3 961.2	532.0	385.7
四川省	23 849.8	12.6	13.8：52.8：33.4	18 038.9	9 087.9	591.3	384.6
云南省	10 309.8	13.0	16.0：42.9：41.1	7 553.5	3 541.6	210.1	100.2
合计	194 343.1	11.0	9.8：49.5：40.7	129 458.7	68 936.8	12 448.3	7 062.6

数据来源：各省市2012年国民经济和社会发展统计公报。

根据长江沿江七省二市统计局公布的2012年国民经济和社会发展统计公报整理，长江沿江七省二市完成地区生产总值19.43万亿元，按可比价格计算，比上年增长11.0%；第一产业、第二产业、第三产业增加值占地区生产总值的比重为9.8∶49.5∶40.7。全社会固定资产投资12.95万亿元，比上年增长19.0%；社会消费品零售总额6.89万亿元，比上年增长15.0%；外贸进出口额12 448亿美元，比上年增长5.0%。

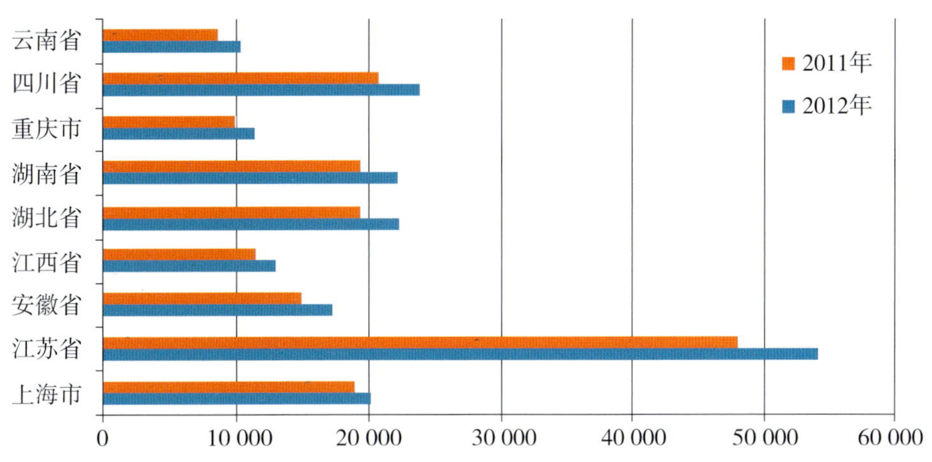

图1.1-2　长江沿江七省二市2011—2012年GDP总量（亿元）

从经济总量看，各省（市）经济实力均有所增强。江苏省成为我国第二个地区GDP突破五万亿元的经济大省，全省总体上达到省定小康指标。湖北省、湖南省和上海市地区生产总值跨过两万亿台阶，使突破2万亿元的省（市）达到4个。云南省GDP首次突破万亿元大关，使沿江七省二市GDP均进入万亿元以上。

从增长速度来看，大部分省市GDP增速居全国中上游，重庆市增幅排列全国第2；上海市GDP增长速度最低，但第三产业比重首次达到60%。固定资产投资中部地区湖北、湖南和安徽省增幅较高；消费品市场中西部地区发展较快；中西部地区外贸持续快速增长，重庆市增幅达到82.2%，东部地区外贸增速放缓。

1.1.2　宏观经济及政策变化对长江航运业的影响

● 宏观经济政策的变化要求长江航运业在促进经济平稳较快发展中发挥重要作用

长江航运是交通运输业的重要组成，也是保持经济平稳较快发展的基础产业和重要保障，是保障和改善民生的重点领域。2012年12月，时任中共中央政治局常委、国务院副总理李克强到九江港考察，强调要用好长江黄金水道，推动沿江特别是内陆腹地梯度开发、开放发展，培育新的增长极。

我国宏观经济政策的变化为长江航运行业的发展提供了新的发展空间和新的要求。扩大内需把重点更多放在扩大消费需求、加快发展服务业上。这为继续完善长江航运基础设施网络、加快结构调整、提高服务保障能力和创新能力提供了有利条件，长江航运在服务流域经济发展，拉动消费需求、改善消费环境、挖掘内需潜力、扩大就业中的地位和作用更加凸显。加快实体经济发展，扩大了对交通运输的需求。这为保持长江航运基础设施建设的适度规模和速度，不断提高长江航运公共服务能力和水平提供了有利条件，长江航运在发展实体经济中的重要作用得到更加重视。加快改革创新，着力保障和改善民生，这为促进政府职能转变，更加注重社会管理创新和强化公共服务职能，提升长江航运行业管理能力与公共服务水平带来了新的契机。长江航运行业在这一大背景下，贯彻落实国家战略，着力实施“十二五”发展规划，推进现代长江航运业发展，为沿江地区经济平稳较快发展作出了新的贡献。

● 宏观经济整体下行调整态势对长江航运业的发展产生了重要的影响

经济增速的放缓，与长江航运运输需求关联度较高的钢铁、水泥等行业产量增速明显回落，全社会用电需求放缓、火力发电量降幅明显，房地产投资及新开工面积的增速下滑。七省二市钢材产量2.89亿吨，同比增长4.0%；水泥产量8.36亿吨，同比增长7.8%；火力发电量9 692.2亿千瓦时，同比下降4.0%。这也导致矿石、水泥、煤炭等大宗物资的运输需求有所萎缩。但房地产市场刚需释放和保障房的大规模开工建设，城镇化和公共基础设施领域项目的推进，一定程度支撑了大宗货源的稳定发展。

2012年，沿江七省二市货物贸易进出口总体增速同比2011年出现较大幅度回落，占沿江七省二市进出口总值的近8成的江苏省和上海市同比2011年分别增长1.6%和下降0.2%，这直接冲击到航运公司以及港口业，导致主要外贸大宗货物需求下降。但中西部地区出口保持快速增长，重庆、安徽和四川等中西部省市的出口增速分别为94.5%、56.6%和32.5%，该地区港口外贸吞吐量仍延续较快的增长趋势。

受外需持续低迷萎缩、国内有效需求不足等因素影响，长江航运下行压力加大。2012年，长江航运景气指数和信心指数均跌入不景气区间，航运市场总体表现低迷，港航企业经营压力较大。

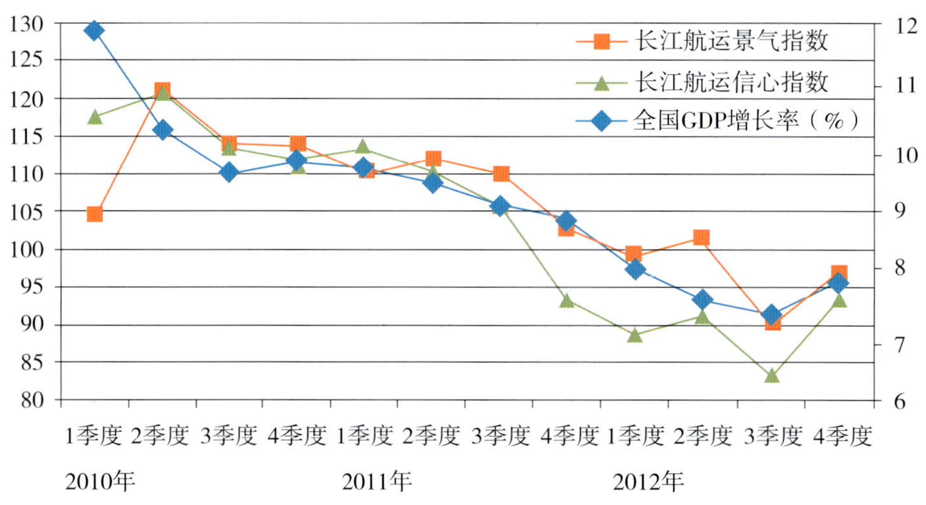

图1.1-3　2011—2012年长江航运景气指数和长江航运信心指数

● 区域发展战略的深入实施不断拓展长江航运发展空间

2012年，国家继续实施区域发展总体战略，出台了一系列区域发展规划和促进区域发展的指导意见，多个地方经济发展规划相继获得国家批复。

2012年国家层面区域发展战略或政策　　表1.1-2

发展战略或政策	发布单位	发布日期	涉及内河水运的主要内容
国务院关于西部大开发“十二五”规划的批复（国函〔2012〕8号）	国家发展和改革委员会	2012年2月13日	进一步改善长江干线通航条件，基本实现嘉陵江航道梯级渠化，形成有效沟通东中部地区的内河高等级航道体系。推进重庆长江上游航运中心建设，加快内河主要港口和地区重要港口建设，促进高等级公路、铁路与内河港口的无缝衔接
国务院关于大力实施促进中部地区崛起战略的若干意见（国发〔2012〕43号）	国务院	2012年8月27日	加快长江、淮河干流及重要支流高等级航道建设，统筹岸线资源开发，加强武汉长江中游航运中心和重点内河港口建设
国务院关于支持赣南等原中央苏区振兴发展的若干意见（国发〔2012〕21号）	国务院	2012年6月28日	建设赣州综合交通枢纽。加快赣江航道建设，结合梯级开发实现赣州—吉安—峡江三级通航，加快建设赣州港
丹江口库区及上游地区经济社会发展规划（发改地区〔2012〕3380号）	国家发展和改革委员会	2012年10月16日	加快汉江高等级航道建设，加强库区淹没水运设施复建和公路渡口改造，合理布局建设码头等设施

沿江省市进一步完善区域发展格局和产业规划，依托长江黄金水道优化沿江沿河地区产业布局，引导沿江产业集聚发展。上海市加快推进“四个率先”、加快建设“四个中心”，江苏省加快跨江合作和产业集聚，皖江城市带实现跨江联动，江西省出台意见进一步推进九江沿江开放开发，湖北省出台湖北长江经济带、湖北汉江流域等相关规划，三峡库区后续工作规划库区经济结构战略性调整，四川省规划建设金沙江下游沿江经济带。沿江省市加快构建沿江临港产业体系，岸线利用和港口建设得到进一步加强，长江航运成为带动区域发展的重要引擎。

1.2　行业发展政策

1.2.1　贯彻落实国家战略

● 全面贯彻落实加快长江等内河水运发展的国家战略

继2011年交通运输部、上海市、江苏省、安徽省、湖北省、湖南省和重庆市等出台了贯彻落实国务院关于加快长江等内河水运发展的实施意见后，2012年四川省、云南省

以及江苏省苏州市、南通市等省辖市也相继出台了相关实施意见。

2012年省级政府出台的贯彻落实国务院关于加快长江等内河水运发展的实施意见 表1.2-1

	四川省人民政府关于加快长江等内河水运发展的实施意见（川府发〔2012〕9号）	云南省人民政府关于贯彻国务院加快长江等内河水运发展意见的实施意见（云政发〔2012〕100号）
发展目标	利用10年左右的时间，建成畅通、高效、平安、绿色的现代化内河水运体系，建成比较完备的现代化内河水运安全监管和救助体系，运输效率和节能减排能力显著增强，水运优势和潜力得到充分发挥，成为西部综合交通枢纽的重要组成部分，服务全省乃至西部地区经济社会发展的能力显著增强，建成长江上游港口大省和西部水运强省	到“十二五”末，全省通航里程增加30%以上，达4 000公里，其中，四级航道里程达240公里，五级航道里程达960公里；全省港口泊位达220个；全省运输船舶平均吨位比2010年提高50%，运输船舶标准化率提升至30%以上；构建畅通、高效、平安、绿色的现代化内河水运体系，提高水路运输效率和节能减排能力，提升水运安全保障和应急处置能力
主要任务	提高航道通过能力。大力推进港口建设。着力培育水运市场。保障水运平安运行。带动流域经济社会发展	加快出省出境航道建设，促进区域交流合作；深化航道管养体制改革，加强航道管理养护；加快港口码头建设，发挥港口的水陆运输枢纽作用；加强水运安全监管，提升安全保障能力；强化水运市场监管，规范水运市场秩序；开发库湖区航运，完善区域交通；加强航电协调，促进水资源综合利用
保障措施	科学统筹规划。加大资金投入。实行用地优惠政策。实行税费优惠政策。保护和合理利用航道港口资源。建立和完善水运法规体系。推进科技信息和人才队伍建设。创新水运发展体制机制	加大资金投入。强化科技支撑。加强法制建设。理顺管理体制。完善工作机制

● 贯彻落实“调整经济结构，加快转变经济发展方式”的国家战略部署

为加快转变交通运输发展方式，交通运输部提出了要以科学发展为主题，以加快发展方式转变为主线，以结构调整为主攻方向的“十二五”期交通运输发展思路。交通运输部于2012年10月印发了《关于加快“十二五”期水运结构调整的指导意见》（交水发〔2012〕424号），提出按照“兴内河、优港口、强海运”的总体思路，加快水运基础设施、运输装备结构优化升级，促进现代物流发展和综合运输体系建设。“十二五”期间，国家将加大水运公共基础设施和科研资金投入，逐步建立以中央和地方财政资金为主的资金来源渠道，着力推进水路交通运输科学发展、安全发展和可持续发展，不断提升服务经济社会发展的能力和水平。

● 贯彻落实“提高自主创新能力，建设创新型国家”的创新驱动发展战略

为贯彻落实全国科技创新大会精神，大力实施科技强交战略和人才强交战略，交

通运输部印发《交通运输部关于加快推进交通运输行业科技创新能力建设的若干意见》（交科技发〔2012〕549号），从17个方面进一步明确了加快推进行业科技创新能力建设的指导思想、目标任务、体制机制，强化企业技术创新的主体地位，提高科研院所和高等院校的创新服务能力，增强科技创新的开放性和协同性，加强科技成果推广与知识产权保护，完善竞争机制和科技成果评价、奖励制度。长江航运作为交通运输行业的重要组成，坚持创新驱动，抓好创新体系建设，不断提升科技创新能力；实施“人才强航”战略，加强科技人才队伍建设。

1.2.2 加强规划引导

● 继续出台“十二五”相关专项规划，明确发展目标和政策走向

为落实《中华人民共和国国民经济和社会发展第十二个五年规划纲要》等国家相关战略部署，国务院及相关部门继续出台“十二五”时期的国家级专项规划，其中涉及内河水运的有《服务业发展“十二五”规划》、《“十二五”综合交通运输体系规划》等。

2012年国务院印发的“十二五”相关规划 表1.2-2

规　划	涉及内河水运的主要内容
《服务业发展“十二五”规划》（国发〔2012〕62号）	加快发展内河水运，推进重庆长江上游和武汉长江中游航运中心建设，发展专业化、规模化、现代化内河港区，加快推进内河运输船舶标准化，形成干支直达、江海联运的服务网络。鼓励运输企业优化货物运输组织，大力发展铁水联运、江海直达运输
《“十二五”综合交通运输体系规划》（国发〔2012〕18号）	“十二五”时期，70%以上的内河高等级航道达到规划标准。推进长江三角洲等港口群规模化、专业化协调发展。推进与区域规划、产业布局相关的新港区开发和老港区迁建。加快上海国际航运中心建设，推进重庆长江上游航运中心和武汉长江中游航运中心建设。加快长江干线航道系统治理，推进京杭运河航道建设工程，加快建设长江三角洲，相应建设其他地区航道。加快内河主要港口规模化港区建设，发展专业、环保港区。加强以主要港口等为主的综合货运枢纽建设，完善货运枢纽布局和功能，实现货物运输的无缝化衔接。加快推进内河运输船舶标准化，加速淘汰老旧船舶，提升内河运输船舶的整体技术水平，优化船队结构。提高港口现代化装备水平

交通运输部印发了《公路水路交通运输环境保护“十二五”发展规划》，明确了“十二五”期公路水路交通运输环境保护工作的指导思想、基本原则、发展目标和主要任务。水路生态保护和污染治理“十二五”期重点建设内容包括：生态型港口工程示范，港口生态修复试点，内河航道生态修复试点，施工期港口航道污染治理，营运期港口污水处理与回用设施建设，内河船舶废弃物收集处理设施建设，船舶生活污水接收处理设施建设，港口散货粉尘治理等。

各省市“十二五”综合交通发展规划等相关专项规划也相继公布。

2012年沿江七省二市政府印发的“十二五”综合交通发展规划 表1.2-3

规划	水运目标
上海市综合交通发展“十二五”规划（沪府发〔2012〕31号）	上海港货物年吞吐量保持在6.5亿吨左右，集装箱年吞吐量由2 900万TEU增至3 300万TEU。集装箱水中转比重由38%提升至45%
江苏省“十二五”综合交通运输体系发展规划（苏政办发〔2012〕31号）	建成“两纵三横一网”干线航道网络，干线航道达标里程增加到2 100公里，达标率提升到60%。全省港口年通过能力提升至20亿吨，其中，集装箱年通过能力提升至2 000万TEU。长江干线、京杭运河船型标准化率达到70%，内河货运船舶船型标准化率达到50%
安徽省“十二五”综合交通运输体系发展规划（皖政〔2012〕28号）	将建设长江干流、淮河干流、合裕线、沙颍河、芜申运河等5个国家高等级航道，新增港口吞吐能力1.1亿吨，其中集装箱70万TEU
江西省综合交通运输体系“十二五”发展规划（赣府厅发〔2012〕68号）	到2015年，Ⅲ级以上航道达到790公里，高等级航道达标率74%，港口货物吞吐能力达到2亿吨，集装箱吞吐能力60万TEU
湖北省“十二五”综合交通发展规划（鄂政发〔2012〕81号）	到2015年，初步建成干支连通、通江达海、辐射中部、面向全国的武汉长江中游航运中心。全省高等级航道里程达到1 400公里以上，港口吞吐能力达到3亿吨，其中集装箱吞吐能力达到400万TEU；武汉新港吞吐能力达到1.5亿吨，其中集装箱吞吐能力达到325万TEU

长江航务管理局组织开展了一系列专项规划和支撑研究工作。《长江干线航道建设规划（2011—2015）》获国家发展和改革委员会批复，《三峡后续工作航道影响处理与整治实施规划（2011—2014年）》通过交通运输部及国务院三峡办审查，《长江航运信息化发展规划》、《长江航运通信专网建设规划》等取得阶段性成果。

● 推进航运中心建设，进一步明确发展目标和主要任务

上海市政府发布《上海市加快国际航运中心建设“十二五”规划》，这也是上海国际航运中心建设的第一个专项五年规划。武汉市政府原则通过了《武汉长江中游航运中心建设发展战略纲要》。

2012年航运中心建设的相关规划或发展战略 表1.2-4

	上海市加快国际航运中心建设“十二五”规划（沪府发〔2012〕48号）	《武汉长江中游航运中心建设发展战略纲要》
发展目标	重点完善航运服务体系，形成有利于国际航运中心建设的政策环境，鼓励各类市场主体充分发挥作用。到2015年基本实现货物、船舶、企业、资金、人才、信息、技术等航运要素与资源集聚，初步具备全球航运资源配置能力，形成上海国际航运中心核心功能	将建成六大基地、三大枢纽和一个中心：中部地区主要的集装箱运输基地、船舶制造基地、航运综合服务基地、物流及贸易基地、航运科技与教育基地和信息服务基地；中国重要的水运交通枢纽、物资集散枢纽和港口经济枢纽；具有国际影响力的内河航运中心
意义	有利于强化航运枢纽中心地位。集疏运体系的优化，水水中转比例的提高，对促进长江黄金水道、长江三角洲高等级航道网的建设与发展作用巨大	武汉长江中游航运中心的地位的最终形成，对于促进长江航运科学发展和着力构建中部崛起重要战略支撑具有重要意义

根据重庆市政府相关规划，重庆市拟将货物运输总量大幅调高，集装箱吞吐量有所调低，从而重新规划长江上游航运中心建设目标。2015年重庆全市港口货物通过能力将达到2亿吨，集装箱吞吐能力700万TEU；到2020年建成长江上游航运中心，全市港口货物吞吐能力2.5万吨，集装箱吞吐能力900万TEU。

● 强化流域综合管理，合理配置和高效利用水资源

按照国务院的统一部署，水利部会同国家相关部门，组织流域管理机构、有关地方、科研技术单位和各方面专家，全面完成了七大江河流域综合规划修编工作。继2012年底国务院批复长江、辽河流域综合规划后，2013年初国务院批复了黄河、淮河、海河、珠江、松花江、太湖流域综合规划。依照《中华人民共和国水法》，流域综合规划是流域开发、利用、节约、保护水资源和防治水害的重要依据。

国务院批复《长江流域综合规划（2012—2030年）》（国函〔2012〕220号）　表1.2-5

	《长江流域综合规划（2012—2030年）》
目标	《规划》实施以完善流域防洪减灾、水资源综合利用、水资源与水生态环境保护、流域综合管理体系为目标，坚持全面规划、统筹兼顾、标本兼治、综合治理，注重科学治水、依法治水，处理好兴利与除害、开发与保护、上下游、左右岸、干支流等关系，充分发挥长江的多种功能和综合利用效益，为实现经济持续发展和社会和谐稳定提供有力支撑
特点	突出流域防洪减灾、水资源综合利用、水资源与水生态环境保护、流域综合管理四大支撑保障体系；全面划定了各类河流河段的功能区划，突出规划的指导性和约束性；确定了水生态环境保护控制性指标，突出维护河流永续利用；确定了流域用水总量控制、用水效率控制、水功能区限制纳污红线规划意见。突出实行最严格的水资源管理制度；突出规划方案的协调性
航运	要合理配置和高效利用水资源。大力发展航运，完善现代化长江水运格局

1.2.3　促进现代物流业发展

2012年，国家有关部门和各地政府出台规划和配套政策，积极落实《关于促进物流业健康发展政策措施的意见》。国务院发布《关于深化流通体制改革加快流通产业发展的意见》，提出大力发展第三方物流，促进企业内部物流社会化。国务院办公厅推出降低流通费用10项政策，突出强调降低物流成本。国家发改委、铁道部、交通运输部等多部门出台政策，鼓励和引导民间投资进入物流相关领域。

交通运输是现代物流业发展的主要载体，促进现代物流业发展是推进现代交通运输业发展的重要内容。交通运输部为促进我国物流业发展，主要在物流园区、共同信息平台、海关运输、城市配送、多式联运、绿色物流、节能减排等众多领域出台了一系列政策和开展了很多工作。建立了重点物流园区、企业联系制度，制定了《交通运输部投资补助物流园区项目管理办法》；建立了交通运输物流公共信息平台建设联席

会议制度，并拟出台《交通运输物流公共信息平台建设纲要》；首批26个甩挂运输试点项目全面启动并确定了第二批甩挂运输项目，会同财政部共同印发了《公路甩挂运输试点专项资金管理暂行办法》；拟联合国家发改委等相关部委出台《关于加强和改进城市配送管理工作的指导意见》；根据《关于共同推进铁水联运发展合作协议》，与铁道部开始了全面的合作，共同推进铁水联运的发展；贯彻落实《关于加快推进交通电子口岸建设的指导意见》，在互联互通的基础上初步实现信息共享；继续完善交通运输行业相关的物流标准体系；进一步研究交通方面的绿色物流发展的有关政策；充分利用节能减排项目补助资金，推动物流业的发展；建立健全促进物流业发展的相关法规。

1.2.4　完善技术标准与规范

● 交通运输部颁布的水路工程标准规范

2012年，交通运输部相继颁布了一系列水路工程标准规范，主要包括：《码头船舶岸电设施建设技术规范》（JTS155—2012），《港口工程桩基规范》（JTS167—4—2012），《海港工程钢筋混凝土结构电化学防腐蚀技术规范》（JTS153—2—2012），《海港工程高性能混凝土质量控制标准》（JTS257—2—2012），《桥梁通航安全影响论证报告编制规定》（JTS110—9—2012），《港口建设项目安全验收评价规范》（JTS/T170—3—2012）、《港口建设项目安全预评价规范》（JTS/T170—2—2012）、《三峡船闸通航调度技术规程》（JTS196—6—2012）等。

● 正式实施《运河通航标准》

《运河通航标准》（JTS—180—2—2011）于2012年1月1日起正式实施。《运河通航标准》完善了《内河通航标准》中有关限制性航道的技术规定，首次对运河提出了具体的通航技术标准，明确了运河航道等级分为Ⅰ–Ⅴ级，Ⅵ级和Ⅶ级航道由于运量小、效率低不作为运河航道等级。对运河船型提出了量化指标，对运河过河建筑物通航标准要求提出了严于《内河通航标准》的规定，首次对运河过河缆线的净空高度和安全富裕度作出了明确规定，对在运河中进行取水、排水、调水、泄洪等作业提出通航安全要求，提出了有关技术论证和模拟试验研究的要求。

● 出版《新理念——内河航道建设指南（2011版）》

2011年4月26日，由交通运输部水运局组织编著的《新理念——内河航道建设指南（2011版）》出版发行。《新理念——内河航道建设指南（2011版）》是依托内河水运建设示范工程活动，在总结、提升的基础上编著的，分内河航道建设新理念、限制性航道、航电枢纽和数字航道四篇，着重阐述了航道设计和建设过程中以航为主、全寿命周期成本、以人为本、资源节约、环境友好等新理念，对于提高内河航道建设管理、设计、施工、监理水平具有很强的指导性。

1.3　行业市场环境

1.3.1　物流业发展态势

根据中国物流与采购联合会的统计数据，2012年我国社会物流总额为177.3万亿元，社会物流总费用9.4万亿元，物流业实现增加值3.5万亿元，同比分别增长9.8%、11.4%和9.1%。社会物流总费用与GDP的比率约为18%，同比提高0.2个百分点。因投资需求趋缓，钢铁、建材、煤炭、能源等工业和大宗商品物流需求下降，但快速消费品和网购物流需求增势迅猛。越来越多的企业向产业链延伸服务，逐步从传统物流企业向综合物流服务商转型，经营业态交叉融合正在加速。长三角、中部地区等区域物流一体化积极推进，上海等一批国家级物流节点城市辐射和集聚作用明显，武汉等一批中西部物流中心城市发展势头良好。物流业固定资产投资完成4万亿元，同比增长23.9%，海铁、公铁、空铁等多式联运具备发展条件，物流园区区域分布趋于均衡，园区集聚和辐射效应持续增强。

1.3.2　交通运输业发展态势

2012年，交通运输业经济运行总体平稳有序，交通运输经济主要指标增速总体呈现“前8个月逐步趋缓、9月份开始逐月回升”的特点。全年货物运输总量412亿吨，比上年增长11.5%；货物运输周转量173 145亿吨公里，增长8.7%。其中，水路货运量和货物周转量综合运输体系中的比重分别为11.07%和46.58%。全年旅客运输总量379亿人次，比上年增长7.6%；旅客运输周转量33 369亿人公里，增长7.7%。其中，水路客运量和旅客周转量在综合运输体系中的比重分别为0.69%和0.23%。交通运输、仓储和邮政业完成固定资产投资3.03万亿元，增长9.1%。全年内河及沿海建设完成投资1 493.82亿元，比上年增长6.3%。其中，内河建设完成投资489.68亿元，增长23.1%。

2012年全国各种运输方式完成货物（旅客）运输量及其增长速度　　表1.3-1

运输方式	货运量		货物周转量		客运量		旅客周转量	
	绝对数（万吨）	比上年增长（%）	绝对数（亿吨公里）	比上年增长（%）	绝对数（万人）	比上年增长（%）	绝对数（亿人公里）	比上年增长（%）
总计	412.1	11.5	173 145.1	8.7	379	7.6	33 368.8	7.7
铁路	39	–0.7	29 187.1	–0.9	18.9	4.8	9 812.3	2.1
公路	322.1	14.2	59 992	16.8	354.3	7.8	18 468.4	10.2
水路	45.6	7.0	80 654.5	6.9	2.6	4.3	77.4	3.9
民航	541.6	–2.0	162.2	–6.8	3.2	9.2	5 010.7	10.4
管道	5.3	–7.8	3 149.3	9.1				

数据来源：中华人民共和国2012年国民经济和社会发展统计公报。

长江沿江省市交通运输业经济运行总体保持良好态势。据不完全统计，2012年长江沿江七省二市完成交通建设投资近5 350亿元；全年货物运输总量136.9亿吨，同比增长7.3，货物周转量56 886亿吨公里，同比增长9.5%；旅客运输量138.6亿人次，同比增长11.0%，旅客周转量11 087亿人公里，同比增长10.3%；港口货物吞吐量39.65亿吨，同比增长5.4%；国际标准集装箱吞吐量5 141.5万TEU，同比增长6.2%。

1.3.3 船舶工业与船舶交易

2012年，根据中国船舶工业协会数据，全国造船完工量为6 021万载重吨，同比下降21.4%；承接新船订单量为2 041万载重吨，同比下降43.6%；截止12月底，手持船舶订单量为1.069 5亿载重吨，同比下降28.7%。全国规模以上船舶企业1 647家，完成工业总产值7 903亿元，同比增长3.4%，增幅较上年末下降18.8个百分点。其中，船舶制造业完成工业总产值5 951亿元，同比下降0.1%；船舶配套产业、修理业、改装产业分别完成工业总产值1 130亿元、181亿元、317亿元，同比分别增长15.1%、11.6%、23.6%。

长江三角洲地区是我国规划的三大世界级造船基地之一，2012年江苏省、上海市和浙江省造船完工量、新承接订单量和手持船舶订单量三大造船指标分别占全国份额的71.2%、65.4%和72.2%。

2012年江苏、上海、浙江三大造船指标及占全国份额情况表 表1.3-2

指标地区	造船完工量		新承接订单		手持订单	
	万载重吨	份额（%）	万载重吨	份额（%）	万载重吨	份额（%）
江苏	2 218.5	36.8	478.9	23.5	4 034.0	37.7
上海	1 040.9	17.3	442.2	21.7	1 795.5	16.8
浙江	1 027.4	17.1	401.0	20.2	1 892.3	17.7
全国	6 021.2	100	2 041.2	100	10 694.7	100

沿江省市在长江等重点内河水域沿线也是我国重点内河船舶建造基地，形成了较为完备的产业体系。如湖北省武汉市是我国内陆最大的船舶设计制造基地，湖南省培育了国内游艇上市第一股（太阳鸟游艇）。2012年，受手持订单下降、完工船舶低价以及生产成本上升等因素综合影响，大多数中小型船舶制造企业开工不足局面日益严重，部分造船厂甚至出现全年无新增订单的情况，船企的亏损程度也在加大。

在船舶交易方面，长江沿线船舶交易服务机构主要有上海航运交易所、芜湖市长江船舶交易市场、重庆航运交易所、南京市船舶交易经营管理服务公司、巢湖市海天船舶服务有限公司等，武汉船舶交易中心目前还处于筹建阶段。2012年，通过重庆航运交易所交易船舶361艘，交易金额4.8亿元；通过芜湖长江船舶交易市场交易船舶753艘，交易金额15亿元。

1.4 行业技术环境

1.4.1 科研基础条件建设

贯彻实施国家“创新驱动发展”战略，加快推进科技创新基础条件与环境的改善，是健全长江航运科技创新体系、加快提高提高创新能力的最大支撑。2012年，各级政府加大交通运输科研基础条件建设投资力度，长江航运的科研基础条件不断完善。

- 长江航运技术行业研发中心

“长江航运技术行业研发中心” 是交通运输行业首个行业研发中心，于2012年3月28日在武汉揭牌成立。中心依托长江航道规划设计研究院、长江三峡通航管理局船闸通航工程（技术）研究中心、武汉理工大学水路公路交通安全装备与控制工程研究中心、大连海事大学航海智能技术研究所4家科研机构，设航道整治与维护、枢纽通航、水上交通安全与防污染、信息与智能航运4个研发基地。2012年，长江航运技术行业研发中心已初步完成发展规划和规章制度的编制，组织机构及人员配备；完成科技项目227项，在研项目158项，形成成果34项，推广应用14项，成果转化效益15 595万元。

- 国家内河航道整治工程技术研究中心

成立于2010年12月、2011年11月7日在重庆正式揭牌的“国家内河航道整治工程技术研究中心”由重庆交通大学和长江航道局联合建设，是我国目前唯一的国家级内河整治技术研发平台，以内河复杂滩险治理技术等为主要创新方向，围绕内河综合整治、三峡库区地质灾害治理与防护等方面开展技术攻关、工程化应用、人才培养、国际交流，着力提高内河航道整治工程技术水平，加快重庆建设长江上游航运中心，促进我国内河航运建设。目前国家内河航道整治工程技术研究中心主要开展8项核心技术的攻关：内河复杂滩险整治方面，包括连续滩险整治技术、复合水动力条件下卵石浅滩整治技术、桥群河段通航技术、长河段航道系统治理整治建筑物稳定性关键技术、数字航道建设及应用技术；高水头枢纽通航方面，包括高水头船闸新型输水系统设置技术、船闸扩能及闸坝复航技术；大水位差港口建设方面，包括库区变动回水段码头建设成套技术。在两年时间的研究建设中，该中心解决了我国在内河航道整治、维护和管理方面的很多技术问题，为我国今后长期的内河水运开发奠定了扎实的基础。

- 绿色交通技术产学研协同创新联盟

“绿色交通技术产学研协同创新联盟”于2012年2月28日在北京成立。该联盟由长安大学、武汉理工大学和大连海事大学发起，按照“自愿平等、开放共享、协同创新、合作共赢”的原则，由6家高等院校、6家交通运输行业科研院所、7家大型企事业单位以及交通运输部长江航务管理局、武汉新港管理委员会等21家单位共同组成，围绕解决绿色交通运输体系科学发展的基础性、前瞻性、战略性重大问题，以长江黄金水道绿色航运综合技术、公路交通高效运行与安全保障技术、现代智能与绿色航运关键技术为三大主攻方向。

1.4.2 重点研发方向及相关科研项目

2012年，政府主管部门进一步加强政府资金带动力度，高等院校、科研机构和企业充分发挥优势，不仅在航道整治维护、水上交通安全与防污染、信息化与智能航运、标准规范研究、节能减排等重点研究领域不断取得突破，在加快新技术、新工艺、新装备的应用研究、技术开发和系统集成等新兴技术领域也产生了许多有影响的成果，特别是"黄金水道通过能力提升技术"重大科技专项取得了显著突破，极大增强了行业发展能力。其中，长江航务管理局系统在研科技项目共计157个，在研项目科研经费3 767万元。

● "黄金水道通过能力提升技术"重大科技专项

"黄金水道通过能力提升技术"是西部交通建设科技项目"十二五"六个重大科技专项之一，以解决黄金水道建设发展中"长河段航道系统整治、枢纽和重点航段安全保障与畅通运行、危险品运输安全监管与应急处置、助导航系统与智能化、环境保护"等方面的关键技术问题为目标，促进黄金水道航运的畅通、安全、高效、环保。

2012年，"黄金水道通过能力提升技术"重大科技专项研究工作取得一批阶段性成果：形成报告46份；编制标准规范5项；提出新的理论方法46个；开发软硬件装备22套；取得专利4项；发表论文54篇，培养科研人才86人。在通航及船型标准、航道系统整治、枢纽通航、信息服务与安全保障等方面取得了一些技术突破。

● 国家重大科技项目

"十二五"国家科技支撑计划项目主要有："长江上游航运开发关键技术研究"、"三峡水库常年回水区航运工程建设关键技术研究"、"三峡水库变动回水区末端段航道治理研究"等。

国家高技术研究发展计划（863计划）现代交通技术领域项目课题主要有："长江高等级航道建养与监测关键技术研究"、"三峡水库下游滩群演变及对航道影响研究"、"船-标-岸协同下的水上交通状态感知与交互技术研究"、"150m级超大升程新型单级垂直升船机重大关键技术研究"等。

● 相关领域科技研发项目

在省部级科技攻关项目、长航系统科技项目等方面，主要涉及航道建设与维护方面、港口建设、内河枢纽通航、运输组织与管理方面、信息资源开发利用、运输安全与应急保障、标准规范研究以及新材料、新技术、新工艺、新产品研究等领域。

2012年科研机构水运类在研项目　　表1.4-1

科研领域	主要科研项目
航道建设与维护	三峡库区干支流航道维护关键技术研究、乌江（乌江渡—龚滩）梯级渠化条件下的航道建设技术研究、岷江下游乐山至宜宾梯级建设技术研究、枢纽泄流影响下的桥区航道整治技术研究、受长江来水顶托湘江河湖两相高等级航道整治关键技术研究、三峡及长江上游特大型水库群联合调度对下游航道的影响研究、大型梯级水电枢纽水沙调节对下游航道影响及整治技术研究、清水冲刷条件下长江航道整治建筑物适应性及水毁研究、山区河道型水库滑坡涌浪对航道危害及预防技术研究、内河航道土质岸坡生态治理技术研究、长江航道整治工程软体排混凝土压载块质量控制研究、山区河流枢纽下游利用尾水渠通航关键技术研究等
港口建设	码头泊位单位长度通过能力计算方法研究、港口工程结构性能退化研究及在结构设计中的应用研究、内河港口水资源循环综合利用技术研究与示范、港工结构钢筋腐蚀智能监测及可靠度评估技术研究等
内河枢纽通航	高水头船闸、阀门及启闭机状态检测分析关键技术研究、船闸闸室禁停区域船舶越界探测及预警关键技术研究、湘江航电枢纽多线船闸建设关键技术研究等
运输组织与管理	嘉陵江运输船舶船型研究与示范应用、新型内贸集装箱箱型关键技术研究等
信息资源开发利用	物流公共信息平台关键技术研究与应用示范等
资源节约与环境友好	内河宽浅型船舶节能减排实用技术应用研究等
运输安全与应急保障	三峡两坝间大流量复杂水流下航运安全关键技术研究、长江水上危险货物集装箱运输自动监测系统关键技术研究、桥梁水域船舶通行安全预警设备研制、烟花爆竹集装箱内河运输安全技术研发与应用示范等
新材料、新技术、新工艺、新产品研究	山区河流水上设施风、光、水流新能源复合供电系统关键技术研究等
标准规范研究	三峡船闸检修规程、长江航运物流信息化标准体系研究、电子巡航监管模式及运行规范研究等

1.4.3　政府科技奖、专利授权情况

由武汉理工大学、西安交通大学、长江航道局等三家单位合作完成的“船舶动力装置磨损状态在线监测与远程故障诊断技术及应用”项目获2012年度国家技术发明奖二等奖；由交通运输部推荐，重庆交通大学、四川省交通运输厅交通勘察设计研究院等单位参与完成的“国家高等级航道网通航枢纽与船闸水力学创新研究及实践”获得2012年度国家科学技术进步奖二等奖。

长江航务管理局系统、江苏海事局等部属行业管理部门，重庆港航管理局等沿江省市港航（海事）管理机构，长江航道规划设计研究院、中交第二航务工程勘察设计院有限公司等科研机构和工程勘察设计单位，武汉理工大学等高等院校，中国长江航运集团、南京港（集团）有限公司等企业，水运行业科研成果省部级科技奖方面，共获2012年度中国航海学会科学技术奖一等奖1项，二等奖12项，三等奖6项；获2012年度中国港口协会科学技术奖1项，二等奖8项，三等奖8项；获2012年度中国水运建设协会科学技术奖特等奖1项，一等奖5项，二等奖5项，三等奖15项；获2012年度中国测绘学会科技进步奖一等奖1项，三等奖1项。

另外，长江航道局获得国家级专利授权6项，其中发明专利1项，另有17项专利权在审查之中；组织了8项工法的申报，6项获批。

1.4.4 成果应用与科技创新

2012年，新技术、新材料、新装备、新结构、新系统和新的管理模式在行业的应用，进一步提高了科技进步贡献率。从成果推广应用方向来看，主要包括港口和航道建设与维护、内河枢纽通航、水路运输组织与管理、水路运输信息资源开发利用、智能航运、水路运输资源节约与环境友好、水路运输安全与应急保障和水路运输科学决策支持等方面。其中，长江电子航道图（2.0版）系统、长江海事“电子巡航”系统实现了行业管理创新能力的较大提升。

● 长江电子航道图（2.0版）系统试运行

长江电子航道图（2.0版）系统主要由三个系统组成：生产编辑系统、公共服务平台和应用系统，采用基于数据库的方式进行数据生产与更新，基于网络的数据服务，以综合数据库为支撑向港航企业、社会大众和涉航管理部门提供航运管理、监控调度等应用服务。2012年10月1日，长江电子航道图（2.0版）系统正式上线试运行，长江航道测量中心具体负责项目开发、制作、运行、维护、管理。

长江电子航道图（2.0版）系统具有如下优势及技术创新点：初步建立了长江电子航道图系统的标准体系，结合长江特点对《长江电子航道图制作规范（JT/T765—2009）》进行了修订，并首次进行了应用与实践；构建了一套适合长江航道特色的电子航道图生产编辑系统，并实现了基于同一数据源的电子航道图与纸质航行图的同步更新与生产；基于Web Service的数据获取、数据更新、信息服务、多源信息查询等服务功能；实现了基于浏览器的航标及水位信息网络填报及管理；为长江航行船舶量身订制功能完善、智能化程度高的终端设备；应用系统具有综合性、互动性与实时性；从数据生产到应用服务，全面采用数据库方式进行组织；预留开发接口，便于系统升级完善；完善的管理规定和维护规程体系。

● 长江干线水域全面实施“电子巡航”

电子巡航是长江水上安全监管的一种新型巡航模式，由长江海事局组织研发、实验和应用。它以地理信息系统为基础，整合船舶交通管理系统（VTS）、船舶自动识别系统（AIS）、无线甚高频（VHF）、闭路电视监控系统（CCTV）等先进监管手段，并以业务管理实时数据为支撑，建立统一协同的巡航监控预警平台，为巡航救助执法大队提供虚拟的海巡艇，对船舶实施动态跟踪，对通航秩序进行动态管理，可有效提升海事监管、

预警预控和应急救助能力。长江海事“电子巡航”系统于2011年7月1日起在芜湖、武汉区段试点运行，2012年7月1日起在长江海事局管辖的长江干线水域全面实施。同时，积极拓展电子巡航系统应用范围，利用激光雷达测量和图像识别等技术初步实现了系统中对船舶超载超吃水的监测、报警和违法取证。

电子巡航系统具有如下优势及技术创新点：高度整合了常规监管模式下独立运行的船舶交管系统、卫星定位系统、船舶识别系统、视频监控系统、气象预告系统和水位信息系统六大系统，实现了监管系统一体化。通过设置临界值，实现气象水文等恶劣气况自动预警；设置领域值，实现在航船舶安全距离自动预警；设置分隔线，实现对船舶错走航路、狭窄航道追越、违反定线制等违规行为自动预警；设置边界线，实现桥区、锚泊区、警戒区、禁航区等特定区域船舶违规航行和锚泊自动预警，实现了安全预警智能化。实现了24小时全时段监控、全天候运行、全方位覆盖、无盲区监管以及巡航全过程记录取证，实现了海事巡航高效化。

1.5　行业交流与合作

● 交通运输部与上海市、江苏省签署深化合作备忘录

8月10日，交通运输部、上海市政府在上海共同签署加快推进国际航运中心建设深化合作备忘录，并举行合力建设上海国际航运中心阶段总结推进会。部、市将重点围绕优化现代航运集疏运体系、发展现代航运服务体系、探索建立国际航运发展综合试验区、促进邮轮产业发展四个方面，共同推进上海国际航运中心建设。

11月24日，交通运输部、江苏省政府在南京共同签署推进江苏交通运输现代化建设会谈备忘录，部、省将加强协作，开展交通运输现代化规划研究，着力建设先进适用的基础设施体系、一体化的城乡客运体系、经济高效的货运与物流体系、信息化智能化交通体系和支撑保障体系，加大交通管理体制机制改革创新力度和政策支持力度，制订出台加快推进江苏交通运输现代化建设实施意见。交通运输部将积极支持江苏先行先试，为全国交通运输现代化建设积累经验。

● 交通运输部与中国进出口银行签署战略合作协议

4月20日，交通运输部与中国进出口银行在北京签署关于促进水运发展战略合作协议。双方将充分发挥各自优势，加大对内河水运建设、内河船型标准化、海洋运输等领域重点项目和发展战略研究的金融支持力度。中国进出口银行支持我国大型骨干航运企业“走出去”，实施海外发展战略，提升国际竞争力；对符合国家产业政策的内河建设项目和船舶运力结构调整项目，在融资规模、期限和利率方面给予政策倾斜。

● 长江沿江省市间交通等领域方面的区域合作进一步深化

上海、江苏、浙江等省、市加强长三角区域港航合作，推进长三角一体化发展。湖北、湖南、江西、安徽四省交通运输厅共同签订长江中游城市群综合交通运输示范区合

作意向书，旨在建立便捷、经济、可靠、安全的综合交通运输体系；四省水运规划部门就长江水运发展规划达成共识，建立长江中游四省水运规划工作联席会议制度。重庆与贵州就共同推进乌江水运通道建设达成合作协议，共同促进乌江航运扩能工作。

● 长江船务管理局与长江水利委员会签署《加快长江水利和航运发展合作协议》

5月24日，水利部长江水利委员会与交通运输部长江航务管理局共同签署了《加快长江水利和航运发展合作协议》。双方将在加强规划协调、推进重大工程建设、深化采砂管理合作、做好调度协调配合、加强水环境保护、完善行政审批管理等方面，强化双方的执行力和管理效能，加强协作与配合，深化采砂管理合作，并共同协调好水利建设与航运建设的关系，积极推进长江中下游重点河段河势控制工程、长江南京以下12.5米深水航道治理、长江中游荆江河段航道治理工程、三峡坝区通航配套设施及三峡库尾变动回水区航道治理等重点工程。探索建立长江干流及重要支流控制性水利枢纽水资源综合调度协调沟通机制、三峡库区水环境保护和船舶污染防治合作协调工作机制、危化品运输船舶海损事故信息通报及应急响应合作机制、涉水项目行政许可和审批工作沟通协调机制以及长江水利航运法规和重大技术联合研究工作机制等。

● 长江航务管理局与沿江省市政府等相关部门的战略合作进一步巩固

长江航务管理局与安徽、江西、湖北、湖南、重庆等省、市召开相关座谈会，协调解决涉及航运发展的重大问题；国务院三峡办、国家发改委综合运输研究所、珠江航务管理局、广东省交通运输厅、海南省交通运输厅等与长江航务管理局就航运发展问题进行了调研座谈；中国交通通信信息中心与长江航务管理局洽谈战略合作协议事宜。长江航务管理局与安徽省交通运输厅共同形成了“年初有计划、年终有总结，地方政府有需求，长航局系统有响应，合力推进，互利共赢”的安徽模式。

● 港口航运企业全方位、深层次的战略合作更加深入

上港集团与新加坡国际港务集团近日共同签署SIPG与PSA合作备忘录，双方在营运操作、工程技术、信息系统、人力资源、安全管理和投资项目等方面进行合作交流。中国外运长航集团分别与澳门南光集团、中国铝业公司、中国民航信息集团公司等签订战略合作协议，在拓展海外业务、推进结构调整优化、加快技术管理创新、安全与环保节能等方面开展进一步合作。南京港集团与上海铁路局签署战略合作协议，大力发展水铁联运。芜湖港与镇江港签署协议，探索开展多式联运服务，打造长三角地区水铁联运煤炭综合物流运输基地。武汉新港与美国中心港签署港口合作协议，双方将通过不定期的交流互访、共享内河港口自由贸易区的经验、企业投资考察、绿色港口的建设、交换港口的发展信息、航运服务交流等方式提升双方港口航运服务能力。重庆港务物流集团与四川宜宾临港经济开发区签署战略合作框架协议，开通重庆寸滩港与宜宾港间的集装箱“水水中转”业务，共同构建重庆港—宜宾港区域内 “两港一线”水路绿色运输通道。湖南长沙至深圳铁水联运内陆港示范项目，永州与湛江合作共同在永州建设“无水

港”。河北港口集团与华中航运集团有限公司签署战略合作协议，双方联手共同打造华中及长江沿线煤炭供需平台。

● 第三届中国长江—美国密西西比河战略合作论坛在武汉举行

10月11日，第三届“中国长江—美国密西西比河战略合作论坛”在武汉举行。本届论坛由中国交通运输协会、美国运输与物流协会、武汉市人民政府、交通运输部长江航务管理局共同主办，武汉新港管理委员会承办，主题为“航运中心、多式联运与枢纽港建设”。中美双方近40位政要、专家学者及企业高管等，就航运中心建设等话题展开交流。活动期间，长江航务管理局唐冠军局长阐述了长江航运发展的探索和实践，并强调“绿色发展是长江航运走向现代化的必由之路”。

第2章

行业运行状况

2.1 港航基础设施

2.1.1 内河航道

2012年底，沿江七省二市内河航道通航里程76 258.1公里，占全国的61.0%。等级航道34 569.4公里，占总里程的45.3%，占全国的54.3%。其中，三级及以上航道5 901.9公里，五级及以上航道13 844.0公里，分别占总里程的7.7%和18.2%，分别占全国的59.7%和52.4%。各等级内河航道通航里程分别为：一级航道1 193.6公里，二级航道1 799.5公里，三级航道2 908.9公里，四级航道3 601.7公里，五级航道4 340.3公里，六级航道10 770.1公里，七级航道9 955.3公里。

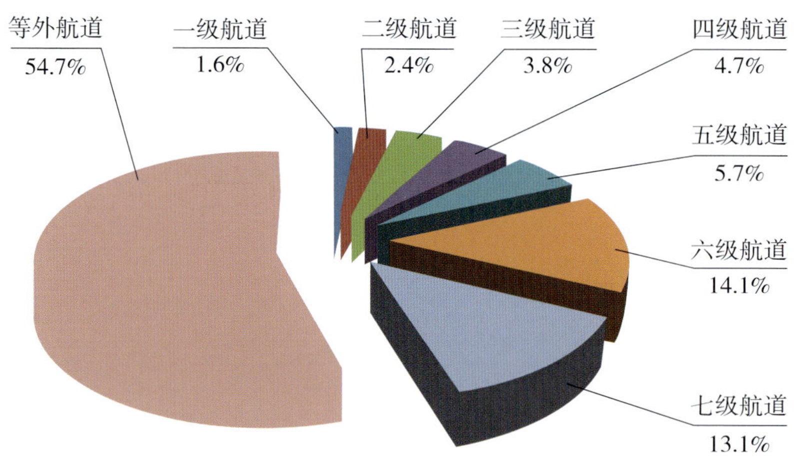

图2.1-1　七省二市内河航道通航里程技术等级构成（2012年底）

沿江七省二市境内主要河流分属长江、珠江、淮河等水系，各水系内河航道通航里程分别为：长江水系58 261.4公里，淮河水系14 921.7公里，京杭运河805.2公里，珠江水系666.36公里，其他水系1 603.4公里。其中，云南省境内有长江、珠江、澜沧江等水系，

安徽省境内有长江、淮河等水系，江苏省境内有长江、淮河等水系和京杭运河。

受自然条件限制，内河等级航道主要集中在东、中部，等级航道通航里程最多的省份为江苏、湖北、安徽、湖南，占七省二市等级航道通航里程的67.5%。

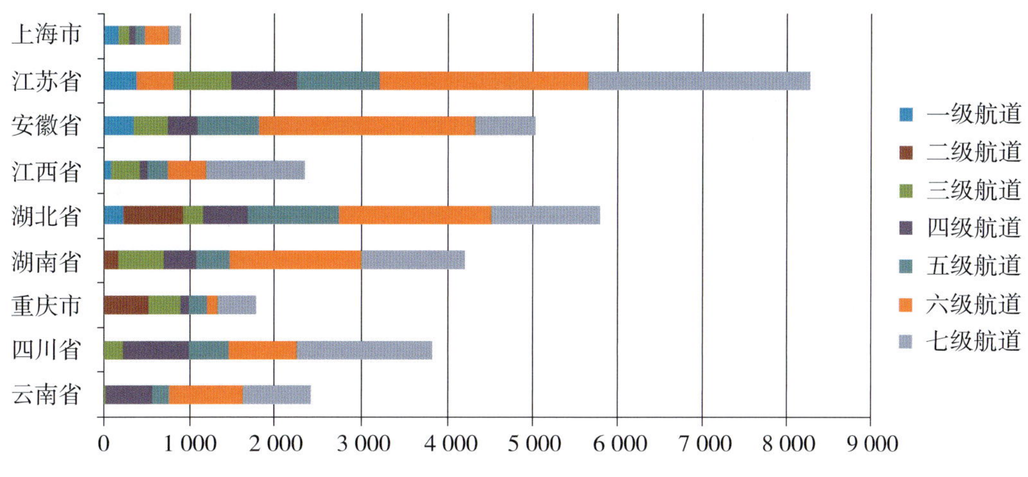

图2.1-2　七省二市等级航道通航里程构成（2012年底）

长江干线航道自云南省水富至长江口，全长2 838公里。武汉至长江口段1 140公里为一级航道，武汉至重庆段1 284公里为二级航道，重庆至宜宾段384公里为三级航道，水富至宜宾段30公里为五级航道。其中，水富至宜宾段航道枯水期通航300吨级船舶；宜宾至重庆段航道枯水期可通航1 000吨级船舶；重庆至三峡大坝段为三峡库区航道，可通航3 000吨级船舶；三峡大坝至葛洲坝两坝间可通航3 000吨级船舶；宜昌至武汉段航道可通航1 000～5 000吨级内河船舶组成的船队；武汉至湖口段可通航5 000吨级海船；湖口至南京段可通航5 000吨级至万吨级海船；南京至太仓段可通航3万吨级海船；太仓至长江口段可全天候双向通航5万吨级海船。

2012年底，沿江七省二市内河航道共有2 220处枢纽，其中具有通航功能的枢纽1 118处。通航建筑物中，有船闸560座、升船机29座；其中，正常使用的船闸386座、升船机15座。

长江干线上有枢纽2处；其中，三峡水利枢纽通航设施有双线五级船闸和在建的升船机；葛洲坝水利枢纽通航设施有三座船闸。长江干线（包括支汊和夹江）上已建在建桥梁共112座，已建成76座。

2.1.2　内河港口

2012年底，沿江七省二市内河港口拥有生产用码头泊位18 567个，占全国内河港口生产用码头泊位的70.8%，码头泊位总数比上年末减少51个；码头总延长104.1万米，比上年末增加18 376米；散货、件杂货年综合通过能力26.31亿吨，新增通过能力8 905万吨；集装箱年综合通过能力1 664万TEU，新增通过能力212.5万TEU；旅客年综合通过能力2.2亿人，新增通过能力121万人；重载滚装和商品滚装车辆年综合通过能力分别为133万辆和227万辆，与上年末持平。

2012年七省二市内河港口生产用码头泊位和能力基本情况 表2.1-1

	全社会生产用码头泊位		综合通过能力				
	泊位数	码头总延长	散货、件杂货物	集装箱	旅客	汽车	
						重载滚装	商品滚装
	（个）	（米）	（万吨）	（万TEU）	（万人）	（万辆）	（万辆）
合 计	18 567	1 041 022	263 128	1 664	22 355	133	227
云南省	190	8 840	457		1 549		
四川省	2 085	78 355	8 085	165	6 262		
重庆市	1 241	94 554	10 223	300	6 089	63	76
湖北省	1 858	149 926	25 246	180	3 292	70	24
湖南省	1 838	81 816	16 411	63	2 505		
江西省	1 721	63 361	11 099	40	780		
安徽省	1 336	81 374	41 781	42	886		72
江苏省	7 164	424 699	135 733	874	992		55
上海市	1 134	58 097	14 093				

长江干线拥有生产用码头泊位数3 893个，比上年末减少65个；码头总延长38.5万米，比上年末增加2 097米；散货、件杂货年综合通过能力15.37亿吨，比上年末增加6.0%；集装箱年综合通过能力1 576万TEU，比上年末增加14.5%；旅客年综合通过能力1.07亿人，比上年末增加2.7%；重载滚装和商品滚装车辆年综合通过能力分别为133万辆和227万辆，与上年末持平。

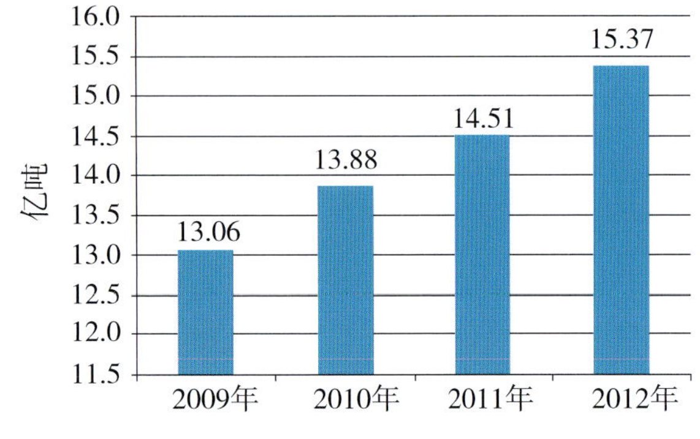

图2.1-3 长江干线港口散货、件杂货综合通过能力

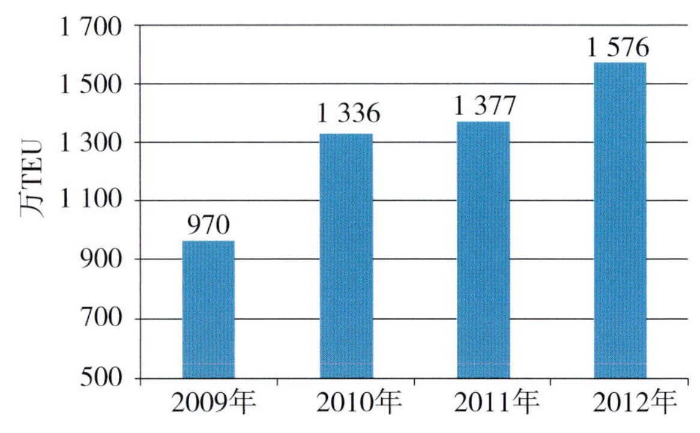

图2.1-4 长江干线港口集装箱综合通过能力

2012年末，长江干线拥有万吨级及以上泊位360个，占全国内河港口万吨级及以上泊位数的97.6%，比上年末增加16个。其中，江苏省沿江万吨级及以上泊位356个，新增15

个；安徽省万吨级及以上泊位4个，新增1个。

2.2　水路运输船舶

2012年底，沿江七省二市拥有水上运输船舶11.14万艘，比上年末减少1.6%；净载重量11 775.5万吨，增长1.8%；平均净载重量1 057.2吨/艘，增长3.5%；载客量47.5万客位，减少3.0%；集装箱箱位120.0万TEU，增长5.7%；船舶功率3 636.8万千瓦，增长3.5%。其中，机动船98 218艘，减少0.8%；驳船13 165艘，减少7.4%。

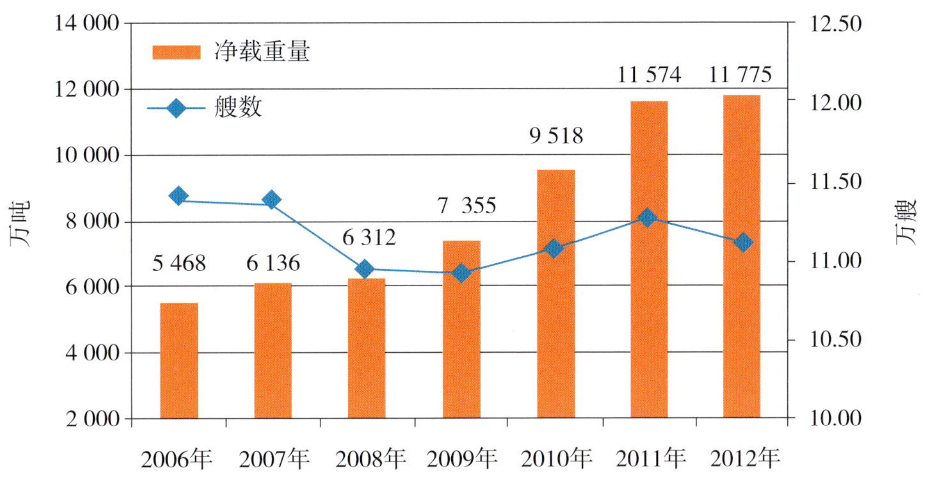

图2.2-1　2006—2012年长江沿江七省二市水上运输船舶拥有量

注：统计范围为从事水上客、货运输活动的我国企业或私人拥有的营业性运输船舶，统计对象为按船舶所有权在本省市注册的船舶，下同。

2012年底，沿江七省二市拥有内河机动船95 314艘，比上年末减少0.5%；净载重量6 203.7万吨，增长7.2%；平均净载重量650.9吨/艘，增长7.7%；载客量46.4万客位，减少4.2%；集装箱箱位10.6万TEU，增长23.5%；船舶功率2 092.0万千瓦，增长5.5%；拖船功率43.4万千瓦，减少17.8%。驳船13 143艘，减少7.5%。

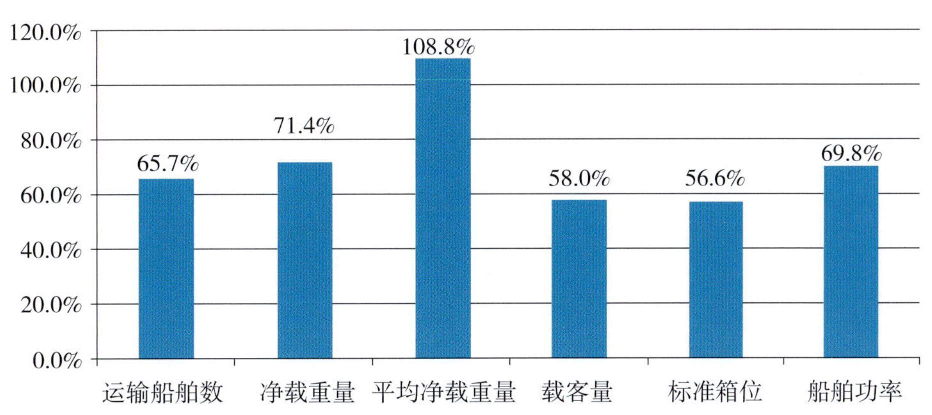

图2.2-2　2012年七省二市内河运输船舶主要指标与全国的比较

● 客船与客货船

2012年底，沿江七省二市拥有客船9 739艘，载客量42.9万客位；其中，内河客船9 729艘，载客量42.8万客位。拥有内河客货船97艘，载客量3.6万客位。

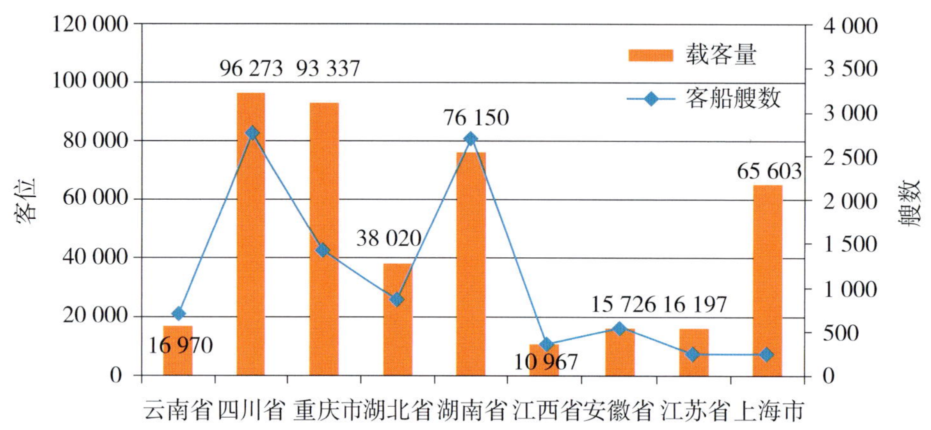

图2.2-3　2012年七省二市客船运力情况

客船主要集中在四川省、湖南省和重庆市，两省一市客船占总数的70.8%。其中，重庆市有豪华邮轮和经济型游船共76艘，3.5万客位，客位数占全市客船运力的37.4%，是长江三峡旅游客运的主力。

● 机动货船

2012年底，沿江七省二市拥有货船86 496艘，净载重量11 253.6万吨，平均净载重量1 301吨/艘。其中，油船2 762艘，净载重量1 649.2万吨，平均净载重量5 970.9吨/艘；集装箱船898艘，标准箱位117.3万TEU，平均载箱量1 306TEU/艘。货船主要集中在江苏、安徽两省，占货船总数的75.1%，占总净载重量的55.2%。

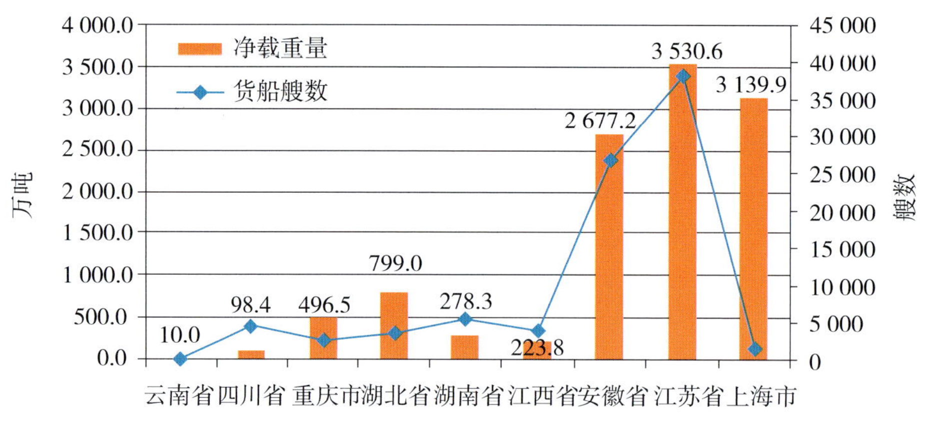

图2.2-4　2012年七省二市货船运力情况

按航行区域分，沿江七省二市拥有内河货船83 655艘，净载重量6 192.3万吨。其中，油船2 394艘，净载重量141.5万吨；集装箱船480艘，标准箱位8.6万TEU。内河货船平均净载重量740吨/艘。其中，重庆市内河货船平均净载重量1 935吨/艘，湖北省1 639吨/艘。

内河油船2 394艘，净载重量141.5万吨，平均净载重量591.1吨/艘。主要集中在江苏省，内河油船净载重量85.2万吨，占所有油船运力的60.2%。

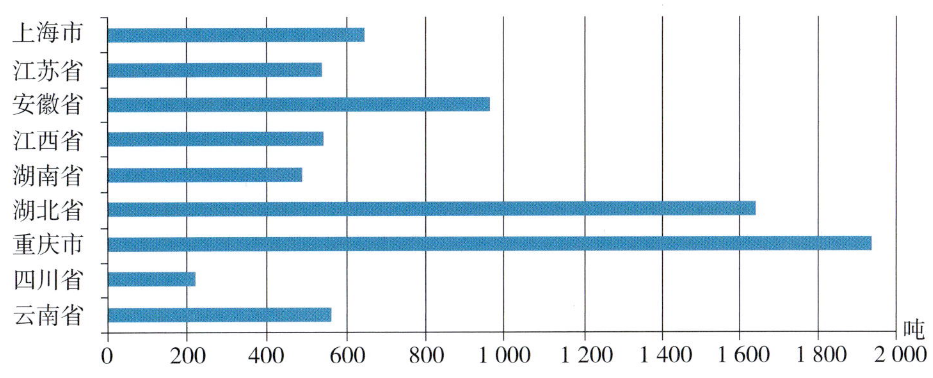

图2.2-5　2012年七省二市内河货船平均净载重量

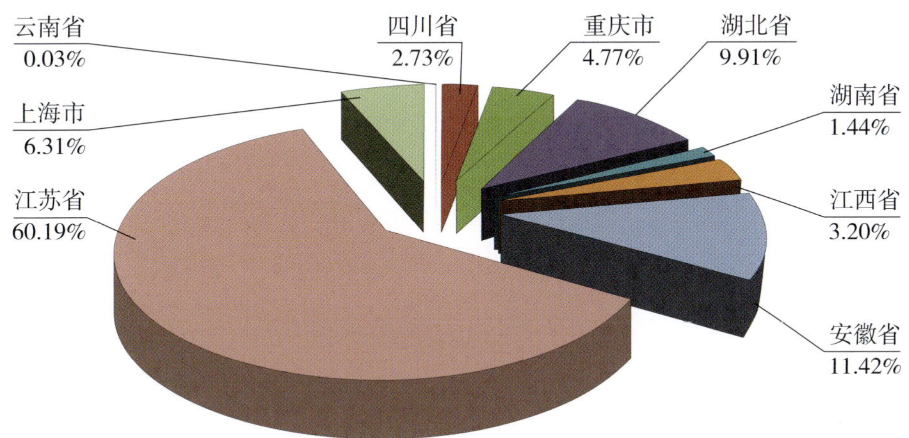

图2.2-6　七省二市内河油船净载重吨区域构成

内河集装箱船480艘，标准箱位8.6万TEU，平均载箱量178TEU/艘。其中，重庆市内河集装箱船数标准箱位占所有内河集装箱船运力的61.7%，江苏省占13.2%，上海市占11.1%。

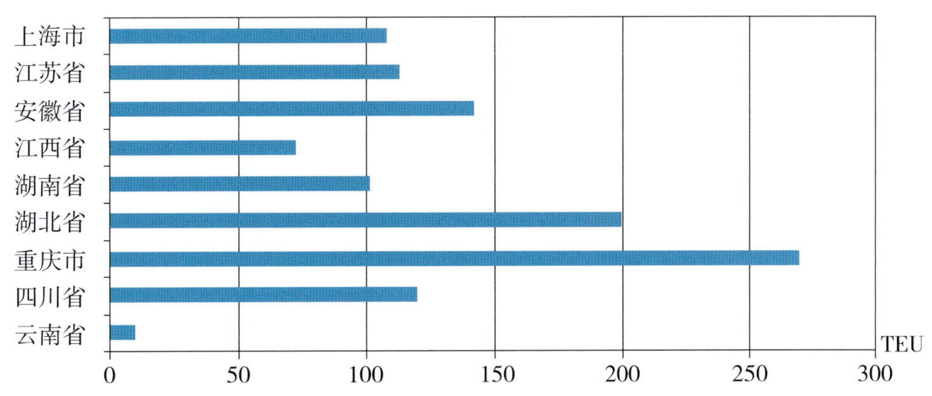

图2.2-7　2012年七省二市内河集装箱船平均载箱量

● 驳船

2012年底，沿江七省二市拥有驳船13 165艘，比上年末减少990艘；净载重量509.8万吨，比上年末减少51.9万吨。江苏省驳船数量最多，占所有驳船的69.7%，但绝对减少数量也是最大，达到752艘；上海市自航驳船改装的集装箱驳船保持稳定；四川省驳船数量有所上升，但主要运营于境内内河航道；长江干线大吨位驳船逐渐萎缩，长航集团驳船队逐步退出市场，湖北省驳船运力净载重量净减34.7万吨。

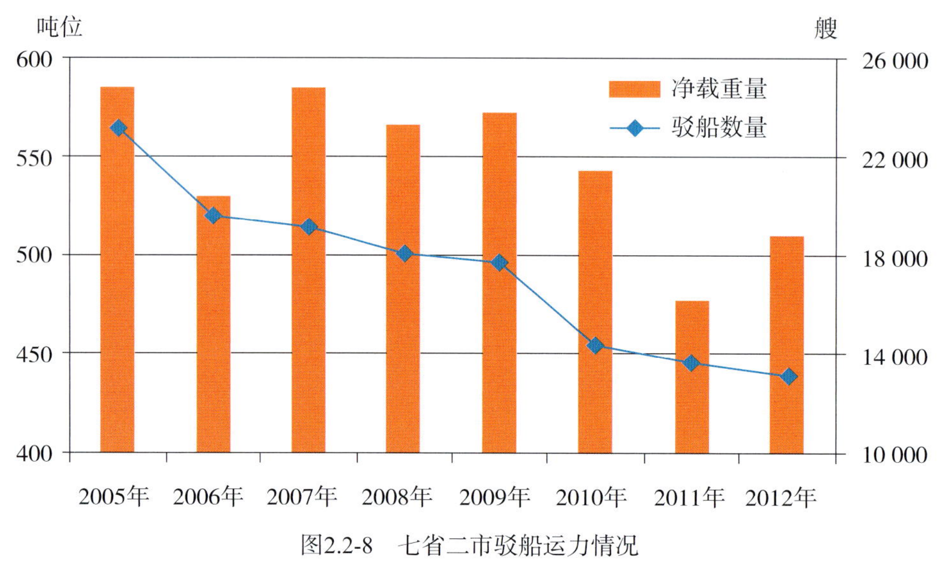

图2.2-8　七省二市驳船运力情况

2.3　水路客货运输

2.3.1　水路旅客运输

2012年，沿江七省二市完成水路旅客运输量8 540万人，旅客周转量24.7亿人公里，比上年分别增长2.7%和2.1%。平均运距28.9公里，比上年下降0.6%。水路客运量、旅客周转量在综合运输体系中所占比重分别为0.6%和0.2%；在全国水路客运量、旅客周转量中所占比重分别为33.1%和31.8%。

2012年沿江七省二市水路旅客运输量　　表2.3-1

指　　标	计算单位	总　　计	内　　河	沿　　海
客运量	万人	8 540	8 164	376
1.机动船	万人	8 522	8 146	376
2.驳船	万人	18	18	
旅客周转量	万人公里	246 654	230 490	16 164
1.机动船	万人公里	246 507	230 343	16 164
2.驳船	万人公里	147	147	

2012年，水路旅客运输量增速虽有所放缓，但受居民出行意愿增强、选择水路旅游出行的旅客增加等因素带动，仍保持继续增长态势。

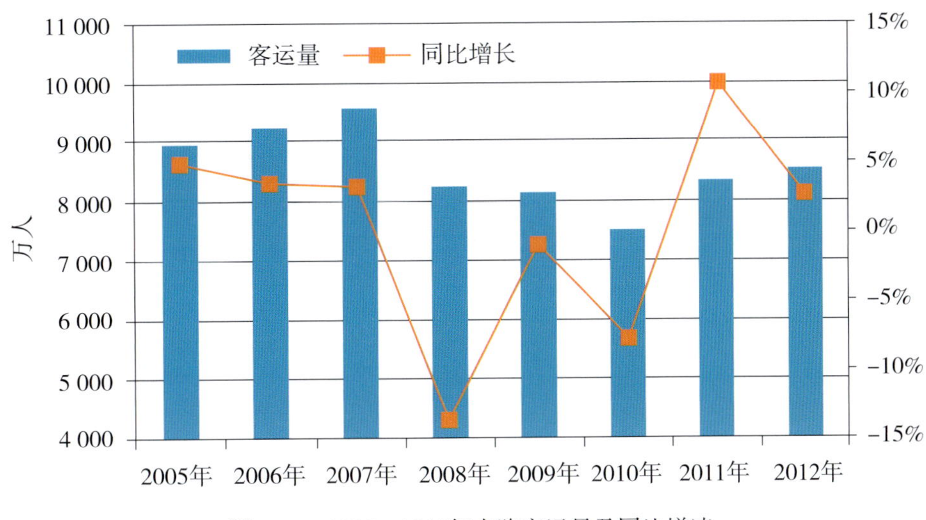

图2.3-1 2005—2012年水路客运量及同比增速

2012年以来，从月度数据看，春运期间水路客运同比下降明显，中秋国庆黄金周期间客运量达到全年峰值，整体上从1月份至12个月水路客运增速放缓。

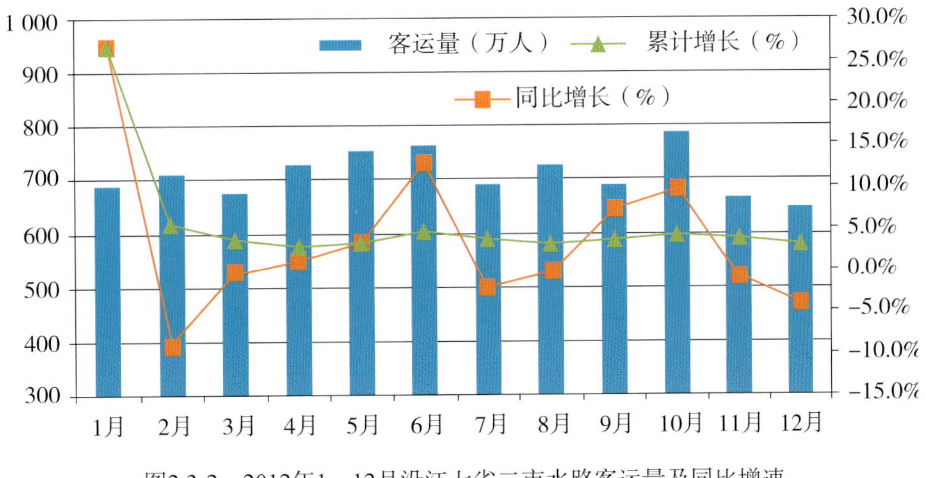

图2.3-2 2012年1—12月沿江七省二市水路客运量及同比增速

● 内河客运

2012年，沿江七省二市完成内河客运量8 164万人，旅客周转量23.0亿人公里，比上年分别增长3.3%和3.3%。平均运距28.2公里，与上年持平。

内河客运主要集中在四川省、重庆市和湖南省，以山区、湖区、库区等短途客流和乡镇渡口客渡为主；长江干线客运主要集中在三峡库区，受沿江铁路及高速公路相继开通等因素影响跨省长途客流有所减少。湖北省新增6个库区旅游，水上客运成为增长的亮点。

2012年，沿江七省二市内河船舶单位载客量完成旅客周转量4 868人公里，比上年增长9.3%。

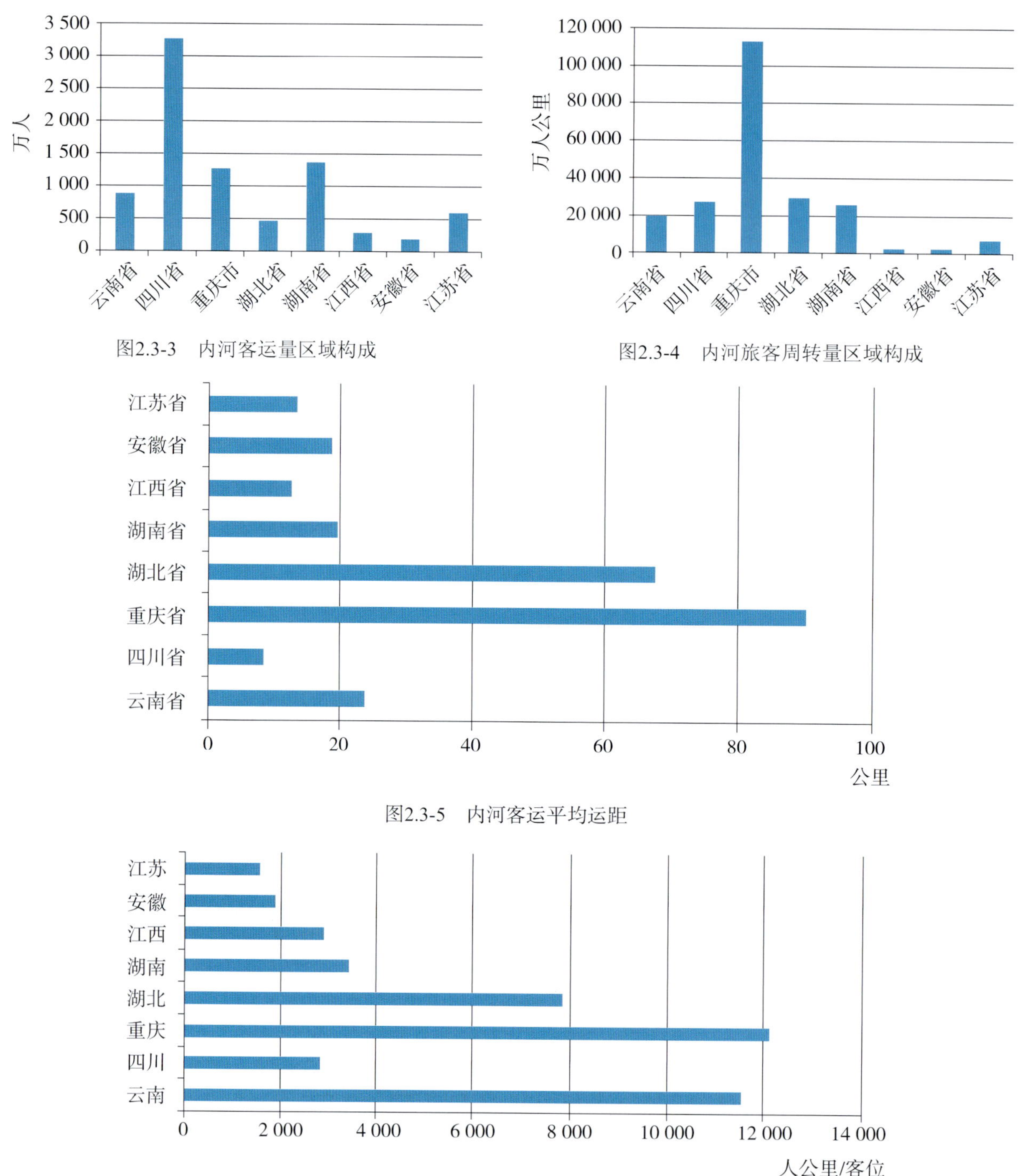

图2.3-3 内河客运量区域构成

图2.3-4 内河旅客周转量区域构成

图2.3-5 内河客运平均运距

图2.3-6 2012年内河船舶单位载客量完成的旅客周转量

2.3.2 水路货物运输

2012年，长江沿江七省二市完成水路货物运输量21.7亿吨，货物周转量32 307.2亿吨公里，比上年分别增长7.2%和6.2%。货运平均运距1 491公里，比上年下降1.0%。水路

货运量、货物周转量在综合运输体系中所占比重分别为15.8%和56.8%，在全国水路货运量、货物周转量中所占比重分别为47.2%和39.5%。

2012年沿江七省二市水路货物运输量 表2.3-2

指　　标	计算单位	总　　计	内　　河	沿　　海	远　　洋
货运量	万吨	216 706	140 335	52 446	23 925
1.机动船	万吨	198 416	122 045	52 446	23 926
2.驳船	万吨	18 290	18 289		
货物周转量	万吨公里	323 072 335	53 916 012	60 605 727	208 550 596
1.机动船	万吨公里	318 371 291	49 214 968	60 605 727	208 550 596
2.驳船	万吨公里	4 701 044	4 701 044		

2012年，水路货运量继续保持增长，但受宏观经济增速放缓、交通运输行业整体需求增长放缓等因素影响，增速延续了上年的下行态势。

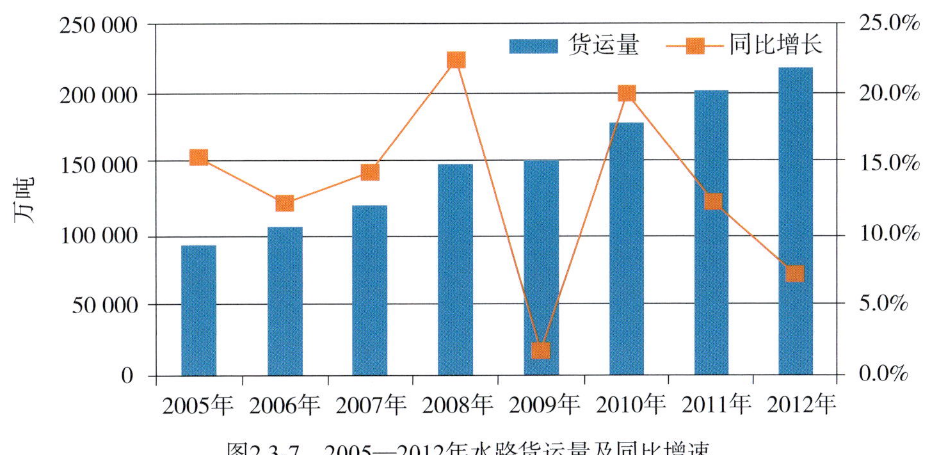

图2.3-7 2005—2012年水路货运量及同比增速

从月度数据看，整体上从1月份至12个月水路货运增速逐步放缓。上半年同比增长好于下半年，同比增速7月探底后逐步趋稳回升。

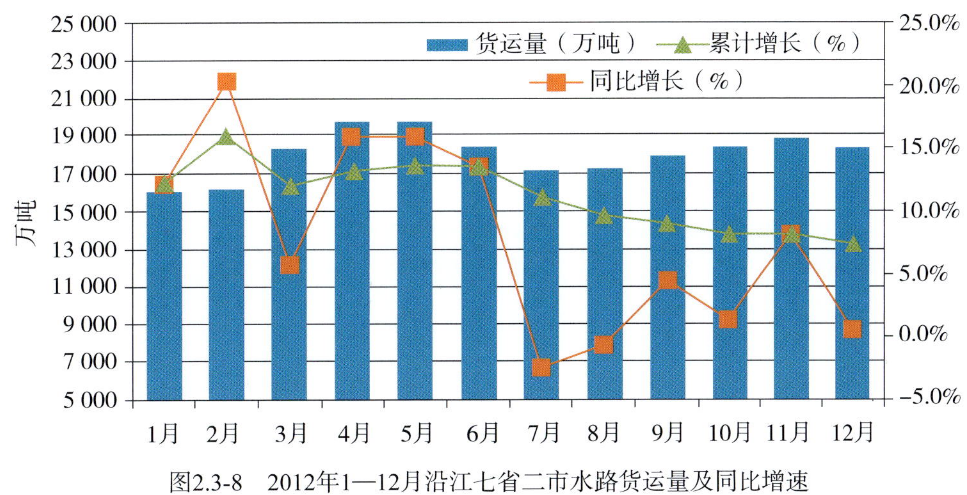

图2.3-8 2012年1—12月沿江七省二市水路货运量及同比增速

从分省数据看，除受沿海运输量大幅下滑影响上海市水路货运量与上年基本持平外，其他省市均延续较快增长态势，但增速除湖北省高于上年2.5个百分点外，其他省市增速均较上年有所放缓。

2012年长江沿江七省二市水路货物运输量及增长情况 表2.3-3

	2012年实绩				比上年增长（%）			
	货运量（万吨）		货物周转量（亿吨公里）		货运量（%）		货物周转量（%）	
	合计	中：内河	合计	中：内河	合计	中：内河	合计	中：内河
合计	216 706	140 335	32 307	5 392	7.2	9.2	6.2	15.7
云南省	465	465	9	9	5.9	5.9	6.4	6.4
四川省	7 161	7 161	104	104	12.5	12.5	15.0	15.0
重庆市	12 875	12 754	1 740	1 735	9.5	10.5	11.7	12.0
湖北省	19 927	11 836	1 957	741	12.3	9.4	23.9	18.5
湖南省	18 705	18 622	562	416	4.7	4.2	63.5	20.9
江西省	7 916	7 426	202	133	6.6	6.9	2.8	4.9
安徽省	40 716	38 402	1 614	1 382	11.7	12.1	23.2	23.8
江苏省	58 639	41 007	6 053	824	8.6	8.5	15.6	10.1
上海市	50 302	2 662	20 067	49	0.5	9.1	–0.2	–5.9

从主要货类看，矿建材料完成63 152万吨，同比增长12.2%，占总量的29.1%；煤炭完成31 734万吨，增长4.7%，占总量的14.6%；石油天然气及制品完成21 921万吨，增长8.5%，占总量的10.1%；金属矿石完成13 749万吨，下降23.5%，占总量的6.3%。

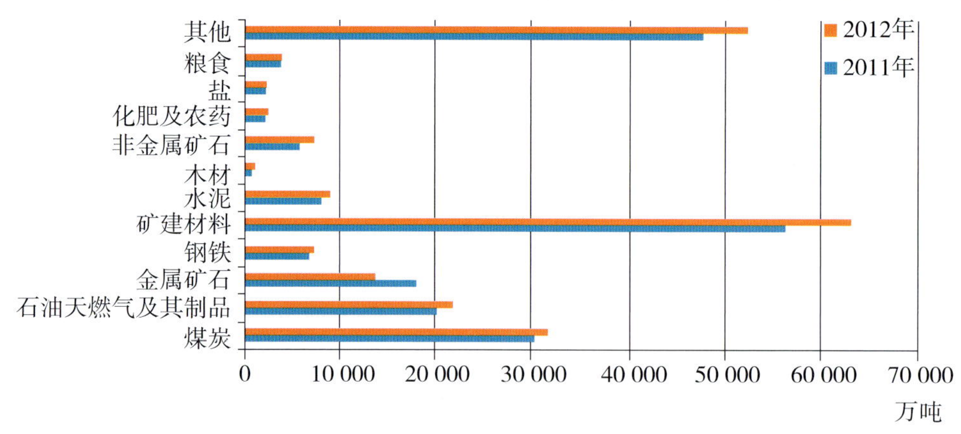

图2.3-9 水路货运量分货类构成

矿建材料运输主要集中在安徽省、湖南省和江苏省，分别占矿建材料总量的30.1%、18.3%和17.4%；煤炭运输主要集中在江苏省、上海市和湖北省，分别占总量

的35.4%、22.4 %和14.7%；石油天然气及其制品运输主要集中在江苏省、上海市，分别占总量的48.5%和37.3%；金属矿石运输主要集中在湖北省、安徽省，分别占总量的41.5%和16.1%；钢铁运输主要集中在江苏省、安徽省，分别占总量的33.1%和26.2%；水泥运输主要集中在安徽省、江苏省，分别占总量的55.1%和20.9%；非金属矿石运输主要集中在安徽省，占总量的50.4%；化肥及农药、盐运输主要集中在江苏省，分别占总量的59.9%、84.5%；粮食运输主要集中在江苏省、安徽省，分别占总量的43.3%和31.8%。

2012年，沿江七省二市水上运输船舶单位净载重量完成货物周转量27 436吨公里，比上年增长4.7%。

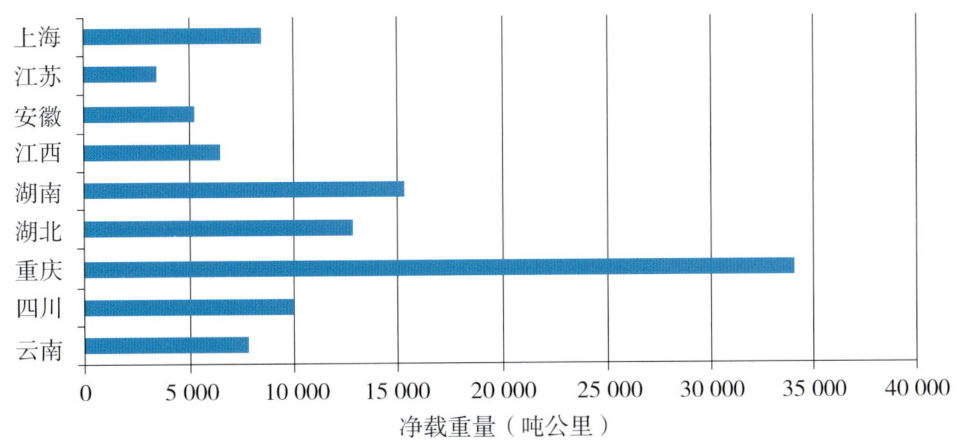

图2.3-10　2012年水上运输船舶单位净载重量完成的货物周转量

● 内河货运

2012年，沿江七省二市完成内河货运量14.0亿吨，货物周转量5 391.6亿吨公里，比上年分别增长9.2%和15.7%。平均运距384公里，比上年增长5.9%。在全国内河货运量、货物周转量中所占比重分别为60.8%和70.6%。

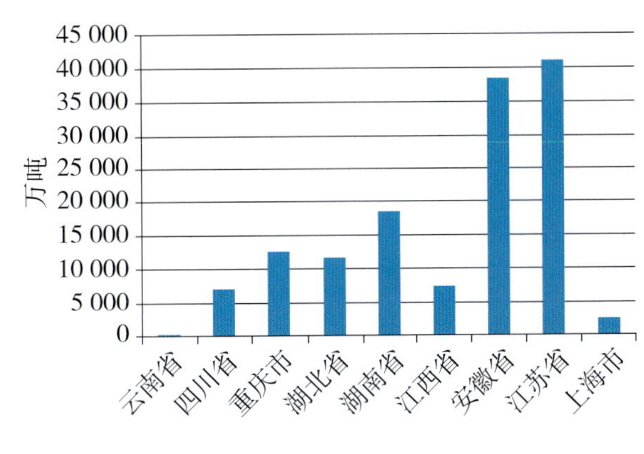

图2.3-11　内河货运量区域构成

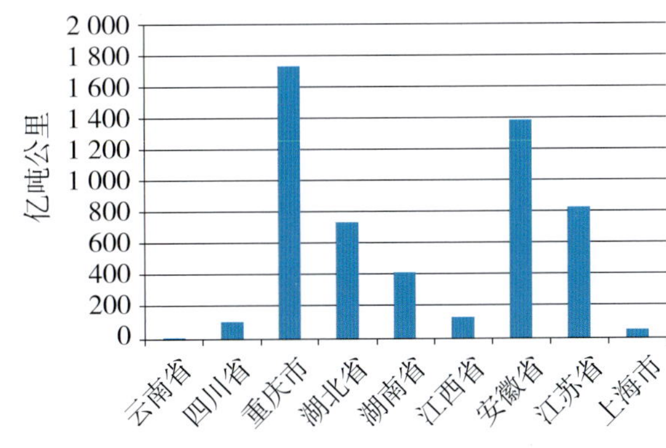

图2.3-12　内河货物周转量区域构成

内河货运量主要集中在下游江苏省、安徽省，以长江三角洲水网地区的物资交流为主；重庆市、湖北省内河货物运输中，省际长途运输所占比重较大。

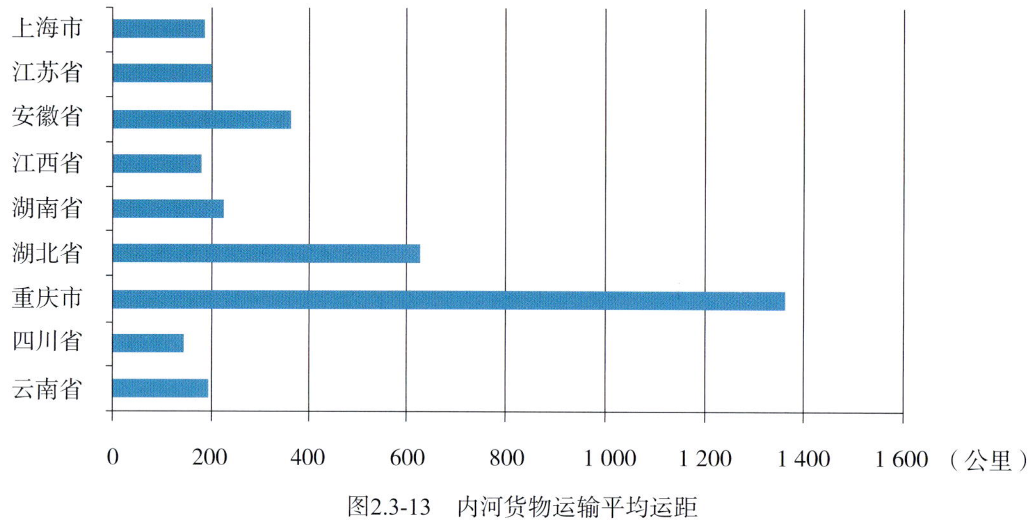

图2.3-13　内河货物运输平均运距

2.3.3　长江干线运行分析

2012年，长江干线完成货物通过量18.0亿吨，同比增长8.4%。其中，干线与干线之间货物通过量4.5亿吨，支流与干线之间通过量3.0亿吨，干线（支流）与海上之间通过量10.5亿吨。从大宗货物的运输来看，煤炭4.6亿吨，石油、天然气及制品0.8亿吨，金属矿石3.3亿吨，矿建材料3.0亿吨，非金属矿石0.3亿吨，五大货类占总量的66.6%。

图2.3-14　长江干线货物通过量

根据交通运输部《2012年公路水路交通运输行业发展统计公报》，长江干线全年日平均标准船舶流量的平均值为616.8艘次，比上年下降3.3%。其中，上游航道6个断面，日平均标准船舶流量的平均值为199.2艘次，下降1.3%；中游航道3个断面，日平均标准船舶流量的平均值为268.6艘次，下降3.5%；下游航道18个断面，日平均标准船舶流量的平均值为814.0艘次，下降3.5%。

从月度数据看，根据长江海事局辖区主要断面日交通流量观测统计，除万州段与上

年基本持平，城陵矶段和铜陵大桥段有所增长外，其他各断面日交通流量与上年比均有所减少。根据分船舶长度的断面流量分析，大型化船舶所占比重均有所提高。

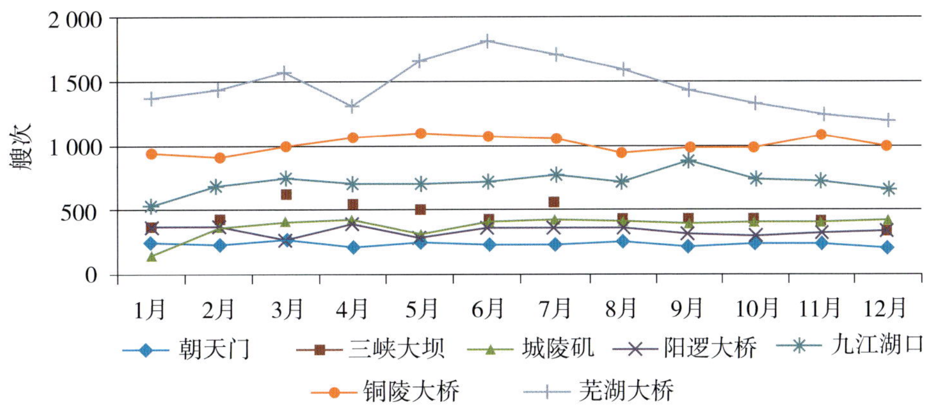

图2.3-15　2012年长江干线主要断面日均交通流量

● 三峡断面过坝运输情况

2012年，三峡断面过坝货物通过量9 488.7万吨，同比下降13.7%。其中，三峡船闸货物通过量8 611.1万吨，同比下降14.2%；翻坝转运折合877.6万吨，同比下降9.0%。

三峡断面过坝运输主要指标　　表2.3-4

		2012年	2011年	同比增长（%）
三峡断面过坝货物通过量（万吨）		9 488.7	109 96.7	-13.7
船闸运行	三峡船闸闸次	9 713	10 347	-6.1
	船舶艘次	44 263	55 610	-20.4
	过闸客运量（万人次）	24.4	40	-39.0
	过闸货运量（万吨）	8 611.1	10 032.4	-14.2
	其中：上行货运量（万吨）	5 345.4	5 533.6	-3.4
	集装箱量（万TEU）	55.1	49.7	10.8
翻坝转运	翻坝船舶（艘）	6 307	6 158	2.4
	翻坝车次（万辆）	25.1	27.6	-9.1
	折合运量（万吨）	877.6	964.3	-9.0

2012年，三峡船闸累计运行9 713闸次，通过船舶44 263艘次。过闸货船定额吨1.467亿吨，同比下降1.3%；平均吨位3 466.9吨，同比增长21.9%。过闸旅客24.4万人（客轮面积折合货运量538.4万吨），同比下降39.0%。

从过闸货物的组成来看，煤炭占15.9%，所占比重比上年下降8.7个百分点；矿建材料占22.4%，比重上升4.5个百分点；矿石占20.5%，比重上升0.4个百分点；集装箱占9.8个百分点，比重上升2.3%。

随着长江上游地区产业结构不断优化升级，传统煤炭等资源性出川货物明显减少，进川货源需求旺盛，出川货源需求减弱，三峡船闸上下行货物流量不均衡现象明显。2012年三峡船闸上下行过闸货物系数为62.1%：37.9%，上行货物比重比2011年上升6.9个百分点，不均衡现象愈加突出。

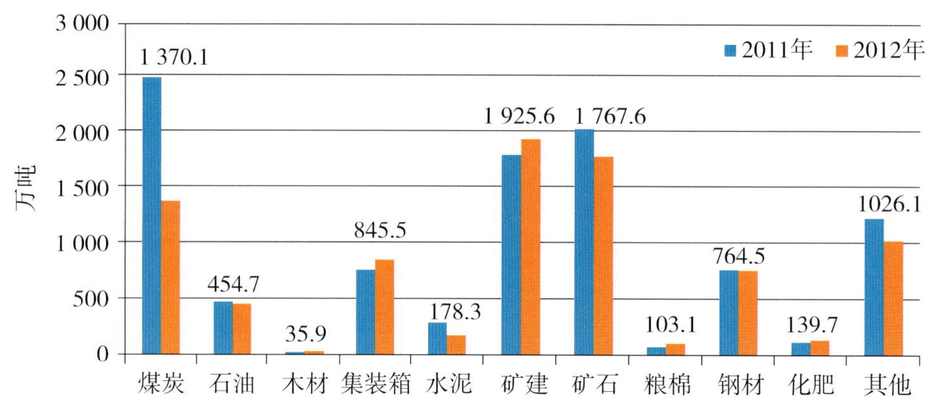

图2.3-16　三峡船闸过闸分货类通过量

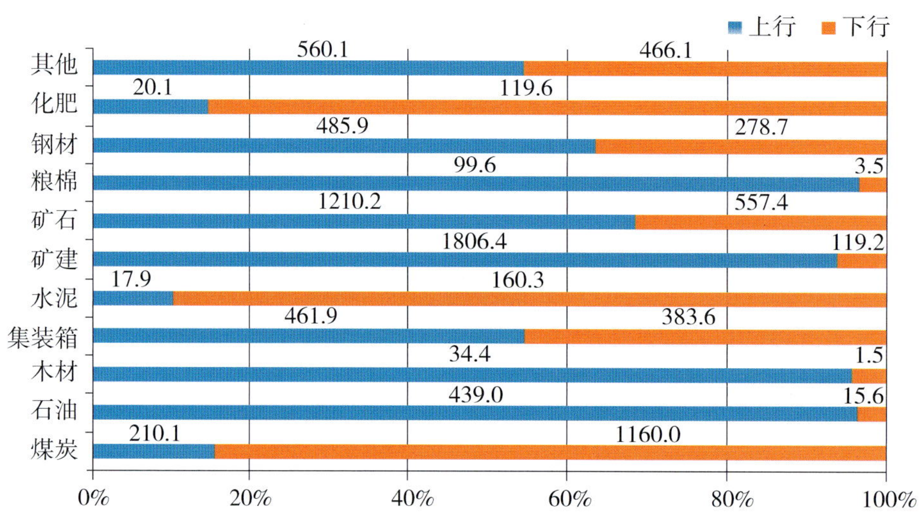

图2.3-17　2012年三峡船闸上下行过闸货物情况

三峡翻坝转运船舶6 307艘次，同比上升2.4%。转运滚装车辆25.1万辆（折合运量877.6万吨），同比下降9.0%。

2012年，葛洲坝船闸货物实际通过量9 038.2万吨，同比下降13.2%；旅客通过量7.69万人（客轮面积折合货运量156.95万吨），同比下降39.1%。船闸累计运行17 809闸次，同比下降8.0%；通过船舶48 202艘次，下降18.5%；货船定额吨1.542亿吨，下降1.7%。

2.4　港口生产

2.4.1　旅客运输服务

2012年，沿江七省二市港口完成旅客吞吐量6 049.8万人，比上年下降1.8%，占全国

港口旅客吞吐量的31.2%。

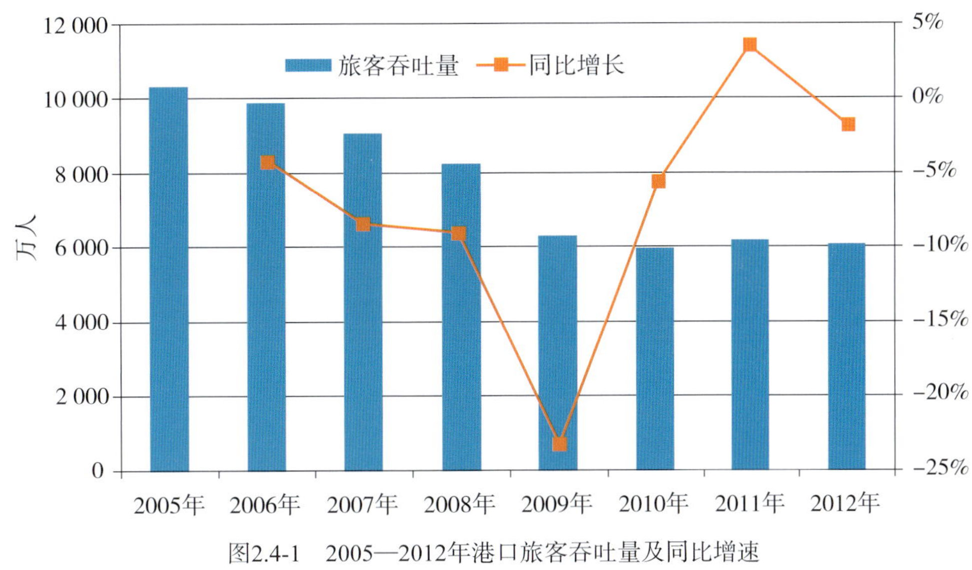

图2.4-1 2005—2012年港口旅客吞吐量及同比增速

2012年，沿江七省二市内河港口完成旅客吞吐量5 907.6万人，比上年下降1.4%，占全国内河港口旅客吞吐量的51.4%。其中，长江干线港口完成旅客吞吐量978.5万人，比上年下降5.3%。

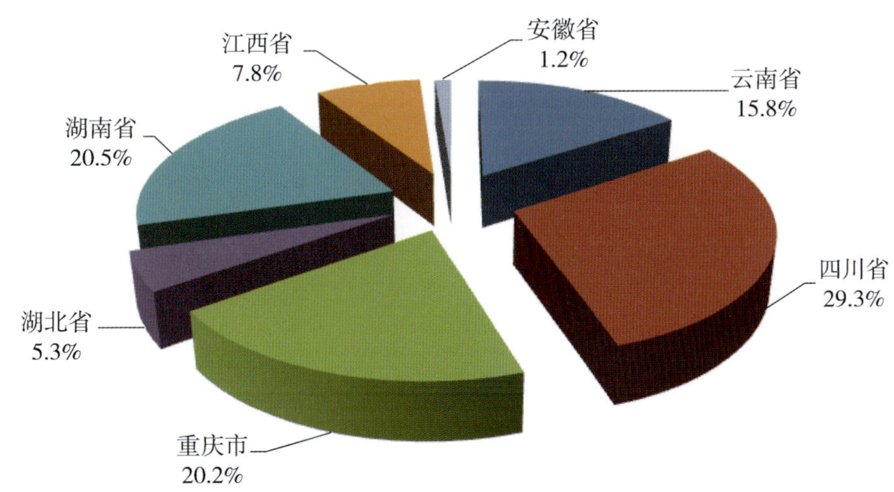

图2.4-2 2012年内河港口旅客吞吐量区域构成

内河港口旅客运输服务主要集中在四川省、湖南省和重庆市。四川省港口完成旅客吞吐量1 729.5万人，比上年增长11.9%；重庆市完成1 192.0万人，比上年下降8.9%；湖南省完成1 211.6万人，比上年下降5.1%。

2.4.2 货物运输服务

2012年，沿江七省二市港口完成货物吞吐量39.63亿吨，比上年增长5.3%。占全国港口货物吞吐量的36.8%。

沿江七省二市港口完成外贸货物吞吐量6.93亿吨，比上年增长8.4%。占全国港口外贸货物吞吐量的22.7%。

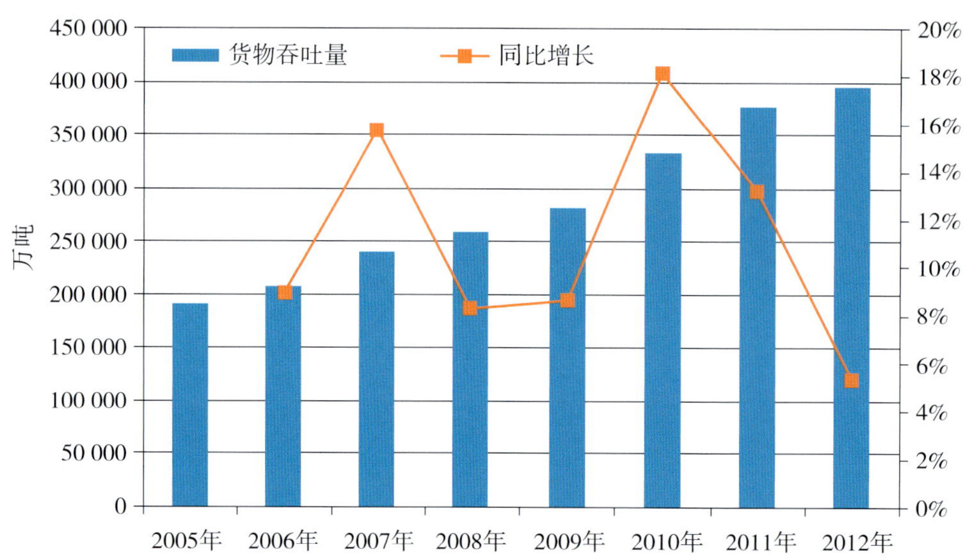

图2.4-3　2005—2012年港口货物吞吐量及同比增速

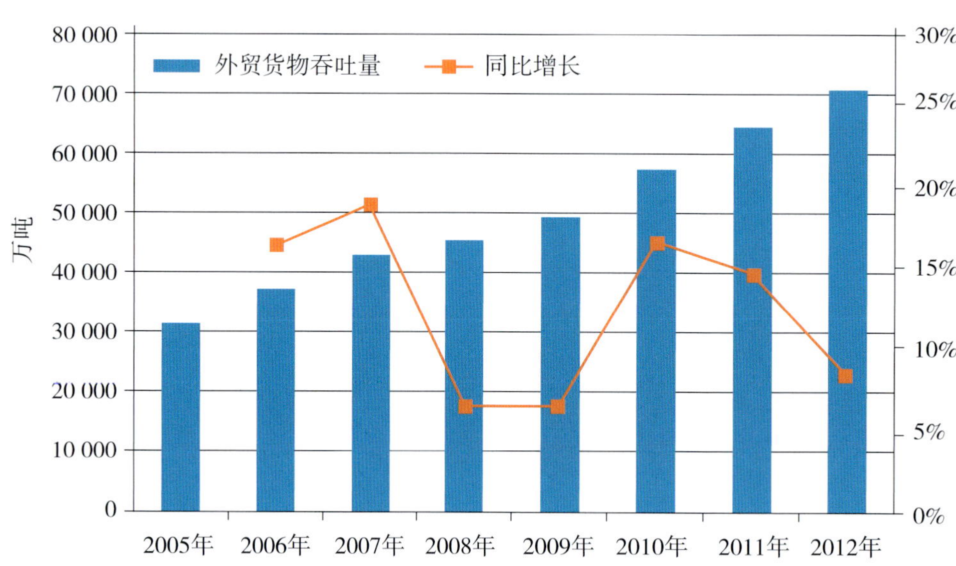

图2.4-4　2005—2012年港口外贸货物吞吐量及同比增速

沿江七省二市港口完成集装箱吞吐量5 141.5万TEU，比上年增长6.2%。占全国港口集装箱吞吐量的29.1%。其中，上海港完成3 252.9万TEU，比上年增长2.5%，继续保持世界第一的位置，集装箱水水中转比例达到42.8%，比上年提高1.7个百分点。

沿江七省二市港口完成液体散货吞吐量2.01亿吨；干散货吞吐量26.83亿吨，其中，煤炭7.40亿吨，金属矿石5.79亿吨；件杂货吞吐量4.99亿吨；集装箱吞吐量（按重量计算）5.35亿吨；滚装汽车吞吐量（按重量计算）0.47亿吨。

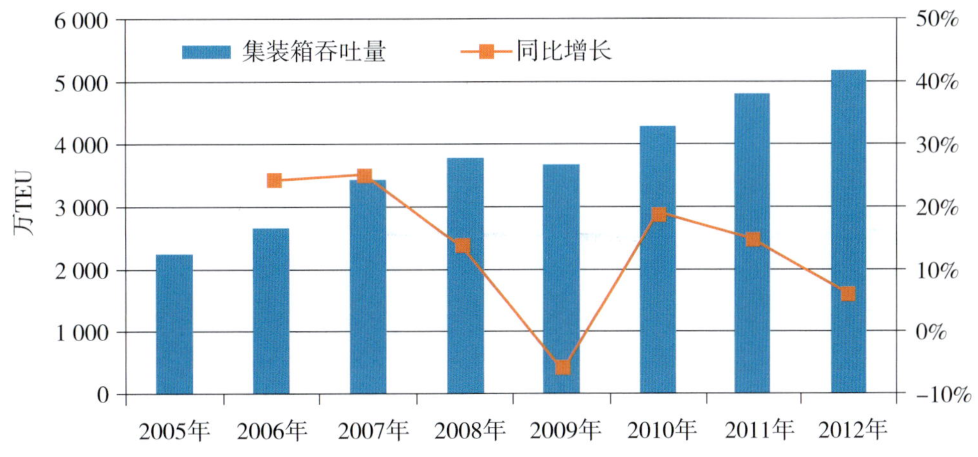

图2.4-5 2005—2012年港口集装箱吞吐量及同比增速

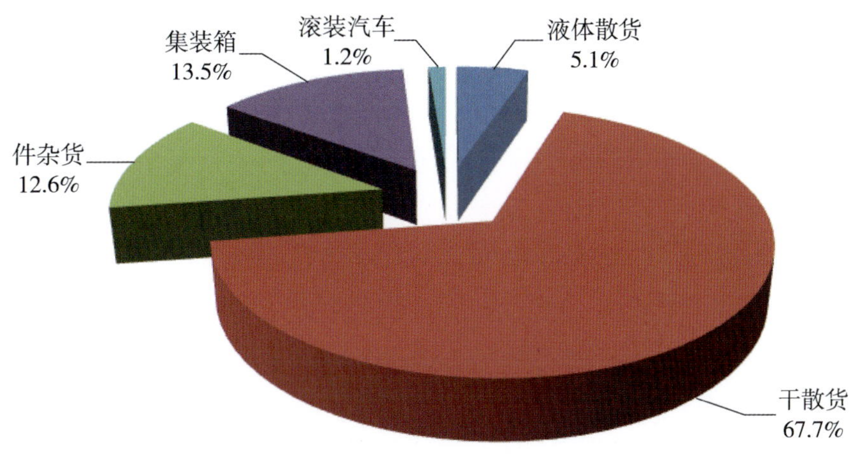

图2.4-6 2012年各形态货种吞吐量构成

● 内河港口

2012年，沿江七省二市内河港口完成货物吞吐量31.21亿吨，比上年增长5.4%，占全国内河港口货物吞吐量的80.1%。

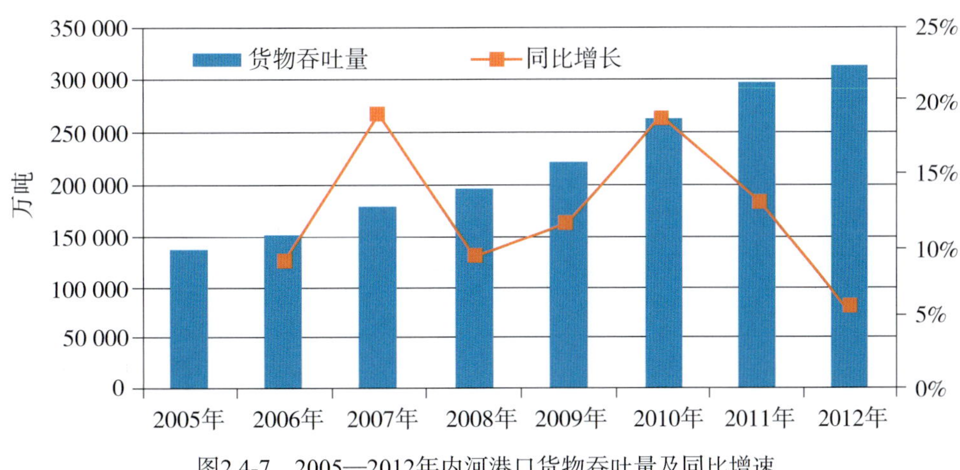

图2.4-7 2005—2012年内河港口货物吞吐量及同比增速

从区域来看，下游江苏省内河港口吞吐量占56.0%、安徽省占11.6%，但中上游湖北省、重庆市和四川省增长较快。

2012年沿江七省二市内河港口吞吐量 表2.4-1

	2012年实绩				比上年增长（%）			
	货物吞吐量（万吨）		集装箱（万TEU）	滚装汽车（万辆）	货物吞吐量		集装箱	滚装汽车
	合计	外贸			合计	外贸		
合计	312 082.5	23 567.3	1 384.4	119.2	5.4	13.4	17.6	–5.1
云南省	390.1	27.5	0.0		–15.4	6.4		
四川省	7 705.2	34.9	16.0		8.9	16.4	47.9	
重庆市	12 502.4	409.3	79.6	60.5	7.7	16.9	16.3	–0.9
湖北省	23 518.1	834.9	95.1	50.2	8.6	15.8	10.4	–7.8
湖南省	21 867.0	312.5	29.6		3.8	27.4	26.9	
江西省	25 270.8	190.7	22.6		7.3	6.8	10.9	
安徽省	36 097.2	272.2	45.6	7.2	–3.5	–1.7	17.5	–20.7
江苏省	174 912.7	21 485.3	1 095.9	1.4	7.4	13.4	17.9	21.6
上海市	9 819.0				–4.9			

货物吞吐量超过亿吨的内河港口由上年的8个增加到9个，新增岳阳港，均分布在长江干线上。其中，苏州港（张家港港、常熟港、太仓港）张家港港区货物吞吐量2.5亿吨，太仓港区货物吞吐量1.2亿吨。

2012年沿江七省二市内河货物吞吐量超过亿吨的港口（单位：亿吨） 表2.4-2

港　口	货物吞吐量	港　口	货物吞吐量
苏州港	4.280 1	泰州港	1.321 0
南京港	1.919 7	重庆港	1.250 2
南通港	1.852 6	武汉新港	1.248 2
镇江港	1.346 0	岳阳港	1.039 6
江阴港	1.324 8		

沿江七省二市内河港口完成外贸货物吞吐量2.36亿吨，比上年增长13.4%，占全国内河港口外贸货物吞吐量的87.0%。其中苏州港外贸货物吞吐量首次突破1亿吨。完成集装

箱吞吐量1 384.4万TEU，比上年增长17.6%，占全国内河港口集装箱吞吐量的71.0%。其中，苏州港年增速达到25.2%，年集装箱吞吐量首次突破500万TEU；武汉新港阳逻港区从2012年8月起成为中国内河第一个试行启运港退税政策的口岸。

2012年沿江七省二市内河集装箱吞吐量前十名港口（单位：万TEU）　　表2.4-3

港　口	集装箱吞吐量	港　口	集装箱吞吐量
苏州港	586.35	南通港	50.43
南京港	230.03	扬州港	40.10
江阴港	115.38	镇江港	37.54
重庆港	79.55	芜湖港	25.03
武汉新港	76.51	岳阳港	20.07

沿江七省二市内河港口完成滚装汽车吞吐量119.2万辆，比上年下降5.1%。其中，商品汽车滚装吞吐量68.8万辆，比上年下降3.4%；重载滚装汽车吞吐量50.5万辆，比上年下降7.3%（重庆港24.92万辆，宜昌港25.53万辆）。

2012年沿江七省二市内河港口滚装汽车吞吐量（单位：万辆）　　表2.4-4

港　口	滚装汽车吞吐量	港　口	滚装汽车吞吐量
重庆港	60.48	芜湖港	7.20
宜昌港	25.53	南京港	1.39
武汉港	24.65		

沿江七省二市内河港口完成液体散货吞吐量1.64亿吨，比上年增长3.0%；其中，原油2 219.6万吨，下降14.8%，成品油4 999.4万吨，增长15.8%，液化天然气及制品579.8万吨，增长68.5%。干散货吞吐量23.31亿吨，比上年增长4.5%；其中，煤炭60 102.2万吨，增长8.7%，金属矿石41 618.1万吨，增长2.6%，散水泥11 939.6万吨，增长52.0%，散粮3 044.1万吨，增长27.2%。件杂货吞吐量4.32亿吨，比上年增长8.2%；其中，木材1 993.1万吨，下降11.9%，粮食2 721.3万吨，增长14.4%，化肥2 836.2万吨，下降3.6%，水泥5 934.0万吨，下降3.3%。集装箱吞吐量（按重量计算）1.60亿吨，比上年增长17.6%；滚装汽车吞吐量（按重量计算）0.33亿吨，比上年下降2.6%。

沿江七省二市内河港口中，63.1%的货物吞吐量、99.3%的外贸吞吐量、97.7%的集装箱吞吐量在长江干流泊位完成。境内长江干流所有港站共完成货物吞吐量19.71亿吨，比上年增长11.0%；外贸吞吐量23 391.2万吨，增长13.4%；集装箱吞吐量1 353.0万TEU，增长17.8%。

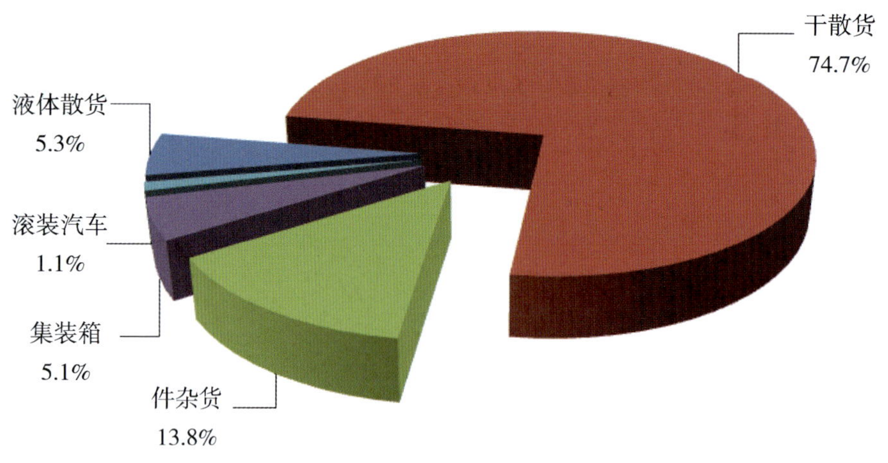

图2.4-8 2012年内河港口各形态货种吞吐量构成

2012年沿江七省二市长江干线港口泊位完成吞吐量 表2.4-5

	货物吞吐量		集装箱吞吐量	滚装汽车吞吐量
	合计（万吨）	其中：外贸	箱数（TEU）	自然数（万辆）
合计	197 084.4	23 391.2	1 353.0	119.2
云南省	257.7	0.0	0.0	0.0
四川省	2 983.7	34.9	16.0	0.0
重庆市	10 937.2	409.3	79.6	60.5
湖北省	20 474.5	834.9	95.1	50.2
湖南省	3 348.1	225.7	20.1	0.0
江西省	4 827.4	142.1	16.0	0.0
安徽省	26 305.6	272.1	38.5	7.2
江苏省	127 950.4	21 472.3	1 087.7	1.4

2.5 主要运输市场

2.5.1 干散货运输市场

2012年，在全球经济疲软的大背景下，受大宗商品需求低迷、贸易增长相对缓慢等因素影响，世界干散货海运量整体增幅延续了2011年的下滑走势。据克拉克森海运咨询机构预计，2012年全球干散货海运量预计39.50亿吨，同比增长4.9%，增速明显低于2011年的6.3%和2010年的10.9%；铁矿石海运量11.15亿吨，同比增长6.0%，与2011年增速持平；煤炭海运量10.11亿吨，同比增长7.1%，略高于2011年5.0%的增幅；谷物海运量3.50亿吨，同比增长0.9%，低于上年1.5%的增速。海关统计数据显示，2012年我国进口铁矿石7.4亿吨，增加8.4%；煤炭2.9亿吨，增加29.8%；大豆5 838万吨，增加11.2%。

受干散货市场需求放缓、运力供给过剩以及航运业竞争加剧等因素影响，全球干散货市场陷入了前所未有的低迷，波罗的海交易所发布的国际干散货运价指数（BDI）全年在2011年下方运行。2012年BDI指数年平均值920点，同比下滑40.6%。其中，2月、8月、9月跌至800点之下，2月3日更是创下1986年以来647点的历史低点。

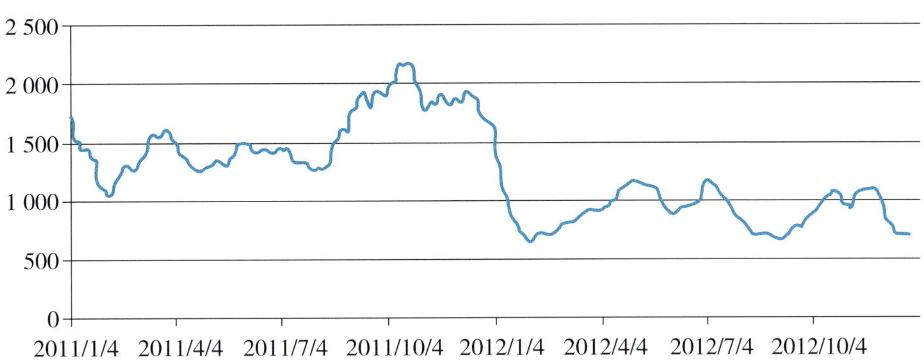

图2.5-1　干散货运输市场波罗的海综合运价指数BDI

据上海航运交易所年终报告，2012年内贸煤炭运输需求表现乏力，1—11月沿海主要港口内贸煤炭发运量累计完成5.55亿吨，同比下滑5.5%；煤炭进口量全年高速增长，尤其作为煤炭主要消费地的华东地区煤炭进口量较往年明显增多，前11月上海港、宁波港进口煤炭接卸量分别较上年同期增长105.3%、183.3%。1—11月，全国主要港口外贸铁矿石接卸量总计6.77亿吨，同比增长9.5%；铁矿石进口格局继续向北方港口转移，1—11月南通港和镇江港的外贸进口铁矿石接卸量分别下跌16.0%和24.0%；随着远程进口运输量的不断增多，进口铁矿石船舶的大型化趋势明显，铁矿石接卸港更加向沿海大型深水泊位集中，上海港与宁波港内贸出港量较上年分别增长19.9%和23.0%。

2012年，我国沿海散货运力扩张虽较上年有所放缓，但仍呈现两位数增长。沿海散货运价水平基本在历史低位震荡徘徊，2012年上海航运交易所发布的中国沿海（散货）综合运价指数平均值为1 098.63点，较上年同期下跌近20%。

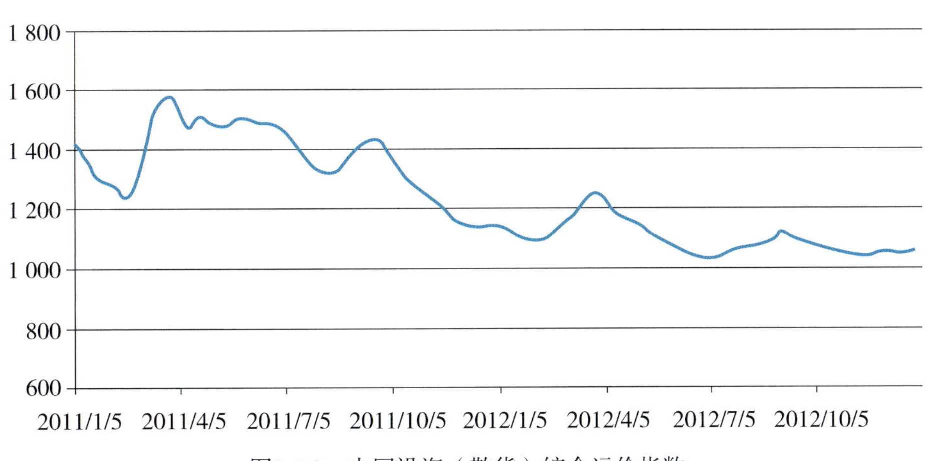

图2.5-2　中国沿海（散货）综合运价指数

● 长江干散货运输市场

2012年，经济增长放缓导致大宗散货商品需求总体面临较大压力，一定程度影响了长江干散货水运需求。沿江七省二市内河港口完成干散货吞吐量同比增长4.5%，增速明显低于2011年的15.7%。长江干散货运输市场行情在上年低位运行的基础上持续走弱，长江航务管理局发布的长江干散货综合运价指数年平均值为685点，较上年均值下跌近7.2%。

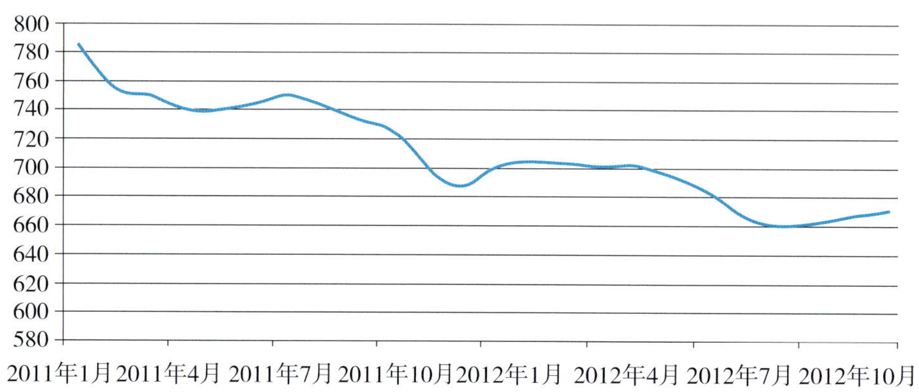

图2.5-3　长江干散货综合运价指数

2012年，长江水路煤炭运输量总体上保持平稳增长但增幅放缓，沿江七省二市内河港口完成煤炭吞吐量60 102.2万吨，同比增长8.7%，低于2011年19.1%的增幅。

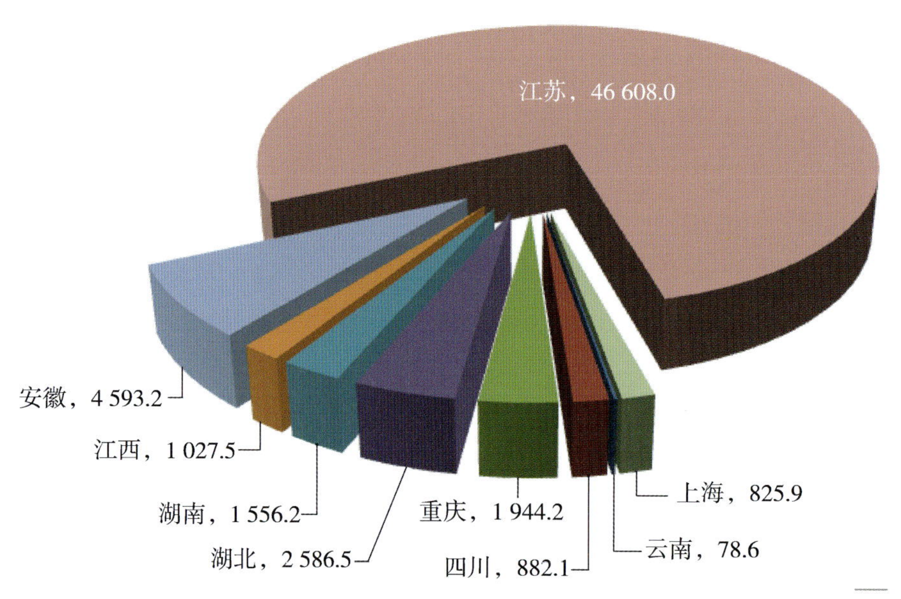

图2.5-4　2012年七省二市内河港口煤炭吞吐量

受需求放缓和价格优势明显的外贸进口煤炭高速增长冲击，内贸煤炭发送量下滑明显，“川煤”下水运输量同比大幅减少。三峡船闸下行过闸煤炭量1 160万吨，同比下降49.1%；四川省港口煤炭发送量701.4万吨，同比下降33.2%，重庆市港口煤炭发送量

1 347.5万吨，同比下降20.6%。外贸进口煤炭量全年高速增长，江苏省内河港口外贸进港1 393.8万吨，同比增长157.8%，

煤炭运价始终处于低位徘徊。长江航务管理局发布的长江煤炭运价指数显示，全年维持在560～620点间的低位波动，年均值为586.9点，比上年均值下降7.6%。以典型航线运价为例，重庆—上海航线煤炭综合平均运价年末较年初下降9.1%。

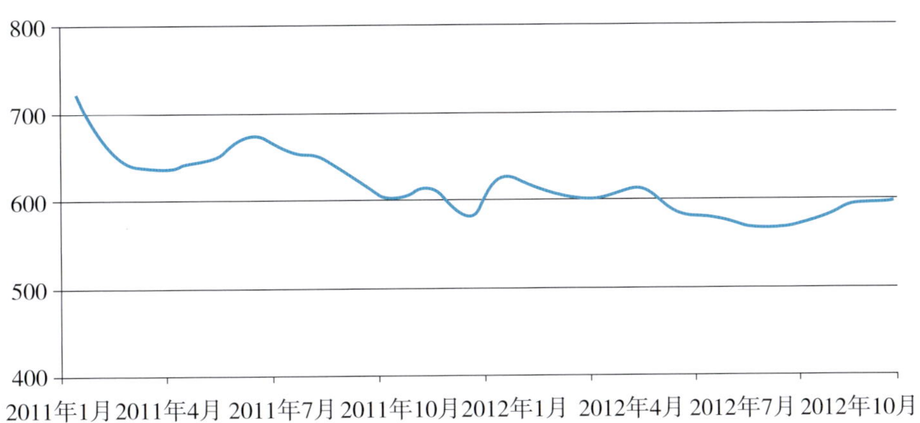

图2.5-5　长江煤炭运价指数

2012年，受钢铁产量增长放缓等因素影响，长江水路金属矿石运输量增长继续放缓，但铁矿石进口价格的降低（进口均价下跌21.6%）对进口量形成一定支撑。沿江七省二市内河港口完成金属矿石吞吐量41 618.1万吨，同比增长2.6%，低于2011年11.2%的增幅。

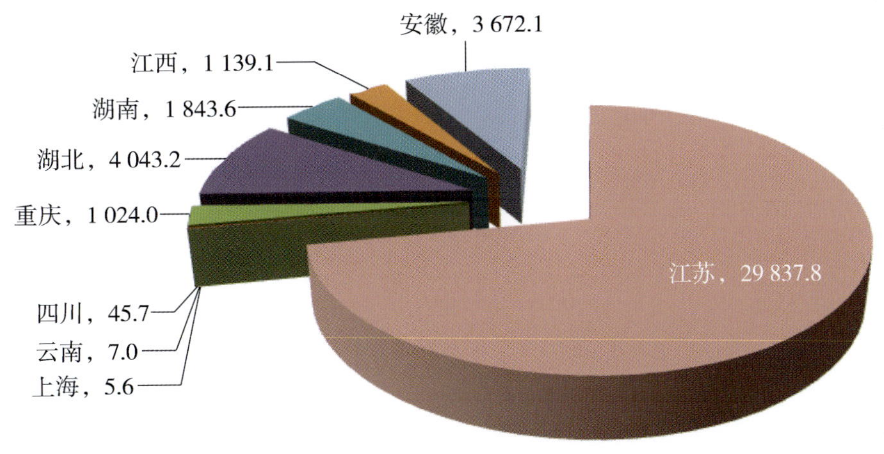

图2.5-6　2012年七省二市内河港口金属矿石吞吐量

江苏省内河港口完成外贸金属矿石接卸量6 146.7万吨，同比增长9.4%。由于中上游地区铁矿石运输需求减少及进口铁矿石更多通过江海直达运输进行二程转运，江苏沿江港口中转量呈下降态势。通过三峡船闸上行的矿石通过量同比下降15.4%，金属矿石运价总体表现疲软，震荡下挫。长江航务管理局发布的长江金属矿石运价指数显示，全年维

持在610～680点间波动，不断小幅走低，运价指数年末较年初下降7.3%；年均值为643.4点，比上年均值下降10.3%。以典型航线运价为例，南通—武汉航线金属矿石综合平均运价年末较年初下降5.5%。

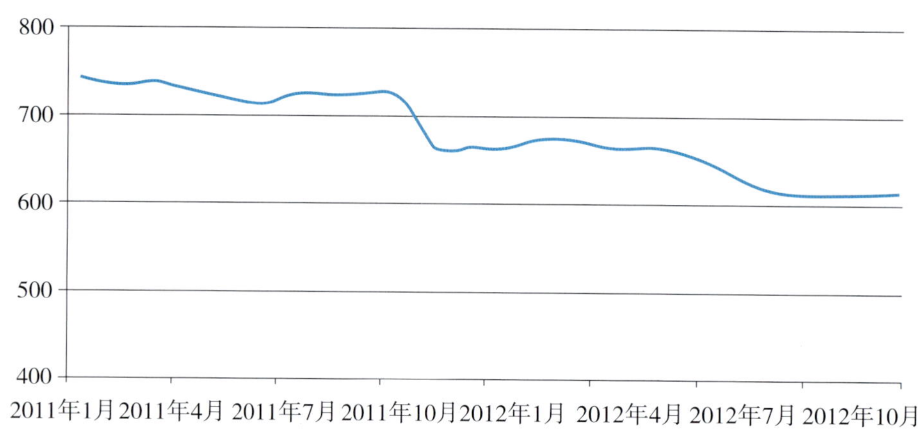

图2.5-7 长江金属矿石运价指数

2012年，虽受房地产宏观调控影响，但中央加大了对城镇保障性安居工程建设的支持力度，同时，交通、水利等基础设施建设不断加快，对矿建材料运输需求形成较强的支撑。长江干线规模以上港口完成矿建材料吞吐量2.8亿吨，同比增长26.8%。矿建材料运输需求的增长支撑矿建材料运价维持较高位运行。长江航务管理局发布的长江矿建材料运价指数显示，全年维持在1 210～1 400点间，上半年运价指数呈现上升态势，下半年有所震荡但仍较稳定，运价指数年末较年初上升9.5%，年均值为1 322.3点，比上年均值上升7.6%。

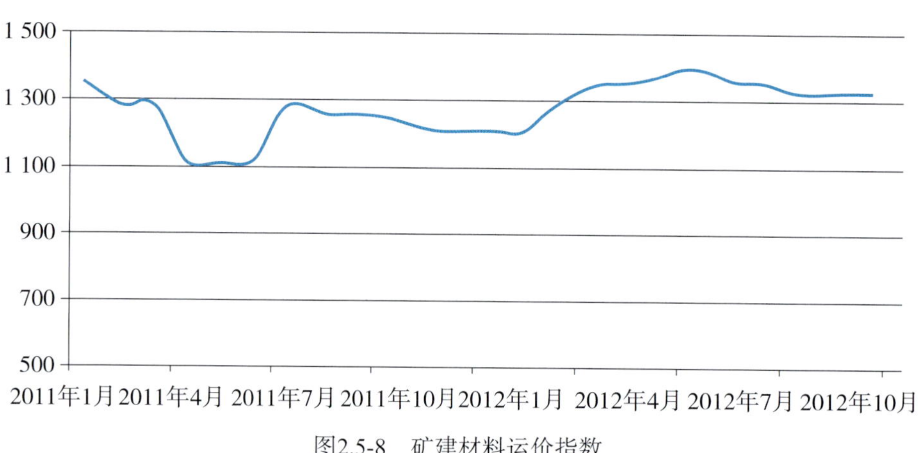

图2.5-8 矿建材料运价指数

从企业的营运情况来看，由于运价远远低于经营成本，越来越多的航运企业陷入亏损。以长航凤凰股份有限公司为例，该公司是从事干散货运输的专业化公司，大客户主要有江苏沙钢国际贸易有限责任公司、宝山钢铁股份有限公司、中天钢铁集团有限公司、华润电力（江苏）燃料有限公司、马钢国际经济贸易总公司，有江海直达、江海、江洋联运等多种航线。

长航凤凰股份有限公司2012年主营业务数据 表2.5-1

	2012年主营业务数据（单位：亿元）			与上年同期增减（%）		
	营业收入	营业成本	毛利率	营业收入	营业成本	毛利率
干散货运输	20.82	26.09	-25.31	-17.66	-4.48	-17.97
中：内河运输	7.05	8.68	-23.05	-24.72	-28.20	5.96
沿海运输	8.98	10.07	-12.09	-21.69	5.08	-28.56
远洋运输	4.79	7.34	-53.45	1.98	28.03	-31.22

资源来源：《长航凤凰股份有限公司2012年度报告》。

据《长航凤凰股份有限公司2012年度报告》，公司完成货运量7 206万吨，较上年同期增加2.69%，货运周转量966亿吨千米，较上年同期增幅15.00%；完成营业收入21.08亿元，较上年同期下降17.66%；营业成本26.23亿元，较上年同期减少4.48%；实现归属于上市公司股东的净利润为亏损18.80亿元，干散货运输业务全线亏损。

2.5.2 集装箱运输市场

据克拉克森统计，2012年全球集装箱运量增速为4.1%，较上年下跌3.1个百分点，全球集装箱运输需求增速放缓。据上海航运交易所年终报告，2012年我国外贸集装箱尽管运输需求持续放缓，但欧洲、地中海、美西航线等远洋主干航线运价恢复情况相对较好，澳新、东西非、东南亚航线等近洋及区域航线全年运价走势相对稳定，日本、韩国航线年运价指数略有回落。

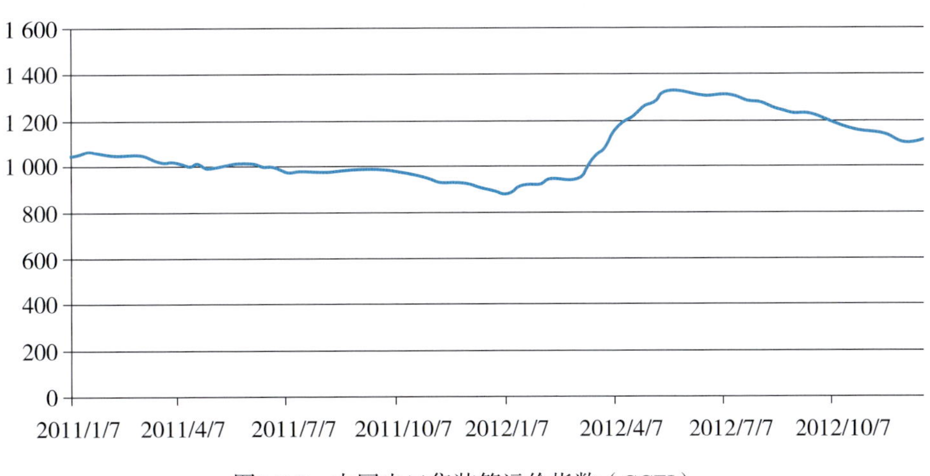

图2.5-9 中国出口集装箱运价指数（CCFI）

2012年，内贸集装箱运输保持总体快速发展。据上海航运交易所不完全统计，2012年1—11月，我国前15大主要沿海港口内贸集装箱吞吐量同比增长14.3%，增幅高于集装箱吞吐量6.0个百分点，内支线集装箱运输业务较上年增长21.6%，集装箱吞吐量占总吞吐量比重上升至31.2%，比上年增加近2个百分点。

● 长江集装箱运输市场

2012年，沿江七省二市内河港口完成集装箱吞吐量同比增长17.6%，虽然低于2011年24.6%的增幅，但仍保持双位数增长，增幅高于总吞吐量12.2个百分点，占总吞吐量的比重上升至5.1%，比上年增加了0.5个百分点。

2012年，沿江七省二市内河集装箱运力扩张虽较上年有所放缓，但标准箱位仍达到23.5%的增长。由于运输供求矛盾不断加剧，长江集装箱运输市场行情走势较弱。长江航务管理局发布的长江集装箱综合运价指数全年维持在950～990点间，年平均值为965点，较上年均值下跌近3.2%。

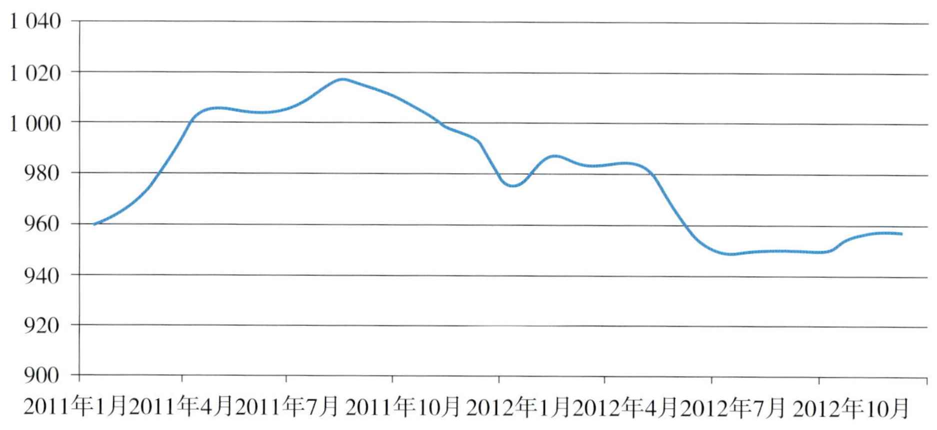

图2.5-10　长江集装箱综合运价指数

从区域来看，上游集装箱综合运价水平最高，下游运价水平最低，上游2—5月运价指数在1 000点以上，中、下游全年运价指数均在1 000点以下，上、中、下游运价指数年均值分别为986点、969点和929点，年末较年初分别下降0.1%、0.6%和5.4%。

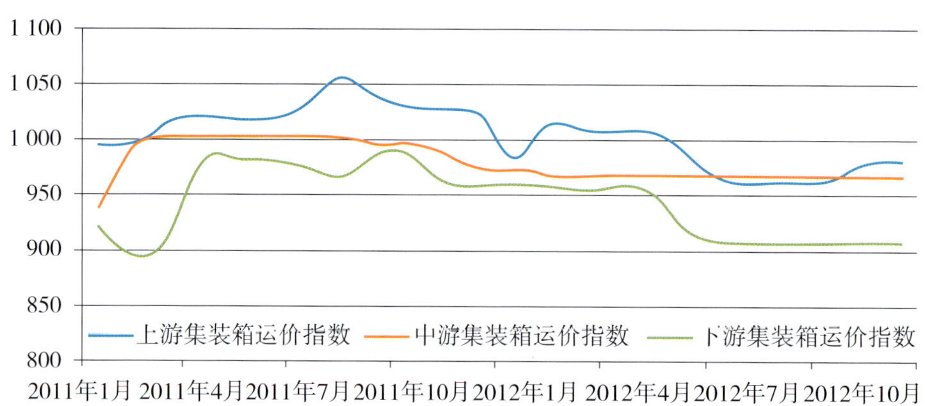

图2.5-11　长江集装箱分区域运价指数

从企业的营运状况来看，长江干线从事集装箱业务的19家主要港口企业，2012年集装箱吞吐量总体延续了上年继续增长的态势，同比增长20.9%，低于2011年32.0%的增

速。其中，荆州港务集团公司、四川长通港口有限公司、太仓国际集装箱码头有限公司集装箱吞吐量增速均超过30%。

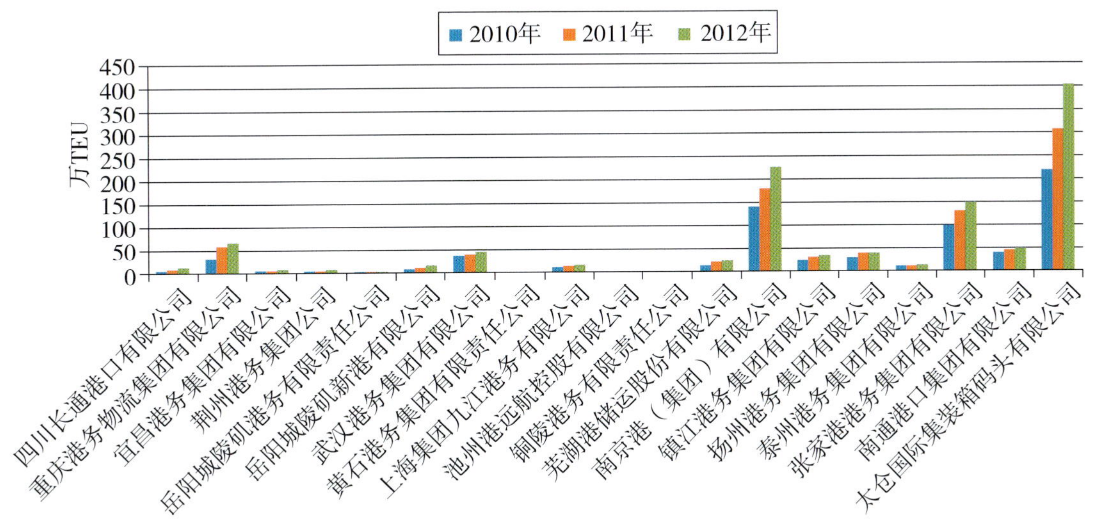

图2.5-12　主要港口企业2010—2012年集装箱吞吐量

长江干线19家主要港口企业在集装箱业务保持稳定增长的同时，也呈现出如下特征：集装箱码头泊位利用率逐年提高，但设计通过能力普通大于实际吞吐量，局部地区存在产能过剩的现象；上、中、下游之间发展不均衡，集装箱港口的竞争日益激烈。

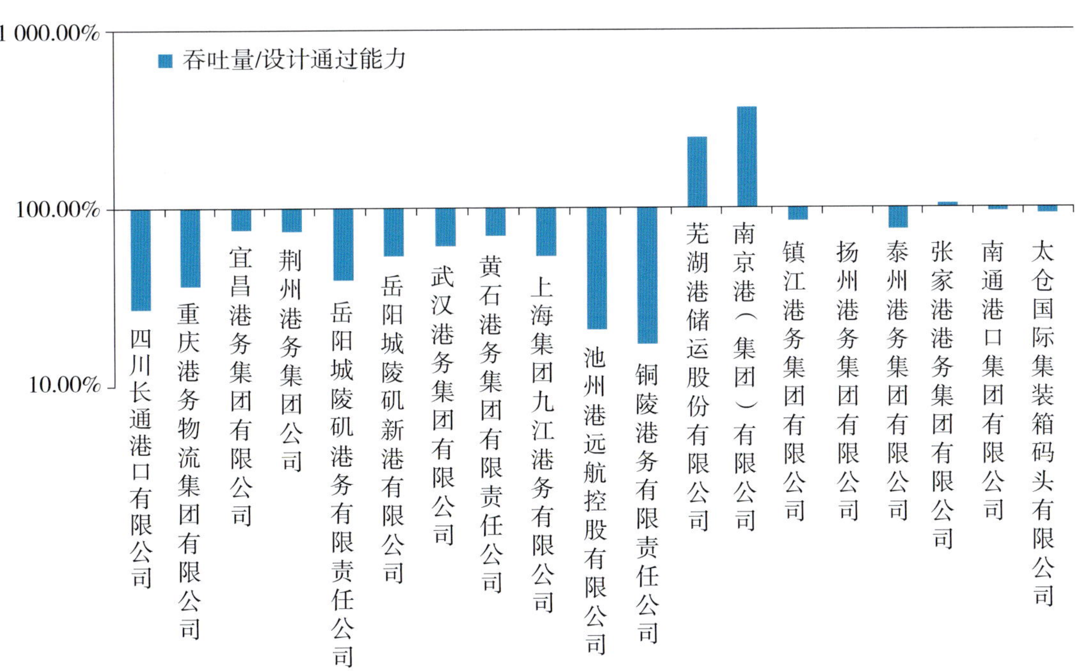

图2.5-13　主要港口企业2012年集装箱码头平均能力利用率

2012年，长江干线19家主要港口企业有集装箱码头泊位73个，占用岸线长度12 428.7米，堆场面积540.77万平方米，设计通过能力1 208.70万TEU，实际完成集装箱吞吐量

1 117.59万TEU，码头泊位通过能力利用率为92%，比上年提高15个百分点。平均通过能力利用率大于1的港口企业有4个，低于50%的有6个，最高的达到363%，最低的只有21%。各区域分布不均衡，上游地区平均通过能力利用率为34%，中游地区为67%，下游地区为116%。

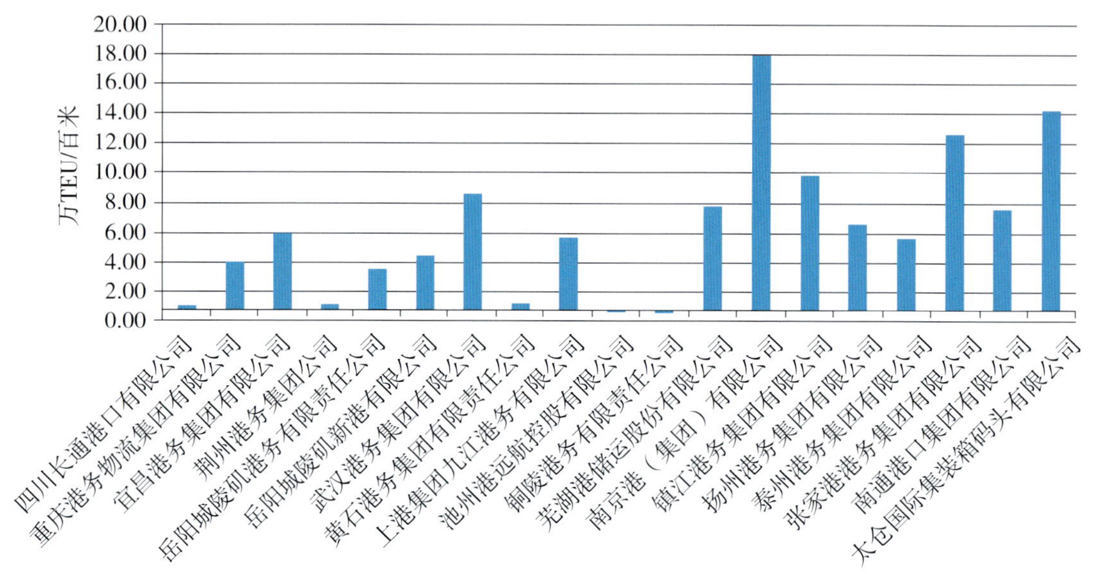

图2.5-14　主要港口企业集装箱码头每百米岸线吞吐量

从码头岸线资源的利用情况看，长江干线19家主要港口企业平均每百米岸线吞吐量8.99万TEU，其中南京港达到17.96万TEU，而最低的只有0.72万TEU。

2.5.3　港口类上市公司

目前，长江港口企业上市公司主要有重庆港九股份有限公司、芜湖港储运股份有限公司、南京港股份有限公司。另外，上港集团独资设立长江港口物流有限公司，通过资源整合参与经营武汉港、南京港、长沙新港、重庆港、芜湖港、安庆港、江阴港、镇江港、九江港和宜宾港等港口码头，香港保华集团投资参与南通港口集团（占股45%）、江阴苏南集装箱码头（占股40%）、宜昌港务集团（占股51%）等港口码头。

2012年，重庆港九股份有限公司共完成装卸自然吨2 777.4万吨，比上年增长3.6%；完成货物吞吐量2 908.2万吨，比上年增长0.7%；集装箱吞吐量64.9万TEU，增长9.9%，商滚车中转量21.0万辆，增长16.2%。芜湖港储运股份有限公司全年完成铁路运量4 531.72万吨，同比增长0.62%；完成自然吨1 907.36万吨，增长78.43%；完成到煤量698.14万吨，同比增长15.95%，完成发煤量602.08万吨，同比增长1.99%；完成集装箱量25.02万TEU，同比增长13.68%。南京港股份有限公司共完成装卸自然吨1 211万吨，比上年增长2.3%；其中原油完成385万吨，化工原料完成229万吨，成品油完成446万

吨，其他完成152万吨。

港口类上市公司主营业务构成 表2.5-2

	分　产　品	营 业 收 入	营 业 成 本	毛利率（%）	营业收入比上年增减（%）	营业成本比上年增减（%）	毛利率比上年增减（%）
重庆港九	装卸业务	65 609.56	34 173.06	47.91	4.05	6.01	-0.97
	客货运输业务	17 971.12	19 109.43	-6.33	-13.29	-16.69	4.34
	商品销售业务	27 365.64	26 794.44	2.09	32.95	32.61	0.26
	综合物流业务	17 081.73	15 487.68	9.33	-34.36	-26.07	-10.16
	商品房销售	16 579.60	13 791.84	16.81	6.21	0.26	4.93
芜湖港	物流贸易	3 126 987.81	3 037 105.04	2.87	7.90	7.59	0.28
	铁路运输	90 520.68	37 254.71	58.84	1.04	-4.25	2.28
	港口作业	18 757.59	19 150.27	-2.09	16.53	42.07	-18.35
南京港	原油	7 281.84	4 003.07	45.03	4.39	7.37	18.07
	液体化工	3 896.27	2 141.91	45.03	6.61	9.66	18.07
	成品油	4 769.10	2 621.73	45.03	-1.81	0.88	18.25
	其他	963.56	529.70	45.03	17.57	20.92	18.10

数据来源：上市公司2012年度报告。

从三家上市公司的主营业务构成分析，重庆港九煤炭、铁矿等传统性骨干货源大幅缩减，但砂石、磷矿、化工等物资增长较快，一定程度支撑了公司货源的稳定发展；芜湖港煤炭货物类收入，受铁路运输网络不断健全、煤炭海运进江增加的影响，在港口业务收入中的占比继续下降；南京港因原油中费率较高的一程船业务增加，成品油装卸自然吨增长较大，对收入增长贡献较大。

港口类上市公司主要财务指标 表2.5-3

	重庆港九	芜　湖　港	南　京　港
主营业务收入（万元）	146 449.30	3 239 070.68	17 039.91
同比增长（%）	-0.46	7.77	4.50
利润总额（万元）	13 108.08	49 808.11	3 688.28
同比增长（%）	8.40	7.78	-14.85
净利润（万元）	6 533.87	38 492.34	2 885.00
净利润增长率（%）	-28.32	18.69	-21.82
净资产收益率（%）	3.19	8.37	4.81
资产负债比率（%）	49.37	78.78	40.38

数据来源：上市公司2012年度报告。

从利润增长情况来看，以港口业务为主的重庆港九和南京港，因港口作业主营业务成本较上年同期变动幅度较大，对净利润增长影响较大；芜湖港物流业务收入近年来增长速度较快，铁路运输业务收入基本保持稳定增长。

上海国际港务（集团）股份有限公司推进长江战略参股的长江内河港口中，2012年集装箱装卸量均保持较快增长，为母港的货量增长提供了支撑。

上海国际港务（集团）股份有限公司

主要参股公司（长江港口）2012年经营情况（单位：万元） 表2.5-4

单位名称	总资产	营业收入	营业利润
上港集团长江港口物流有限公司	118 686.27	458 312.25	9 874.01
上港集团九江港务有限公司	81 908.53	16 351.27	-671.95
重庆东港集装箱码头有限公司	106 420.97	—	—
武汉港务集团有限公司	407 196.67	174 914.22	-10 134.73
长沙集星集装箱码头有限公司	17 980.88	3 002.02	279.17
南京港龙潭集装箱有限公司	285 379.18	35 264.70	10 914.35
江阴苏南国际集装箱码头有限公司	46 291.17	7 955.21	2 261.87

数据来源：上市公司2012年度报告。

2.6 水上交通安全

2012年，水上交通安全生产形势总体稳定，沿江七省二市包括沿海、长江等内河，全年共发生运输船舶水上交通事故124.5起、死亡失踪144人、沉船84艘、直接经济损失14 481.5万元。发生一次死亡10人以上的重大事故3起、死亡失踪38人。三峡坝区水域全年未发生船舶漂流撞坝和人员伤亡事故。云南省、湖北省地方水域没有发生纳入统计上报的水上交通事故。

2012年沿江七省二市水上交通安全四项指标 表2.6-1

		四项指标				比上年同期±（%）			
		一般等级以上水上交通事故（件）	死亡失踪人数	沉船艘数	直接经济损失（万元）	一般等级以上水上交通事故	死亡失踪人数	沉船艘数	直接经济损失
部直属海事局辖区	长江海事局	15.5	27	13	1 601.5	-16.2	125	0	51.4
	江苏海事局	28	36	22	—	-4.6	16.1	-12	—
	上海海事局	24	6	13	10 400	-22.6	-29.4	-81.8	-45.3
地方海事辖区	云南地方水域	—	—	—	—	—	—	—	—
	四川地方水域	7	9	—	372	—	—	—	—
	重庆地方水域	1	—	1	—	-80	—	-75	—
	湖北地方水域	—	—	—	—	—	—	—	—

续上表

		四项指标				比上年同期±（%）			
		一般等级以上水上交通事故（件）	死亡失踪人数	沉船艘数	直接经济损失（万元）	一般等级以上水上交通事故	死亡失踪人数	沉船艘数	直接经济损失
地方海事辖区	湖南地方水域	8	45	7	583	-50	32.35	-53.33	-38.07
	江西地方水域	9	2	8	700	—	—	—	—
	安徽地方水域	7	2	6	174.2	—	—	—	—
	江苏地方水域	17	14	8	231.8	—	—	—	—
	上海地方水域	8	3	6	419	20.0	—	-25.0	6.2

注：长江海事局辖区为长江干线重庆至安徽段，江苏海事局辖区为长江江苏段和江苏沿海，上海海事局辖区为上海沿海水域和上海港区。

从事故及险情发生水域来看，长江海事辖区重庆、黄石、芜湖区段事故多发，江苏海事辖区镇江、扬州、张家港区段事故险情发生频率较高；地方水域四川嘉陵江、湖南沅江、江西鄱阳湖区域以及下游湖区、水网地区是水上交通事故的主要发生区域。

按事故及险情的种类来看，碰撞事故高发。以长江干线为例，长江海事局辖区，碰撞事故占51.0%；江苏镇江海事局辖区，碰撞事故占73.6%。

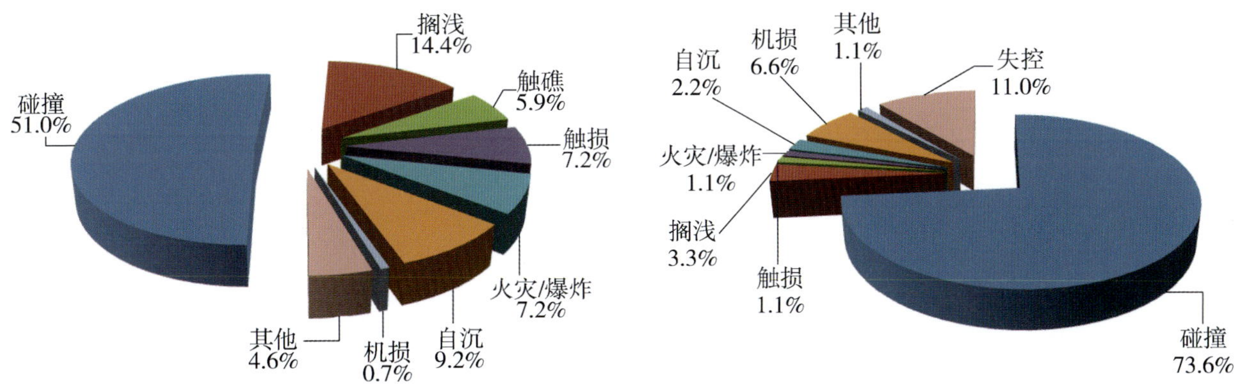

图2.6-1　2012年长江海事局辖区事故与险情种类统计　　图2.6-2　2012年江苏镇江海事局辖区事故与险情种类统计

从事故险情涉及船舶来看，一般货船占比最大，砂石运输船事故偏多，“四客一危”船舶事故造成人员伤亡较多。长江海事局辖区全年事故险情共涉及船舶241艘次，一般货船占40.7%，砂石运输船事故占23.7%。四川省地方海事辖区砂石运输船事故占事故总数的71.4%。

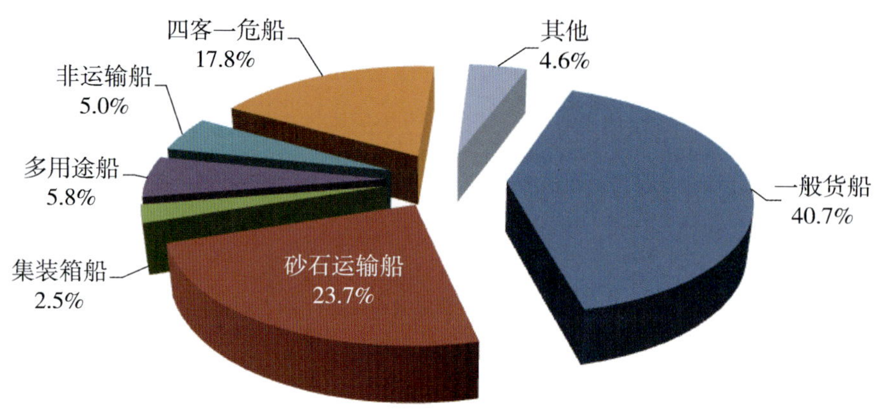

图2.6-3　2012年长江海事局辖区事故与险情涉及船舶种类

● 重大事故概况

5月27日10时，湖南省湘西州泸溪县境内，“湘辰溪客0085”号客运船沿沅江由浦市开往辰溪县，船舶驶离浦市码头不远处撞上一艘违规停泊的货船发生翻沉事故，施救上岸生还14人，造成11人死亡。

8月16日1时40分，安徽省马鞍山市“马和渡104号”渡船由马鞍山开往和县渡长江途中发生自沉，事故导致船上24人落水，9人获救，15人死亡失踪，所载车辆全部随船沉没。

10月5日16时许，湖南省益阳沅江市琼湖水域一艘运砂船与一艘农用船发生碰撞事故，事故导致船上22人落水，10人获救，12人死亡。

第3章 基础设施建设

3.1 内河建设投资

2012年，沿江七省二市完成内河建设投资381.1亿元，占全国内河建设投资的77.8%；同比增长28.1%，增速高于全国5个百分点。

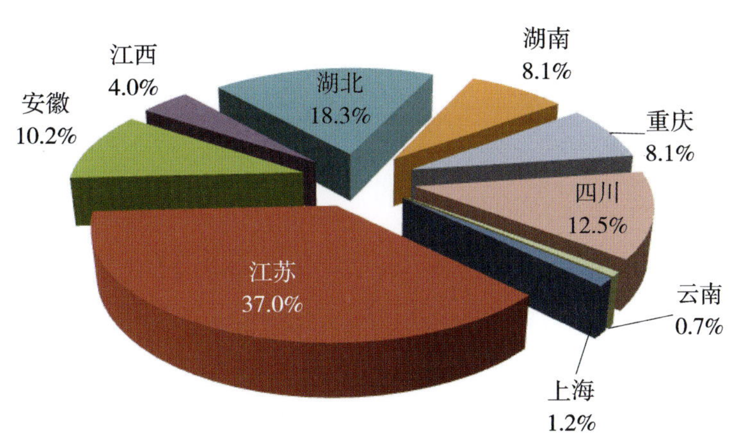

图3.1-1　2012年内河建设投资分区域构成

分月度看，全年内河投资增速呈现明显的“M”形走势，3月、9月形成两个高点，1、7月呈负增长状态。从分月累计增长看，在一季度快速增长后呈下滑局面，7月扭转下滑局面，下半年累计增速基本保持稳定。

从长江航务管理局系统来看，2012年固定资产投资完成28.07亿元。按建设项目类别分，基本建设完成22.27亿元，其中航道整治工程完成投资13.56亿元；船艇建造完成5.80亿元。按组织机构分，长江海事局完成投资4.09亿元，长江航道局完成投资19.85亿元，长江三峡通航管理局完成投资0.78亿元，长江航运公安局完成投资2.74亿元，其他单位完成投资0.61亿元。

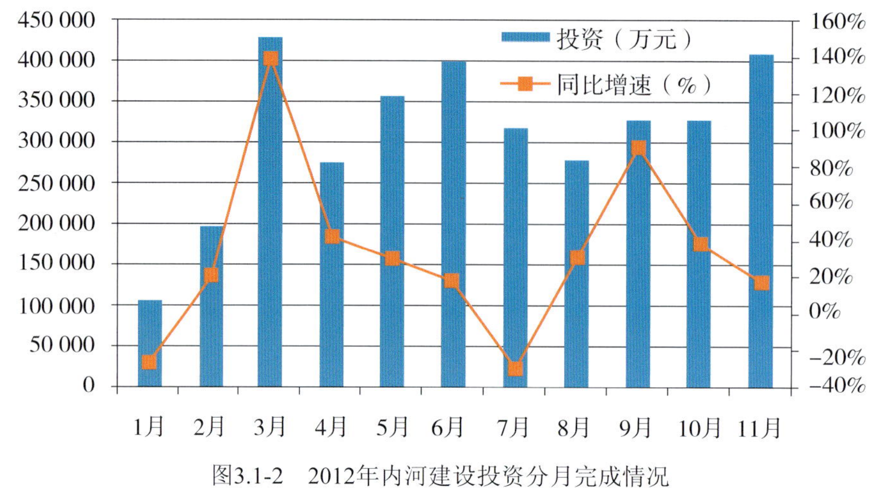

图3.1-2　2012年内河建设投资分月完成情况

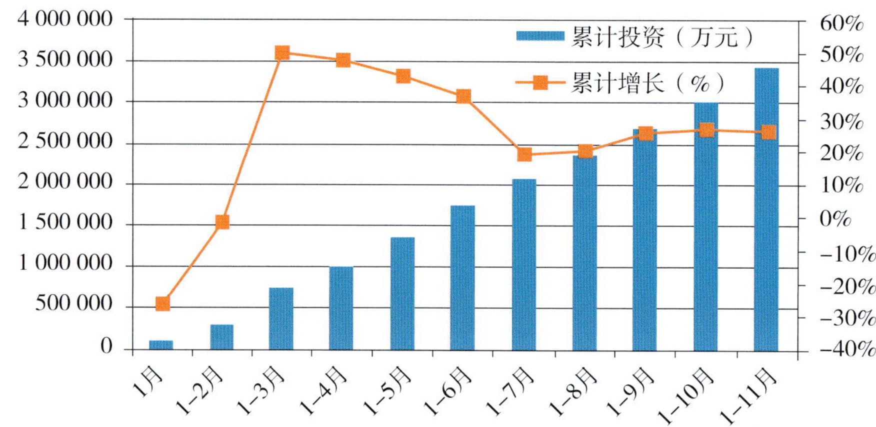

图3.1-3　2012年内河建设投资分月累计完成情况

资料来源：交通运输部网站。

3.2　航道建设

3.2.1　长江干线航道

2012年，长江干线航道整治工程前期工作和在建项目总体进展顺利，改善航道里程186公里。前期工作取得突破性进展，获批立项的航道建设项目总投资达61亿元；项目收尾及竣工验收工作开展有序，7个航道整治项目通过交通运输部竣工验收，8个航道整治项目通过交工验收；续建和新开工项目有序推进，7个续建项目多数完成主体工程建设，4个新开工项目建设进度加快推进。

● **前期工作情况**

长江上游水富至宜宾河段航道建设前期工作、三峡库区库尾航道炸礁一期工程前期工作有序推进；长江中游荆江河段航道整治工程有关项目前期立项和研究工作取得突破性进展，《长江中游荆江河段航道整治工程昌门溪至熊家洲段工程可行性研究报告》于7月26日通过国家发改委审查；长江中游杨林岩水道航道整治工程、长江中游天兴洲河段航道整治工程、长江中游湖广—罗湖洲河段航道整治工程等项目获交通运输部批准建设。

● 在建项目情况

2012年，长江航道局完成航道整治工程建设投资13.14亿元，长江三峡通航管理局完成航道整治工程建设投资0.42亿元。

长江中游沙市河段航道整治一期工程等7个航道整治项目通过交通运输部竣工验收。沙市河段航道整治一期工程实施后，三八滩滩脊冲刷的不利态势得到有效控制，航道维护标准实际达到了3.2米×150米×1 000米（维护水深×宽度×弯曲半径，下同），通航保证率达到了98%。窑监河段航道整治一期工程实施后，航道维护尺度提高到3.5米×80米×750米，窑监水道“上浅下险”、航道维护困难的紧张局面得到了极大的缓解。戴家洲河段航道整治一期工程实施后，稳定了直水道枯水期分流条件，改善直水道进口段弯道形态和进口浅区航道条件，航道尺度达到4.5米×100米×1 050米。牯牛沙水道航道整治一期工程实施后，制止了牯牛沙边滩受冲后退，牯牛沙边滩整体淤高展宽，防止了航道条件的进一步恶化，缓解了航道维护的困难局面，总体河势更趋稳定。武穴水道航道整治工程实施后，武穴水道南槽5米水深全年贯通，航道尺度达到4.5米×200米×1 050米，同时对当地防洪和堤防的安全起到有利作用。土桥水道航道整治一期工程实施后，左汊6米航槽最小宽度达到350米以上，达到了6.0米×200米×1 050米的设计标准。江心洲—乌江河段航道整治一期工程实施后，航道尺度达到6.5米×200米×1 050米，防止了航道条件向不利方向发展。

长江干线航道整治工程2012年通过交通运输部竣工验收项目 表3.2-1

序　号	项 目 名 称	开工年月	竣工 验收日期	累计完成投资 （万元）
1	长江中游沙市河段航道整治一期工程	2008.12	2012.05.23	10 300
2	长江中游窑监河段航道整治一期工程	2009.04	2012.11.03	19 609
3	长江中游戴家洲河段航道整治一期工程	2009.01	2012.10.16	17 098
4	长江中游牯牛沙水道航道整治一期工程	2009.09	2012.10.16	14 419
5	长江中游武穴水道航道整治工程	2006.12	2012.10.09	10 945
6	长江下游土桥水道河段航道整治一期工程	2009.09	2012.12.21	29 780
7	长江下游江心洲-乌江河段航道整治一期工程	2009.09	2012.05.22	17 760

长江中游枝江—江口河段航道整治一期工程2011年汛后维护加固工程和配套设施建设工程通过交工验收。长江下游马当河段航道整治一期工程/长江下游太子矶水道拦江矶炸礁工程完成竣工环保验收公示。

长江干线航道整治工程已交工验收项目2012年后续验收动态 表3.2-2

序号	项目名称	开工年月	累计完成投资（万元）	本年动态
1	长江中游枝江-江口河段航道整治一期工程	2009.09	19 990	配套设施建设工程、2011年汛后维护加固工程通过交工验收
2	长江下游马当河段航道整治一期工程	2009.10	29 140	竣工环保验收
3	长江下游太子矶水道拦江矶炸礁工程	2008.12	15 620	竣工环保验收

加快推进以完工收尾为重点的在建项目建设，长江中游沙市河段航道治理腊林洲守护工程等8个航道整治项目通过交工验收，整治建筑物维持稳定，发挥功能正常，达到预期建设目标。福姜沙水道航道治理双涧沙守护工程、口岸直水道航道治理鳗鱼沙心滩头部守护工程的交工验收，为长江南京以下12.5米深水航道建设奠定了基础。

长江干线航道整治工程2012年通过交工验收项目 表3.2-3

序号	项目名称	开工年月	交工验收日期	累计完成投资（万元）
1	长江中游沙市河段航道治理腊林洲守护工程	2010.11	2012.03.31	16 074
2	长江中游瓦口子至马家咀河段航道整治工程	2010.11	2012.03.31	26 329
3	长江中游藕池口水道航道治理一期工程	2010.11	2012.04.27	19 890
4	长江中游窑监河段乌龟洲守护工程	2010.11	2012.04.27	11 989
5	长江下游张家洲南港上浅区航道整治工程	2008.12	2012.02.27	14 930
6	长江下游安庆水道航道整治工程	2010.11	2012.04.16	19 830
7	长江下游口岸直水道航道治理鳗鱼沙心滩头部守护工程	2010.11	2012.05.24	37 500
8	长江下游福姜沙水道航道治理双涧沙守护工程	2010.11	2012.06.07	44 417

三峡—葛洲坝两坝间乐天溪航道整治工程等一批续建项目进展顺利，两坝间乐天溪航道、武桥水道、新九河段、马当南河段等航道整治工程和长江口12.5米深水航道向上延伸建设工程完成主体工程。

长江干线航道整治工程2012年续建项目动态　　表3.2-4

序　号	项 目 名 称	开 工 年 月	计划总投资（万元）	累计完成投资（万元）
1	三峡—葛洲坝两坝间乐天溪航道整治工程	2010.12	15 737	15 100
2	长江中游武桥水道航道整治工程	2011.02	17 417	13 314
3	长江中游戴家洲河段戴家洲右缘下段守护工程	2010.11	12 878	12 241
4	长江中游新洲至九江河段航道整治工程	2011.11	43 172	38 240
5	长江下游马当南水道航道整治工程	2011.11	38 882	32 830
6	长江下游口岸直水道航道治理落成洲守护工程	2011.10	37 398	31 248
7	长江口12.5米深水航道向上延伸建设工程（浏河口–荡茜闸段）	2011.04	3 470	2 970

2012年安排新开工的航道整治工程项目有4个。其中，长江南京以下12.5米深水航道工程是我国“十二五”期投资规模最大、技术最复杂的内河水运工程，该工程正式开工标志着我国内河航道建设进入了一个新的阶段。

长江南京以下12.5米深水航道建设工程是在长江口深水航道的基础上，将12.5米水深从太仓上延至南京，全长约280公里。工程建成后将实现长江口航道与南京以下深水航道无缝对接，五万吨级海轮可直达南京，第五和第六代大型远洋集装箱船和10万吨级散货船可乘潮通过。该工程将按照“整体规划，分期实施，自下而上，先通后畅”的思路，以“固滩，稳槽，导流，增深”为整治原则，采取整治与疏浚相结合的工程措施，拟分三期分步组织实施。项目一期工程计划对太仓至南通河段约56公里的水道先行实施治理，实现由苏州港太仓荡茜闸至南通港天生港区12.5米深水航道，工程总投资约51.7亿元，工期3年，预计在2015年内完成工程。目前，12.5米深水航道一期工程航道保障措施前期工作、通州沙整治建筑物工程等进展顺利。

长江干线航道整治工程2012年新开工项目动态　　表3.2-5

序　号	项 目 名 称	开工年月	计划总投资（万元）	累计完成投资（万元）
1	长江中游界牌二期航道整治工程	2012.02	34 536	25 230
2	长江中游戴家洲河段航道整治二期工程	2012.10	32 504	12 739
3	长江下游东流水道航道整治二期工程	2012.10	31 753	14 000
4	长江南京以下12.5米深水航道一期工程	2012.08	517 000	

3.2.2 支流航道

2012年，国家积极支持支流航道治理工作，沿江省市港航管理机构也全面加快推进重要支流航道建设前期工作，积极争取国家级、省级有关扶持资金和政策，三峡库区重点通航河流的综合利用开发进度加快，岷江、嘉陵江、乌江、湘江、汉江、赣江等高等级航道和长江三角洲高等级航道网的航道整治重点工程有序推进。

长江支流航道2012年主要建设项目推进动态　　表3.2-6

序　号	所在航道	2012年建设项目推进动态
1	金沙江	设计单位按照新修订的相关标准对升船机船厢有效水域尺寸等进行了调整
2	岷江	《四川岷江航电综合开发（乐山—龙溪口）航道渠化工程项目建议书》获国家发改委审查批复
3	嘉陵江	在建项目：亭子口水利枢纽工程、草街—河口段三期航道整治工程、嘉陵江航运配套工程 沙溪、凤仪、苍溪航电枢纽工程通过蓄水验收
4	渠江	在建项目：广安（四九滩至丹溪口）航运建设工程 风洞子航电枢纽工程预可行性研究报告通过审查
5	乌江	在建项目：乌江（乌江渡～龚滩）航运建设工程、思林电站通航设施、乌江河口—白马段航道整治工程、白马航电枢纽工程 《“十二五”乌江（乌江渡—河口）高等级航道建设方案》环评获环境保护部批复
6	三峡库区支流航道	香溪河航道建设（二期）工程通过竣工验收 朱依河（河口—狮子岩）、汤溪河（河口—白水）、东溪河（河口—新屋咀）、磨刀溪（河口—龙角）等航道整治利用工程可行性研究通过审查，小江（河口—白家溪）、梅溪河（河口—康乐镇）、抱龙河（河口—摸钱洞）等航道整治利用工程进入招标阶段
7	汉江和江汉运河	在建项目：引江济汉通航工程、兴隆至汉川段航道整治工程 启动工程：南水北调一期汉江中下游局部航道整治工程（丹江口至兴隆河段） 《湖北省“十二五”汉江和江汉运河高等级航道建设方案》获国家发改委批复
8	湘江和洞庭湖区	在建项目：湘江长沙综合枢纽工程、土谷塘航电枢纽工程，湘江2 000吨级航道建设一期工程，湘西自治州西沅航运一期工程沅水大洑潭至泸溪航道整治工程 洞庭湖区益阳至芦林潭航运建设工程焦潭湾滩航道整治工程（大堤部分）交工验收 湘江二级航道二期工程项目建议书获国家发改委批复
9	赣江	在建项目：赣江（南昌—湖口）Ⅱ级航道整治工程、石虎塘航电枢纽二期工程、峡江水利枢纽工程 东河（南昌—瓢山）航道整治工程竣工验收、石虎塘航电枢纽一期工程交工验收 新干航电枢纽工程、井岗山水电枢纽工程开展前期工作
10	合裕线	在建项目：合裕线航道、店埠河航道升级改造工程；巢湖复线船闸、裕溪船闸试通航

续上表

序　号	所在航道	2012年建设项目推进动态
11	长三角高等级航道网	完工项目：连云港疏港航道、盐河杨庄至武障河段、刘大线、锡溇线胡埭段（环镇北路—富安桥）三期航道整治工程，申张线张家港复线船闸、泰州周山河船闸；黄浦江关港航道、浦东运河（芦滩港-大治河）、苏州河下游段（真北路桥～河口）等航道维护疏浚工程 在建项目：芜申运河马宜段、青弋江入江口至荆山河口段等安徽段，南京段、高溧段等江苏段航道整治工程；苏南运河"四改三"苏州、常州、镇江段航道整治工程；连申线东台至长江段航道整治工程；锡澄运河三级航道整治工程；通吕运河航道整治工程；赵家沟航道整治工程、大芦线航道整治一期工程（临港新城段）和杭申线（上海段）航道整治工程；金汇港河道整治工程 苏申外港线（江苏段）、申张线青阳港段，大芦线航道二期，平申线、长湖申线、赵家沟东段和苏申内港线东段航道整治工程等项目前期工作取得明显进展

3.3 港口建设

2012年，沿江各省市大力推进内河港口建设与发展，加快推进港口重点项目建设。

2012年内河港口重点建设项目动态　　表3.3-1

序　号	省　市	重点建设项目	进展情况
1	云南省	向家坝水电站施工期翻坝转运高位码头—新滩坝码头	2013年5月建成
2	四川省	宜宾港志城作业区一期工程	全部建成
		广安港新东门作业区一期工程	5号、6号泊位基本建成
		泸州港多用途码头二期续建工程	基本建成
		南充港多用途码头一期工程	桩基工程全部完成
		广元港多用途码头一期工程	进入全面施工阶段
3	重庆市	主城港区果园港二期及二期扩建工程、寸滩港二期工程、盐巴石作业区长航钢城码头工程项目	进入全面施工阶段
		合川港区思居码头、涞滩码头、狮滩码头、白沙坝码头	基本完成土建工程
		乌江彭水下塘口码头工程	全面完成水下部分工程
		武隆港区白马作业区货运码头工程、万州关刀碛化危品码头工程江、津港区油溪作业区麻纱桥码头改扩建工程等项目	进入施工准备阶段
4	湖南省	长沙港霞凝港区三期工程、株洲港铜塘湾港区一期工程	按进度推进
		岳阳港湘阴港区漕溪作业区二期工程、湘潭港易俗河港区千吨级码头工程	开工建设
		湘潭港铁牛埠港区寒鸡港作业区（顺达）散货码头工程、湖南城陵矶临港产业新区油品及化工品码头工程、国电益阳发电有限公司水运煤码头工程	完工投产

续上表

序号	省市	重点建设项目	进展情况
5	湖北省	武汉新港核心工程阳逻港区三作业区集装箱一期工程、宜昌港主城港区白洋作业区一期工程、黄石港棋盘洲港区二期工程等23个重大项目	开工建设
		荆州港盐卡港区三期多用途码头工程、黄石港棋盘洲港区一期7号-9号码头工程、黄冈楚江综合码头工程	基本建成
		荆州港松滋港区车阳河综合码头工程、宜昌港主城港区云池作业区二期工程、武穴件杂货综合码头工程、武汉新港三江港区武钢集团鄂钢矿石、钢铁码头工程等7个码头项目	建成投产
6	江西省	江西煤炭储备中心九江城东通用码头、江西湖口蓝天玻璃制品有限公司专用码头改扩建工程（一期）、湖口长江炉料有限公司货运码头工程	建成投产
		万年港综合码头工程	主体工程基本完工
		南昌龙头岗综合码头一期工程	开工建设
7	安徽省	安庆港长风港区一期、安庆电厂煤码头、马鞍山人头矶港区一期、中外运三山多用途码头、合肥港综合码头二期工程、阜阳港颍州港区一期	按进度推进
		郑蒲港区一期、蚌埠新港二期、淮北南坪港一期	开工建设
		铜陵有色金园港埠码头	建成使用
		芜湖港朱家桥集装箱码头一期工程、枞阳海螺专用码头三期工程、安徽华庆石化实业有限公司石油储存库配套码头	通过竣工验收
8	江苏省	南京港龙潭港区四期及五期工程、铜井港区二期工程、新生圩港区液体化工码头储运工程、板桥港区梅山原料码头扩建工程，镇江港大港港区四期工程、泰州港靖江港区项目、中信（江阴）码头项目一期工程	按进度推进
		镇江港高桥港区孟家港公共码头、盐城港滨海港区中电投煤炭码头一期工程	开工建设
		徐州港顺堤河作业区一期码头工程	投入试运行
		苏州港太仓港区美锦码头工程、常熟港区兴华作业区件杂货码头、如皋港区国鼎通用码头工程、启海港区联合重工LPG液灌项目码头，镇江港中储粮镇江公司粮油码头工程、镇江港镇江电厂综合码头改造工程、中石油阚山油库码头等	通过交工验收
		征新城港口作业区码头一期工程	竣工营运

3.4　支持保障系统建设

3.4.1　长江干线支持保障系统

2012年，长江干线航运支持保障系统建设继续加强，航道综合服务、水上交通安全监管和救助、水上治安与消防以及公共服务能力不断提升。其中，长江航务管理局系统支持保障建设项目共完成投资14.93亿元，包括基础设施投资8.52亿元，船艇建造5.80亿元。

● 航道生产与服务系统建设

长江航道宜宾、泸州、重庆丰都、宜昌、岳阳、武汉、九江、芜湖、南京扬中、南京如皋等综合码头工程项目，或全面完成主体工程建设，或进入全面施工阶段，整个工程包括航道码头以及各类生产和辅助生产设备、配套设施，综合码头建成投入使用后，将进一步提升长江航道的综合服务能力。长江干线航道测量设施及设备建设二期工程待验收，测量设备购置开始实施，航道勘测能力进一步提高。长江干线电子航道图生产与服务系统建设工程实现了长江电子航道图（2.0版）系统试运行。

长江干线安庆至芜湖段、涪陵至丰都段航路改革配套设施建设工程通过交通运输部竣工验收，工程实施后，航道界限清楚、规范，通航分道标记明显，标志着长江干线实施船舶定线制的黄金水道又增加了206公里。

长江干线数字航道的建设正式进入实施阶段。在长江三峡坝区河段数字航道工程通过交工验收基础上，长江干线数字航道兰家沱至鳊鱼溪段建设工程、鳊鱼溪至大埠街建设工程正式开工，重庆段、宜昌段数字航道建设工程初步设计获得交通运输部批复，宜宾和泸州段数字航道建设工程工程可行性研究通过交通运输部审查。

● 水上交通安全监管和救助系统建设

长江海事局三峡库区重庆段船舶交通管理系统一期工程、宜昌船舶交通管理系统工程、武汉船舶交通管理系统改扩建工程、黄石船舶交通管理系统工程、安庆船舶交通管理系统工程、芜湖船舶交通管理系统铜陵段及马鞍山段工程完成建设并投入使用，新开工建设长江海事局九江、荆州、岳阳船舶交通管理系统工程；完成三峡库区重庆段船舶交通管理系统二期工程前期工作。长江海事船舶交通管理系统（简称VTS）不断完善。

完成长江干线船舶自动识别系统一期工程建设，长江海事局辖区全线推进安装船载电子江图系统（简称ECS）和自动识别系统（简称AIS）。

以地理信息系统（GIS）为平台，整合船舶交通管理系统（VTS）、船舶自动识别系统（AIS）、全球定位系统（GPS）、气象信息系统（WIS）、闭路电视监控系统（CCTV）、共享水位信息系统（WLS）等系统，配套网上长江海事数据中心，长江海事

2012年全线启动电子巡航系统，构建统一的巡航监控预警平台。

长江海事局重庆、武汉、芜湖监管救助综合基地工程，江津等巡航救助站点接岸设施工程基本完成；新开工建设九江监管救助综合基地工程，白沙沱等巡航救助站点接岸设施工程；推进万州监管救助基地工程等前期工作。江苏海事局镇江监管救助基地、江阴监管救助基地工程竣工验收；太仓监管救助综合基地基本建成。

长江干线水路交通应急指挥平台于2013年1月15日正式运行，提升了长江航务管理局应急快速反应能力和指挥决策水平。

- **船舶溢油应急系统建设**

长江海事局新开工建设岳阳、武汉、芜湖船舶溢油应急设备库工程；完成九江船舶溢油应急设备库工程前期工作。江苏海事局南京船舶溢油应急设备库通过竣工验收并投入使用。江苏海事局张家港船舶溢油应急设备库工程、上海海事局长江口船舶溢油应急设备库工程继续推进。

- **公安刑侦装备和治安防控系统建设**

长江航运公安110调度指挥系统一期工程、长江航运公安金盾信息网派出所接入工程基本完成，实现了长江航运公安局、公安分局、派出所三级广域网络互通互联。南京警犬繁殖及训练基地建造工程开展前期工作。

- **三峡坝区通航管理系统建设**

长江三峡通航管理局完成了三峡坝区通航管理综合信息系统建设工程的主题工程建设，包括数据中心、系统架构及协同办公等软件标段的调试和完工标段的试运行。

- **通信网络**

长江南通干支甚高频（VHF）联动工程、长航镇江通信配套设施改造工程、长江干线甚高频（VHF）无线电监测系统工程基本建成。开工建设长江航运数据通信网升级改造工程、长航上海通信枢纽改造工程、长江镇江干支甚高频联动工程等。长航局基层站点用户接入网工程、长江航运通信网干线传输系统接入全国交通信息专网工程前期工作有序推进。

- **船艇建造**

2012年，长江航务管理局系统共完成20艘工作船艇建造，23艘在建。主要涉及巡航救助船、公安巡逻艇、航道维护快艇、航标船、航道测量船、挖泥船、绞锚艇和多功能溢油回收船等。

- **科研教育设施建设**

长江航道科研实验新基地一期工程按进度推进，二期工程初步设计顺利通过部审。一期工程建设后，可基本形成长江干流长河段模型实验能力。长江船员实际操作考试模拟器试点建设工程、长江海事局内河船员计算机终端考试系统工程建成，长江武汉水上监管搜救综合训练和船员考试评估基地一期工程按进度推进，项目投入运行后，将进一

步提高船员管理的便民化和现代化水平。

● **长江航运物流公共信息平台建设**

长江航运物流数据中心、长航系统办公网站（内网门户）及应用系统集成、长江航运物流公共信息平台网站（外网门户）及应用集成、长江干线船货信息系统、长江干线集装箱物流公共信息系统、长江干线危险品物流公共信息系统等基本完成建设；长航局视频会议系统投入使用。

3.4.2 支流支持保障系统

2012年，沿江省市交通主管部门加强水上交通支持保障系统能力建设，水上交通安全保障设施建设进度加快，船艇等执法装备不断完善，支持保障系统基础设施有了明显的改善。

2012年沿江省市内河支持保障系统重点建设项目动态 表3.4-1

序　号	省　市	重点建设项目	主要内容
1	云南省	船舶自动识别系统建设	在昆明、大理、澜沧江流域建设6个AIS基站，对滇池、洱海、澜沧江干流、天生桥、大朝山等水域船舶安装船载AIS终端设备170套
2	四川省	船艇建造	海巡艇40艘，应急抢险救助艇3艘，航道工程和航政船2艘
		水上交通视频监控系统	码头视频和船载视频418个，全面覆盖重点渡口和重点船舶
3	重庆市	水上交通视频监控系统	完成嘉陵江河口至草街沿江石门信号台、黄花园大桥、渝澳大桥、磁器口、草街沱信号台、北碚庙嘴、草街小龙门等7处视频监控点建设
		VHF通信系统	完成曾家岩水上应急基地VHF机房建设，黑石盘、施家梁VHF基站的建设
4	湖南省	水上交通视频监控系统	渡口监控点783个、港区泊位监控点28个
		船载AIS和GPS安装	安装船载AIS1 270台、GPS690台
		全省支持保障系统一期工程	VHF安全通信工程建成投入使用；500T起重打捞船建成下水；省级救援指挥中心及长沙、岳阳、衡阳、常德等4个省级救援基地正在建设；计划建造的15艘海巡艇大部分建成下水
5	湖北省	水上搜救应急系统二期工程	启动建设
		省级搜救应急协调指挥中心	建设数据库、电子江图、视频监控及GPS监控等信息平台得到进一步完善
		水上交通安全监管系统	船载AIS终端设备安装和船舶动态信息管理系统建设加快
		海事执法车船购置	基层站所配备57辆海事车、19艘海巡艇

续上表

序号	省市	重点建设项目	主要内容
6	江西省	工作用房、船艇	新建工作用房4 200平方米，新建2艘钢质趸船和8艘高速混合艇
7	安徽省	水上交通安全和应急服务系统	有序推进
		合裕线水上交通支持保障系统（一期）	完成
		行政执法船艇购置项目	行政执法艇和工作趸船共15艘交付使用
8	江苏省	长三角航道网及京杭运河水系智能航运信息服务（船联网）应用示范工程	继续加快推进
9	上海市	水上搜救科技和信息化项目	逐步推进包括1个市级和10个区级搜救指挥室、上海内河交通管理和应急联动系统、VHF通信网络、骨干航道及重点水域CCTV视频监控系统、车船移动视频系统、危险品码头装卸区域视频监控图像接入、AIS岸基基站等项目建设

第4章

公共服务与管理

4.1 水路运输管理

4.1.1 法制建设和管理创新

● 《国内水路运输管理条例》的颁布和宣贯实施

2012年10月13日，温家宝总理签署了国务院第625号令公布了《国内水路运输管理条例》，自2013年1月1日起施行。《国内水路运输管理条例》作为水路运输行业发展的基本法，以行政法规的形式规定了行业内外相关各方的权利、义务、责任。

国务院公布《国内水路运输管理条例》（国务院第625号令） 表4.1-1

	《国内水路运输管理条例》
目标	规范国内水路运输经营行为，维护国内水路运输市场秩序，保障国内水路运输安全，促进国内水路运输业健康发展
亮点	一是减少行政许可事项，将船舶代理、水路旅客运输代理和水路货物运输代理改为备案制，建立了动态监管制度、市场退出机制；二是取消了对市场主体自主经营行为的干预，建立了运力宏观调控制度；三是规定了国家运用经济、技术政策等措施，支持和鼓励经营者实行规模化、集约化经营，促进水运行业调整；四是规定了各级交通运输主管部门进行市场统计、调查分析并定期向社会公布的职责
制度	确立了水路运输管理机构的法律地位，精简行政许可制度，新设运力宏观调控制度，新设节能减排、结构调整政策，新设诚信管理制度，新设服务质量管理制度，新设应急运输保障制度，健全市场动态监管和退出机制，保留国内水路运输市场保护制度，新设客运船舶强制保险制度
影响	有利于形成统一规范、竞争有序的水路运输市场，有利于引导水路运输行业转变发展方式，有利于进一步推动节能减排和低碳发展战略、实现低碳绿色交通体系，有利于强化水路运输安全管理，有利于提升应急保障能力

为全面做好《国内水路运输管理条例》的学习、宣传和贯彻实施工作，交通运输部于

2012年11月2日在合肥召开《国内水路运输管理条例》宣传贯彻大会，11月16日印发《交通运输部关于做好〈国内水路运输管理条例〉贯彻实施工作的意见》（交政法发〔2012〕633号）。长江航务管理局、沿江省市各级交通运输主管部门和水路运输管理机构，根据交通运输部的统一部署和要求，制定了贯彻实施《国内水路运输管理条例》的工作计划和具体措施，在2012年11月和12月利用多渠道、多形式地开展宣贯培训，为《国内水路运输管理条例》的贯彻实施营造良好社会氛围，使水路运输管理人员能够准确理解和全面把握《国内水路运输管理条例》的基本精神和主要内容，做到依法行政、规范管理。

同时，以《国内水路运输管理条例》的各项法律制度为基础，抓紧进行与之配套的法规、规章及规范性文件的清理、修订和制定工作。交通运输部于12月28日印发《交通运输部关于国内水路运输管理条例实施有关事项的通知》（交水发〔2012〕782号），明确有关行政许可及业务管理、市场调控政策、全国水路运政信息系统等政策的延续、调整和衔接工作。长江航务管理局和沿江省市各级交通管理部门也及时全面地开展相关制度和规定的修订、完善工作。

● 加强行业管理指导

2012年7月31日，交通运输部印发《关于完善管理促进国内航运业健康平稳发展的意见》（交水发〔2012〕352号），要求各级交通运输主管部门、港航管理机构“加强国内水路运输市场监测和分析，以信息引导市场；加强国内水路运输市场宏观调控，促进运力结构调整；规范国内水路运输市场准入，强化行业服务；加强国内水路运输市场监管，促进水运行业稳定发展”，不断促进国内航运业科学发展安全发展。

根据交通运输部《关于完善管理促进国内航运业健康平稳发展的意见》的精神，长江航务管理局就进一步加强长江水路运输管理工作，于8月30日印发了《长航局关于完善管理促进长江水路运输业健康平稳发展的实施意见》（长航运〔2012〕398号），提出强监测、抓调控、严监管、重服务的一揽子举措，促进长江航运业健康平稳发展。

● 加强水路运政管理系统建设

长江航务管理局通过水路运政管理系统建设，已经掌握了2 000多家航运企业、8 000多艘运营船舶的基本信息，为加强长江干线水路运输市场监管、提高行政审批办结时效、提升行业管理水平起到积极的推动作用。沿江省市港航管理机构积极推进水路运政管理系统的建设应用和升级改造，湖北运政港政管理信息系统正式启用，湖南推行行政许可网上申办和电子服务，上海市依托水路运政管理系统启动航运企业运量月报网上申报试点工作，四川省启动水路运政管理信息系统的开发工作。

4.1.2 运输市场宏观调控

● 引导普通货船运力有序投放

2012年4月，为加强长江水系省际普通货船运输市场管理，改善市场供求关系，

优化运输结构，长江航务管理局发布《关于加强长江水系省际普通货船运输市场宏观调控的通告》（2012年第1号通告），进一步规范长江水系省际普通货船运输市场。主要包括：严格控制新设立运输经营主体，原则上暂停批准新设立运输经营主体（含个体经营户）；严格控制现有运输经营主体扩大经营范围，原则上暂停批准运输经营主体（含个体经营户）扩大经营范围；严格控制新增运力，原则上暂停登记新增运力。通告实施以来，新设立的普通货船企业数量大幅度减少（新批准筹建企业21家，比上年减少88家），单个企业运力规模均超过了5 000总吨，对于缓解市场供需矛盾成效明显。

为进一步做好引导长江水系省际普通货船运输结构调整的相关工作，2012年12月，长江航务管理局印发《长航局关于引导长江水系省际普通货船运输结构调整工作的通知》（长航运〔2012〕582号），要求各省市港航管理部门继续按照第1号通告精神加强普通货船运输市场管理，并以市场需求为导向，综合运用经济、法律和行政手段，加快运输结构调整步伐，加强运输市场监测，对于采用LNG燃料发动机、电力驱动等节能减排设备和技术的普通货船新增运力可暂不予限制。

- **加强液货危险品船运输市场调控**

长江航务管理局严格执行交通运输部《关于加强长江液货危险品运输市场宏观调控的公告》精神。严格控制增加新的经营主体，长江省际液货危险品运输企业经营主体数量2012年“零增长”。严格控制新增运力，扶优扶强，批准淘汰液货危险品旧船204艘，采取“以旧换新”方式更新了液货危险品船舶196艘，液货危险品运力结构进一步优化。

- **适度发展游船运输**

根据《关于加快转变长江干线省际旅客运输发展方式的指导意见》精神，促进长江客船运力结构适应多样化、旅游化、舒适化、高层次的运输需求，有序、适度发展高档旅游船，打造三峡库区邮轮经济。2012年，长江干线客船经营主体的数量“零增长”，拆解老旧客船23艘。经济型游船拆解退出市场的速度加快。“长江黄金2、3、5、6号”以及“华夏神女1号”5艘新型豪华邮轮相继投入运营，新增客位数2 629个，三峡邮轮整体档次进一步提升，三峡邮轮向着高档化、豪华化、大型化进一步发展。

- **加快资源整合，优化运输主体结构**

根据《关于进一步规范货主投资国内航运业的公告》精神，沿江省市交通运输主管部门加强引导，积极推动大型货主企业与骨干航运企业签订长期运输战略合作协议，建立合作双赢长效机制。

加快省际客运企业和液货危险品运输企业资源整合。重庆市推进长江省际客运向游轮旅游转型。江西省推进省内水路液货危险品运输企业资源整合，优先满足重点扶持企业航线延伸和新增运力额度需求。

4.1.3 运输市场监管

● 加强水路运输市场准入管理

严格市场准入条件。长江航务管理局按照“禁改限”思路妥善处理了重庆籍现有17艘大型非标准船舶遗留问题。四川省水路运输管理部门出台加强水路客运市场管理的指导意见，严格水路客运企业及客渡船市场准入。上海市水路运输管理部门开展提高本市市内危险品运输市场准入门槛的研究，严格危险品运输市场准入条件。

严格执行相关政策。12月13日，长江航务管理局根据《关于发布推进长江干线船型标准化实施方案的公告》（2009年第24号）精神，就自2013年1月1日零时禁止单壳油船、单壳化学品船等三峡库区非标准船舶进入三峡库区航运市场的有关事项发布通告（2012年第4号通告），要求各级水路运输管理、海事管理、船舶检验、船闸管理等部门切实做好贯彻落实工作。

● 推动水运市场诚信体系建设

长江航务管理局继续倡导长江航运企业诚信经营，对长江水系省际运输的船公司与船舶继续开展长江诚信船舶评价工作，并授予“峨嵋山”等21艘船舶为2011年度长江诚信船舶。组织开展企业“黑名单”管理制度研究，从企业经营资质、经营行为、安全营运与防污染等方面进行制度设计。

沿江省市港航管理机构不断健全水路运输企业和船舶诚信管理制度和经营资质预警及动态监管机制，开展了相关诚信企业评价工作。

● 规范水运企业经营资质管理

结合年度核查，全面梳理规范了水运企业经营资质保持情况。根据交通运输部《关于开展2012年国内水路运输及水路运输服务业核查工作的通知》（交水发〔2012〕31号）精神，沿江有关省市港航管理部门对本辖区现有国内水路运输企业进行了逐项核查，全面梳理规范了水运企业经营资质保持情况，落实整改措施，加强动态监管。自上年11月起至2012年4月30日止，沿江各省市港航管理部门组织开展了辖区现有长江水系省际液货危险品运输企业的清理整顿专项行动，对经营资质不能有效保持、安全管理混乱的企业，按照有关规定督促其限期整改。

长江航务管理局组织沿江有关省市港航管理部门分别对四川、重庆、湖北、湖南、河南、江西、安徽、江苏、浙江、上海、山东等11个省（市）水路运政管理工作情况，以及11个省（市）的30家水运企业经营资质维持情况进行了检查，并对部分液货危险品运输船舶进行了抽查。检查中发现“部分企业对专职管理人员的管理存在缺陷”、“部分普通货船运输企业对委托经营管理的船舶管理不到位”、“部分企业日常管理有待加强”、“个别管理部门对事故船舶处理不及时”、“企业经营资质监管缺乏统一的信息平台”等问题。本次检查活动，对规范行业管理，维护水运市场秩序，规范从业者经营

行为，保障航运安全，起到了积极作用。

● 加强对水路运输企业的日常安全监管

长江航务管理局和沿江省市港航管理机构，进一步加大对水路运输企业安全隐患排查治理力度，重点加强对大型客船、客滚船、旅游客船、高速客船和危险品运输企业的管理，对封闭水域内旅游客运市场的管理逐步健全。

长江航务管理局继续加大对事故船舶及其所属公司的整改力度，2012年对2家客运、3家滚装、20家危险品运输企业共计28艘事故船舶实施了整改或停航整顿。

4.1.4 水路运输公共服务

● 规范运政管理工作

按照交通运输部《关于完善管理促进国内航运业健康平稳发展的意见》有关要求，沿江省市港航管理机构于2012 年四季度在本省（市）范围内组织开展了水路行政管理工作专项检查活动，对港航管理部门水运行政管理工作中包括建立健全市场监测、报告与处置制度、市场准入政策的执行和帮扶企业政策措施的落实等情况进行了全面检查，进一步规范水路运政管理工作。

● 加强运输组织协调

加强春运等节假日期间的水路旅客运输组织协调。长江航务管理局会同沿江省市交通主管部门，在长江干线春运期间，加强组织协调、科学安排运力，投入省际客船运力89艘，36 104客位，主要港口完成旅客发送量23.8万人次；沿江省市交通主管部门进一步完善春运工作责任制，加强库区、山区客运航线、内河水上旅游区域的运力调配。春运等节假日期间，旅客运输平稳有序，未出现旅客伤亡事故及旅客滞留现象。

加强水路重点物资应急运输的保障工作。长江航务管理局和沿江省市港航管理机构，加强对重点物资运输市场的监测，完善应急运输保障机制，落实“绿色通道”制度，适时启动水路重点物资应急运输预案，组织协调相关管理部门和港口、航运企业，对重点物资运输实行优先安排计划、优先靠泊、优先装卸、优先运输，重点物资、抢险救灾物资、鲜活农产品等运输安全、畅通、有序，枯水期电煤粮油等重点物资以及军事运输的保障有序。在三峡船闸岁修和葛洲坝船闸大修期间，加强对船舶运力的统筹安排和运力储备，优先保障重点物资应急运输船舶进出港，优化船舶过闸调度方式，累计审核重点急运物资过闸运输船舶315艘次，核准215艘次优先过闸；在重庆郭家沱滚装码头因山体滑坡致进港道路受阻临时关闭期间，应急启用涪陵黄旗滚装码头担负应急疏港任务，完成进（出）港滚装船290船次，装（卸）车辆20 098辆。

● 加强市场监测和运行分析

长江航务管理局进一步加强与沿江省市交通主管部门和港航管理部门的联系和协作，落实共建协议，促进共建双方信息资源整合和共享，推进长江航运综合信息平台的互联互通。完善重点港航企业联系制度，定期召开重点港航企业联系座谈会、航运市场形势分析座谈会，并对长江水系省市辖区重点联系企业运输生产经营情况进行了书面调查。发挥长江港口协会、长江船东协会的作用，加强对水路运输市场状况的动态监测和研判，密切关注船舶运力投放、市场需求、运价走势和企业经营状况，定期发布长江航运景气调查报告、长江航运运价指数等。立足现有渠道水路运输生产统计数据和生产信息，完善水运经济运行分析工作机制，按季度召开长江干线水运经济形势分析座谈会，定期发布长江运输生产统计数据、长江干线水运经济形势分析报告。

沿江各省级港航管理机构进一步完善水路运输企业走访制度和重点企业联系制度，对本省市内重点港航企业实行对口联系，定期召开重点航运企业联系座谈会。建立和完善水运经济运行分析工作机制，定期召开本省市水运经济运行形势分析会议，部分省市还定期发布水运经济运行分析报告。依托相继启动建设的交通运输统计分析监测和投资计划管理信息系统试点工程，推进水运统计信息化工作，加强水运运行主要指标的动态监测。

● 推进内河船型标准化

加快推进长江干线老旧船舶拆解工作。规范拆改程序，加强对拆改定点船厂的监督管理和拆解进度的跟踪分析，强化财政补贴资金的落实和管理。2012年，云南、四川、重庆、河南、湖南、湖北、江西、安徽、江苏、上海等八省二市列入拆解改造计划的长江干线老旧船舶6 326艘（约208万总吨、552万载重吨），实际拆改完工5 238艘（约167万总吨、236万载重吨），核准补贴资金14亿元（中央财政资金约8.3亿元）。

推进川江及三峡库区船型标准化示范项目建设（“十二五”水运结构调整示范项目）。强化工作举措，对通过三峡船闸小吨位船舶拆解、三峡库区单壳油船、单壳化学品船改造或拆解给予资金补贴，加快船舶标准化进程，妥善处理大型非标船、沥青船、食用油船等问题，严格禁止新建或改建非标准船进入川江及三峡库区航运市场。

2012年12月，交通运输部发布了全国内河主要通航水域运输船舶标准船型主尺度系列，包括长江干线航道、长江水系“十八线”航道和京杭运河与淮河水系内有关航道的《主尺度系列》。作为推进内河船型标准化工作的重要组成部分，《主尺度系列》的发布对于提高航道、船闸等基础设施的通航效能，促进船舶技术进步等方面将起到积极的推动作用。

● 完善服务措施，帮扶企业健康发展

针对长江航运发展形势，结合当前港航企业面临的经营困难和问题，长江航务管理局2012年再次细化服务港航企业的工作措施，全力帮扶港航企业应对高油价、高工资、低运价的不利影响，协调解决企业经营过程中遇到的困难和问题，积极支持港航企业调结构、转方式、促发展，为港航企业营造良好的发展环境。

跟踪、调查行业营业税改增值税改革影响。2012年，在上海交通运输业和部分现代

服务业开展营业税改征增值税试点基础上，试点范围分批扩大至江苏、安徽和湖北等省。为确保营业税改增值税试点改革顺利实施和行业稳定，试点省市交通主管部门就试点改革对本省市水路运输行业税负情况可能产生的影响进行专题调研，及时掌握航运企业营业税改征增值税的影响情况，帮助企业平稳过渡。

认真做好农村水路客运燃油补贴工作，确保农村水路客运行业稳定发展。沿江省市港航管理部门积极落实国家惠民政策，继续做好农村水路客运燃油补贴运力的统计、核实工作，确保补贴资金及时、全额兑付到船舶经营人手中。

4.2 水上安全管理

4.2.1 法制机制建设

● 依法对行政强制所涉及的规章相应条款予以修订

2012年3月和5月，交通运输部以部令形式分别发布了涉及行政强制条款的规章修正案，其中涉及水运的有：《关于修改〈内河交通事故调查处理规定〉的决定》（交通运输部令2012年第3号）、《关于修改〈船舶载运危险货物安全监督管理规定〉的决定》（交通运输部令2012年第4号）以及《关于修改〈长江干线船舶港务费征收办法〉的决定》（交通运输部令2012年第5号）。

● 深化安全管理联动协作合作机制

长江航务管理局进一步深化长江水上行政执法机关联合执法工作协调机制，进一步整合资源，完善长江水上政务中心联合办公方式，创新执法模式。树立“长江一家人，行业一盘棋”的理念，加强与地方政府、沿江港航管理部门、通信、渔政、水利等诸多涉水部门的联系与沟通，强化水上专项联合执法工作。2012年，长航系统联合执法10个区段水上现场执法共巡航9.9万次，检查航道航标28.9万次、船舶消防2.7万艘次、船舶营运证17.5万本、通信证照39.4万次；海事部门向航道、公安部门通报检查情况共计3 378次，移交检查材料共计1 421次。在长江水上政务中心共受理船舶登记申请23 439艘，办理船舶签证638万艘次，核发水上无线电台频率和呼号指配及船舶电台执照15 213本，受理船舶电台进网证1 901本，受理水工管理申请347件、专设航标行政许可36件。

● 规范行政执法工作

中华人民共和国海事局印发《中华人民共和国海事局海事行政执法督察管理办法》，对海事督察人员管理、组织管理、实施过程等方面进行了详细的规定，自2012年5月1日起施行。在海事系统全面推行《海事行政执法业务工作流程》（第一部分），规范海事行政执法工作。由长江海事局自主研发的现场执法评价系统、海事政务评价系统和现场执法记录系统“三合一”的政风电子监察系统正式上线运行。

长江航务管理局开展行政强制法的培训和执法主体项目的清理，进一步规范行政强制行为；开展行政执法评议考核工作，加强执法监督，规范权力运行。

● 实施长江干线车（客）渡船安全监管“五个强化”措施

2012年9月，长江航务管理局出台并实施长江干线车（客）渡船安全监管“五个强化”措施，确保长江干线车（客）渡船安全。即强化公司资质管理，车（客）渡船运输公司应按规定设立公司安全管理机构，配齐安全管理人员，持续保持经营资质条件；强化船舶安全检查，公司应加强内部安全检查，及时排查整改船舶安全隐患，保证船舶始终处于适航状态；强化人员培训教育，公司应加强船岸人员安全意识、安全制度、操作技能等安全培训教育，未经培训合格的船岸人员不得上岗；强化现场安全巡查，公司和船舶应加强日常现场安全巡查，发现超载超员、不均衡积载、未有效系固、人车不分离等安全隐患未得到纠正前，一律不得开航；强化安全责任追究，对未履行安全管理职责或渎职、失职的管理人员，严格实行责任追究。

● 建立健全安全管理长效机制

建立健全三峡通航安全管理长效机制。3月29日，长江三峡通航管理局印发《长江三峡通航安全警示约谈制度（试行）》；11月5日，组织召开了载运一级易燃易爆危险品船舶通过三峡船闸安全维护协调会议，并对《载运一级易燃易爆危险品船舶通过三峡船闸安全维护规程（试行）》（讨论稿）达成一致意见，建立了危险品船舶过闸安全维护专项工作机制。

建立砂石运输船安全管理长效机制。各级海事机构贯彻落实交通运输部海事局《关于全面落实砂石运输船安全管理长效机制的实施意见》，建立和完善各管辖区的砂石运输船网格化管理机制、专项巡查执法机制和安全隐患排查机制，加强砂石运输船舶的准入管理，健全联合执法机制。

建立防治船舶污染长效管理机制。11月长江海事局印发《长江海事局防治船舶污染长效管理机制（试行）》，进一步加强和规范船舶防污染监督管理工作。

● 推进航运企业安全生产标准化建设

交通运输部印发《交通运输企业安全生产标准化考评管理办法和达标考评指标》（交安监发〔2012〕175号），规范交通运输企业安全生产标准化考评及其管理行为。按部署，重点交通运输企业和其他交通运输企业分别在2013年底前和2015年前达标；交通运输部主管全国交通运输企业安全生产标准化工作并负责一级达标企业的考评工作，省级交通运输主管部门负责本管辖范围内交通运输企业安全生产标准化工作和二、三级达标企业的考评工作，长江航务管理局负责长江干线跨省航运企业安全生产标准化工作和二、三级达标企业的考评工作。

长江航务管理局对长江干线跨省航运企业基本情况进行了调查摸底，分片区组织召开了长江干线跨省航运企业安全生产标准化建设宣贯推进会，举办了长江干线跨省航运企业安全生产标准化考评员和自评员培训，有序推进长江干线跨省航运企业安全生产标

准化建设。沿江省市交通运输主管部门制定了交通运输企业安全生产标准化达标考评实施方案，并开展交通运输企业安全生产标准化建设宣贯和培训，积极推进标准化建设和达标考评工作。

4.2.2　安全保障能力建设

● **强化水上应急救援能力建设**

长江航务管理局把应急救援体系建设列为“十二五”安全生产“七个支撑体系”的重要内容。2012年，长江航务管理局继续完善长航系统应急指挥平台管理运行及配套制度，强化应急待命与值班，加强搜救协调和联动，整合了长航系统现有各类应急资源、得到沿江七省二市交通主管部门和主要港口城市人民政府的支持和保障的长江航运应急指挥信息平台建成，并于2013年1月15日正式运行。相继开展了长江三峡库区航道应急保障综合演习、长江海事水上联合搜救应急演习、长江三峡库区船舶溢油暨交通战备应急演习、三峡枢纽火灾事故应急救援消防演练等一系列应急演练，提高了应急队伍实战能力。

地方港航管理机构在强化应急预案建设的基础上，加强水上应急值守体系建设，组织开展各类应急演练，并建立了相应的防污染装备应急保障机制，提升了对风险源头的管控能力和应急处置的协同作战能力。

● **推进安全监管方式和模式创新**

长江海事局在芜湖和武汉辖段2011年试点成功的基础上，2012年全线推广“电子巡航”，电子巡航与常规巡航一起逐步成为长江海事水上监管的重要手段。同时，长江海事局还完成船舶超载自动检测系统、VHF远程呼叫系统开发、无人机应用研究等，尝试融入“电子签证”、“电子监察”、“电子收费”等功能，在三峡库区开展船舶远程电子签证试点。江苏海事局加快推进巡航救助一体化建设。地方海事管理机构加快视频监控系统建设，如京杭运河部分船舶聚集地、险要航段等重点水域实现了电子巡航。湖南省已建立省、市、县三级安全监管分片包干责任制；安徽省推行政府综合调查与海事技术调查“双轨制”模式，初步实现海事机构“分段管理，就近监管”新模式与政府属地管理传统模式的有机融合。监管手段不断创新，提升了海事违法查纠能力，增强了出艇针对性，有力促进了长江海事监管与服务水平的提升。

● **推进长江干线治安防控体系建设**

进一步贯彻落实交通运输部《关于长江干线治安防控体系建设的指导意见》，全面推进长江干线治安防控体系建设。长江航运公安局在长江干线水域建立以16个分局为主导的区段治安防控体系建设组织领导机构，将沿江涉水行政部门、长航系统单位、大型港航企业纳入治安防控成员单位，定期召开联席会议，协调领导机制逐步形成；建立健全水上巡逻机制，印发水上巡逻考核办法及考评细则；推进长江干线视频监控系统建设，辖区企事业单位新增视频监控探头546个。完成《长江黄金水道“9+1”沿江警务协作框架协议》（草案），启动长江镇江、扬州、泰州、常熟区域警务合作，实现长江航运公安机关与地方公安机关警务合作的重大突破。初步建成水面巡逻防控网络、重点水（区）域防控网络、单位内部治安防控网络和船舶治安防控网络“四大防控网络”，治安防控能力明显增强。

● 健全水上交通安全隐患排查治理制度

坚持“安全第一，预防为主，综合治理”的方针，以治理隐患，防范事故为主题，立足实际，广泛开展安全生产知识宣传活动，强化企业安全生产主体责任和政府安全监管责任，健全联动机制，结合日常监管和各项专项整治活动，全面落实隐患排查治理措施，全面贯彻实施长效安全管理机制，构建水上安全生产和安全监管的支撑体系。

2012年开展的主要专项整治活动 表4.2-1

专项行动	组织部门	主要措施及成效
“打非治违”及“回头看”专项行动	长江航务管理局、沿江省市交通运输系统	有机衔接“安全生产年”等专项整治活动和日常的安全监管，全面排查重点水域、重点航段、重点船舶及重点建设工程的安全隐患了，联合执法、集中整治非法生产经营建设行为，落实整改措施，发挥了政府监管部门的推动和督察作用，有效防范和遏制了重特大事故发生
“喜迎党的十八大，再创安全新业绩”活动	长江航务管理局	以三峡两坝船闸为重点，对“四客一危”船舶实施100%检查，确保了党的十八大期间长江航运安全形势持续稳定、三峡两坝船闸运行安全
汛期联合整治水上突出违法行为百日会战活动	长江海事、长航公安联合执法	重点整治船舶超载运输、船舶非法载客、船舶未按规定配员、无证驾驶机动船舶、船舶不按规定航行、停泊和值班、水上交通肇事逃逸、整改隐患和破案追逃等违法行为。通过此次联合执法，发挥了海事、公安的资源优势，增强了联动，维护了长江干线水上交通安全形势和治安形势的持续稳定
长江河道采砂“规范管理年”活动	长江水利委员会、长江航务管理局及湖北以下沿江省（市）各级地方政府和相关部门	落实采砂管理责任制、加强法规制度建设、贯彻落实采砂规划、加强日常监管、保持高压严打、依法实施许可、深化两部合作等。通过规范管理年活动，进一步加强了长江河道采砂管理的规范管理
长江水上无线电专项整治	海事、公安及无线电管理部门联合执法	在黄石、芜湖、江苏长江段等辖区水域重点对违规使用大功率电台的船舶进行整改，对违规占用各种工作、监管频道的现象进行劝导和查处，对违规乱用船舶识别系统AIS九位码的船舶进行纠正。通过整治活动，净化了长江水上无线电磁环境，加强了船舶电台管理，维护了水上无线电通信秩序

4.2.3 通航秩序管理

● 船舶航路航法

2012年，长江干线各通航管区航路航法分别按《长江上海段船舶定线制规定2006》、

《长江江苏段船舶定线制规定2005》、《长江安徽段船舶定线制规定2010》、《长江三峡库区船舶定线制规定2010》及《长江三峡大坝—葛洲坝水域船舶分道航行规则》、《长江中游分道航行规则》、《长江下游分道航行规则》等相关配套规定执行。

● 落实巡航检查制度，维护通航秩序

长江海事局积极落实巡航检查制度，采取多项措施强化巡查维护。长江海事局对原《长江海事局巡航管理规范》进行了修订、完善，并于2012年6月发布实施《长江海事局巡航工作规范》，进一步规范巡航工作行为。强化现场巡查，增加船舶流量高峰期的巡航频率和夜间巡航次数，利用高频对辖区通航规定进行宣传，做到有声巡航、有效巡航；加大对辖区内水上水下作业施工的现场监管，保障建设项目的施工作业安全；加强对桥区水域、重点渡口、干支交汇水域的巡航，规范船舶航行行为，维护通航秩序；利用电子巡航，及时发现与纠正船舶违章作业和冒险航行，并提供相关信息提醒船员谨慎驾驶。根据长江海事局巡航报表统计，2012年共巡航88 467次，巡航时间16.2万小时，巡航里程202.7万海里，出动执法人员36.5万人次，检查船舶39.5万艘次，纠正违章7 750艘次。

● 长江海事继续强化十大风险源监管

长江海事局强化对辖区十大风险源管理一局一重点、客渡船管理一局一品牌工作的评估，细化工作措施，深化风险管理工作。2012年，长江海事所属10个分支局有4个分支局辖段无等级事故，6个分支局实现运输船舶“零死亡”；其中，57个海事处有87%实现辖区“零死亡”、126个巡航救助执法大队有94.4%实现辖区“零死亡”。辖区事故险情历史最低，安全形势总体稳定。

● 枯水期间通航秩序维护

长江海事部门在枯水期间，重点对长江枝江、芦家河水道等13处一类重点浅水道、20处二类重点浅水道以及桥区、学生渡区、船舶停泊区等“六区一渡”重点水域和事故多发区段加强现场检查和警示宣传；在通航密集区、横驶区、交通管制区实施现场驻守，查处船舶违反定线制、违章冒雾航行行为，对瞒报谎报超吃水航行的船舶纳入“超吃水船舶黑名单”管理制度，实行到港必查和出港前现场检查措施。

● 水上水下活动通航安全管理

进一步规范水上水下活动通航安全影响论证工作，交通运输部印发《桥梁通航安全影响论证报告编制规定》、长江航务管理局印发《长江干线临河建筑物通航安全影响论证报告文本格式和编制要求》等。长江海事局加强对涉水工程建设、施工单位的管理，全年完成涉水工程项目审批1 138件，发布航行通（警）告744份。

● 三峡–葛洲坝船闸通航安全管理

长江三峡通航管理部门，继续组织过闸危险品船舶运输公司签订《危险品船舶过闸安全防范承诺书》；按照《三峡工程初期运行期通航管理办法》及有关规定，对过闸一级易燃易爆危险品船舶实行专闸通过，2012年三峡船闸通过一级易燃易爆危险品船舶721

艘次，安排危险品专闸150多个。

长江海事部门，在三峡、葛洲坝船闸进行岁修和计划性检修期间严格落实相关管理措施，实施分段签证，加强源头控制，设置拦截线和报告线，科学调度，对过闸船舶实行动态掌控，确保坝区滞留船舶数量在可控范围内；在党的十八大期间，严格执行过闸船舶安全检查，联合长航公安对过闸船舶进行安保检查，对“四客一危”船舶实施100%检查，对其他过闸船舶抽查率不低于20%，对未持有三峡库区安全航行证书和营运证的船舶严格禁止进入库区，未发生一起安保事故。

4.2.4 通航安全监管

● 渡口渡船安全监管

2012年7月，交通运输部海事局印发《中华人民共和国海事局关于进一步加强客渡船舶安全监管的通知》（海安全〔2012〕477号），进一步加强客渡船安全监管工作。长江海事局开展渡船“116”机制深化年活动，进行了渡船安全隐患大排查、大整改，整改缺陷3 529项，维护了4 620万人次、403万台次车辆以及18.85万人次“学生渡”渡运安全。江苏海事局印发《关于进一步加强客汽渡船安全监管的通知》，加强渡运源头管理，加大对渡运水域通航秩序的现场巡查、整治和对违法渡船船员的处罚力度，将渡运水域作为监视重点加强VTS监视，加强对汽车渡船载运危险品车辆现场监管和对非法载客行为的打击；结合各辖区渡运特点督促、指导和帮助渡运单位开展了有针对性的演练或演习。各省市地方海事机构加强了渡口安全管理责任体系、制度体系、监管体系、应急救援体系的建立和健全工作，强化渡口渡船的安全监管。

● 危险品船舶码头安全监管

长江海事局进一步落实危险品长效管理机制，加强危险品船舶动态跟踪管理和分类监管；下发《关于开展危险品船舶码头安全隐患排查活动的通知》，进一步强化辖区危险品船舶、码头安全监管，排查并消除危险品船舶、码头安全隐患；推进危防专业队伍建设，开展危防管理人员实操轮训。长江南京段首推危化品船船选船检查机制，确保货物和码头装卸作业的安全。

● 砂石船舶安全监管

4月27日，交通运输部海事局出台《关于全面落实砂石运输船安全管理长效机制的实施意见》，要求进一步建立安全管理长效机制，实现对砂石运输船舶科学监管。长江海事部门加强对砂石运输船舶的准入管理，对到港砂船、明显超载砂船进行重点检查，对违法逃逸砂船联动协查，查处超载砂船2 300艘次，减载1 647艘次，砂石船事故同比下降34.6%，死亡人数同比下降77.8%。结合长江河道采砂“规范管理年”活动，长江航务管理局加强与湖北、湖南、江西、安徽等地方海事局及水利部门的协调和联动，联合开展涉砂船舶专项治理和清江打击行动。

4.2.5　通航安全服务

● 长江引航服务

2012年，长江引航中心全年共引领中外籍船舶5.6万余艘次、里程755万公里、总吨6.32亿、净吨3.40亿，艘次、里程同比分别下降9%、5%，总吨、净吨同比增长均为1%；无上报等级引航责任事故。

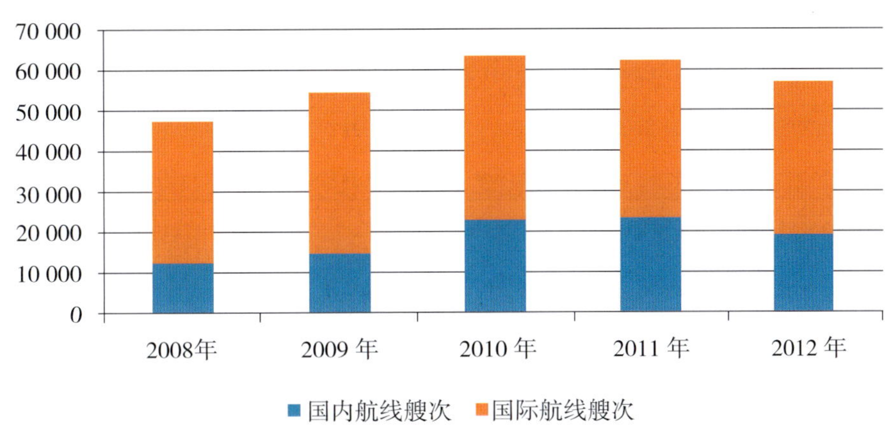

图4.2-1　2008—2012年长江引航中心引领中外籍船舶艘次

继续践行“八项服务承诺”，自8月1日起，将通过尹公洲航段船舶进江吃水放大至10.7米、出江吃水放大至10.5米，与26家内贸航运公司签订了船舶引航合作协议并全面开展内贸船夜间引航；持续改进引航生产组织方式，靖江引航站于3月1日全面运行，太仓港船舶引航实现一次申请；发挥技术优势引大船，引领吃水10.95米巴拿马籍“坚毅”轮，开创福南水道最大吃水船舶靠泊等引航新纪录；做好12.5米深水航道延伸至太仓港后的引航服务，全年引领250米以上超大型船舶460艘次、吃水达11.5米的海轮80条。

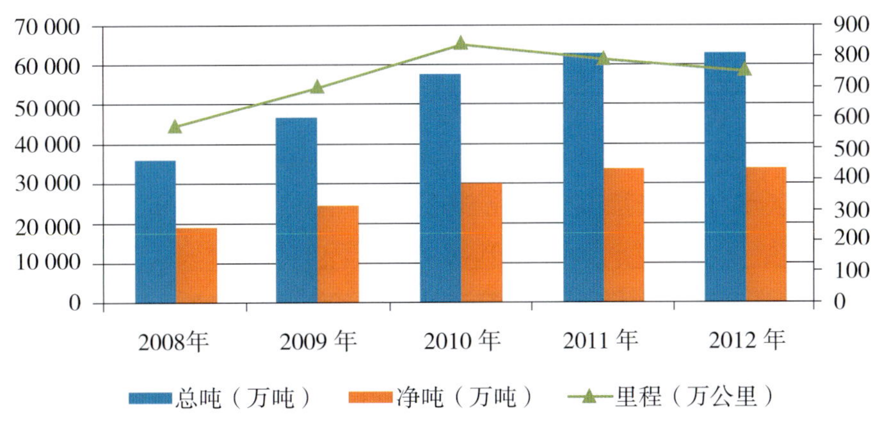

图4.2-2　2008—2012年长江引航中心引领船舶总吨、净吨和里程数

● 安全预警与救助

各级海事机构按照相关要求及时、准确发布有关航行通（警）告、辖区通航安全形势分析报告、辖区通航环境公示；充分发挥VTS监管功能，加强重点时段的安全信息广播和提醒。

长江海事局出台《长江海事局水上交通安全预警管理办法》（自2013年1月1日起实施），建立和完善了实施安全预警的工作机制；开通长江水上交通安全广播电台（试验台），节目播出时间由2.5小时增加到8小时。长江海事局全年共实施各类安全预警321次，共处理遇险安全通信256起，播发安全信息277万余分钟，110联动转接电话保证率、安全通信正常率均达100%，有效防范了自然环境风险等对长江水上交通安全的不利影响，保障船舶航行、停泊和作业安全。

进一步完善水上搜救应急救助机制，加强应急值班待命。长江海事局全年共执行水上搜救行动141次，救助遇险人员2 095人，救助遇险船舶226艘，人命救助成功率98.4%。

4.2.6 “四船”管理

● 船舶管理

2012年，长江海事局进一步规范内河船舶登记管理和内河船舶安全检查工作，辖区实施船舶签证63.8万艘次、安检28 118艘次，滞留船舶1 281艘次，滞留率4.56%。印发《关于规范船舶签证代理工作的指导意见》，规范船舶签证代理工作秩序；8月1日起在三峡库区开展船舶远程电子签证试点。继续“诚信船舶”评选工作，授予“世纪宝石”轮等25艘船舶为2012年度“诚信船舶”，实施优惠便利措施，鼓励船舶加强安全管理。开展船舶标识和船舶自动识别系统（AIS）专项检查，对目前航行于长江干线船舶的船名、船籍港和载重线等船舶标识不规范，船舶自动识别系统（AIS）未按规定安装或未能正常使用等问题进行了整改。

● 船员管理

为实施《中华人民共和国海船船员适任考试和发证规则》（交通运输部2011年第12号令），2012年2月29日交通运输部海事局印发《〈中华人民共和国海船船员适任考试和发证规则〉实施办法》（海船员〔2012〕171号）。长江海事局认真做好海船船员适任考试工作，对社会船员上半年安排5期适任计算机理论考试和1期实操考试、下半年安排3期适任考试，确保新的海船船员适任考试和发证规则平稳过渡；继续推进船员考试和发证申报电子化、理论考试无纸化、实操考试模拟化，内河船员适任考试实现无纸化，组织各类船员考试75 316人次，核发船员证书106 506本（份）。

新版海船船员管理系统2011年在江苏海事局试点应用的基础上，于2012年2月27日在全国启用。长江海事局按照《船员基础信息采集指南》的要求开展了船员基础信息采集工作，并逐步实现船员业务网上申请和报备。

● 船公司管理

2012年，长江海事部门进一步与航运公司的沟通和联系，规范航运公司安全管理体系和公司审核，推进航运公司提高安全管理体系运行质量，促进航运公司主动履行安全生产主体责任和加强安全诚信建设。试行《长江片区航运公司安全管理体系关键性操作

方案目录》，作为公司与船舶的安全管理体系关键性操作审核参考依据之一；印发《关于航运公司落实安全生产主体责任的指导意见》，促进航运公司进一步加大安全投入，切实履行安全生产主体责任；印发《航运公司指定人员培训管理指导意见》（长海船舶〔2012〕341号），充分发挥航运公司指定人员安全和防污染管理监控职能；推进非体系航运公司建立安全与防污染管理制度工作，指导辖区内近700家非体系航运公司建立、完善安全与防污染管理制度。强化对公司安全管理体系运行的监督检查，开展航运公司基本情况调查摸底工作，掌握体系内航运公司及岸基人员基本情况。继续开展长江片区航运公司安全诚信等级评定，武汉长燃等14家航运公司获评2012年度“五星级”和“A级”航运公司称号，5家航运公司被长江海事部门亮“红灯”。

- 船检管理

交通运输部海事局印发了《关于规范船舶检验机构在我国开展安全管理体系审核发证工作的通知》（海船检〔2012〕282号），规定了船舶检验机构开展和拟开展国际船舶管理公司及其管理的非中国籍船舶安全管理体系审核的新要求。

长江海事局出台《长江船舶安全技术分中心船舶吨位丈量复核程序》，规范船舶吨位丈量复核工作。全年完成403艘船舶吨位复核，签发临时吨位证书1 885本；加强船舶检验监督管理队伍建设，辖区船检技术专家库，开展车客渡船、新改建船舶验船质量检查；严把检验关，及时纠正问题，约谈2家船检机构负责人及6名验船人员。

4.2.7　水上治安与消防

- 水上治安管理

长江航运公安机关继续加强水上巡查和抢险救助工作，全年共开展水上巡逻7 866次，检查各类船舶18 345艘次，检查滚装车辆34 721辆，救助遇险船舶47艘、救助人员364人，妥善处置水上突发事件125起。加强接处警各项工作，依法打击违法犯罪活动，全年接处警36 643起；其中，查处治安案件15 920起，查处率99.9%，立刑事案件2 398起，破案2 129起，破案率88.9%。

根据全国公安机关的统一部署，长江航运公安机关相继开展“破案会战”、“扫黄打非”、“治爆缉枪”等专项行动，集中打击经济犯罪活动，深化打击非法出版物、集中整治淫秽色情出版物及信息，严密防范和打击各类涉爆涉枪违法犯罪活动；充分利用长江下游片区警务合作机制，开展长江下游区段“江鹰”专项行动、长江上海段联合巡航执法行动，打击水运物流犯罪工作；以长江中上游客运、旅游航线为重点，开展暑期水上客运治安整治专项行动，消除治安隐患。

- 水上消防安全监督

2012年，长江干线水域发生船舶火灾17起，直接财产损失343.85万元，1人死亡，12人受伤，无重特大火灾事故发生。

长江航运公安局深化长江干线消防安全“防火墙”建设，在长江干线水域组织开展了辖区单位、船舶“防火墙”工程建设的达标验收工作，对辖区434个消防安全重点单位、船舶的“四个能力”进行了达标验收，422个单位达标（其中63个单位为优秀），12个单位未达标，达标率为97.2%。坚持日常消防监督检查和重点时段专项整治相结合，强化隐患排查和应急演练，督促落实整改措施。全年共发现火灾隐患8 520处，责令立即改正6 255处、责令限期改正2 265处，整改率为91%。

4.3 航道维护管理

4.3.1 法制机制建设

● 加快《航道法》的立法进程

《航道法》正式列为国务院2012年一类立法计划。2012年2月，交通运输部水运局在北京组织召开的《航道法》专题工作会议；3月，国务院法制办对《航道法》立法开展深入调研；5月，国务院法制办与交通运输部会同有关部门，起草了《中华人民共和国航道法（草案）（征求意见稿）》，《航道法》立法进入公开征求意见阶段。

● 健全航道管理工作机制

长江航道管理部门进一步健全管理工作机制。强化航道现场管理，制定并实施《长江航道执法巡查工作办法》及《长江航道局采砂管理工作实施办法》；加强航道公共安全管理，制定并实施《长江航道公共安全实施方案》、《长江电子航道图运行公共安全监管办法》；规范长江干线航道整治建筑物维护管理，加快《长江干线航道整治建筑物维护管理办法》和《长江干线航道整治建筑物维护技术规定》的制定；深化航道行政执法模式改革，借助长航系统联合执法平台提高执法效率和监管力度，在航道保护上与长江水利部门开展联合执法。

● 健全完善航道维护机制

长江航务管理局进一步深化“充分利用航道整治建设成果，充分利用航道自然条件，加强航道维护管理，合理提高航道维护尺度”的总体原则，加强对中、下游航道条件核查与相关专题研究，合理提出了进一步提高航道维护水深的工作方案和实施计划，有效提高了部分河段航道维护尺度。

长江口深水航道维护具体实施机构长江口航道养护中心挂牌成立，主要承担长江口航道及设施养护、疏浚，水深监测考核测量，所属船舶、设备、工程通讯导航设施维护管理以及航道养护技术管理等工作。

4.3.2 航道行政管理

● 航道行政执法

长江航道各级行政执法机构通过贯彻落实航道执法巡查制度及航道整治建筑物保护

措施，扩大了航道执法巡查的覆盖面，提高了执法人员的现场处置能力，加强了航道执法力度，增强了航道执法的社会影响力，对航道及航道设施的保护更加及时有效。并通过联合执法行动，进一步强化与各管理部门联系和信息沟通，确保了航道畅通及船舶航行安全。航道行政执法人员执法形象“四统一”（服装统一、车辆统一、办公室统一、证件统一）工作取得阶段性成效。

● 航道保护

加强桥梁通航管理：长江航务管理局组织相关桥梁建设单位、论证研究单位严格按照《桥梁通航安全影响论证研究报告编制规定》要求，调整通航安全影响论证研究报告格式及内容，重新完成报部审批工作；完成了武汉青山长江大桥、杨泗港长江大桥等9座干线桥梁通航安全影响论证初审和南京大胜关大桥等6座支汊桥梁的审查工作，协助交通运输部完成了武汉沌口长江大桥等10座桥梁的部审工作，批复湖北嘉鱼长江大桥等8座干线桥梁和重庆苏家浩支汊桥梁的通航安全影响论证意见；协调地方政府管理部门就武汉过江通道进行统一管理、赤壁大桥涉及港区及锚地规划调整问题向交通运输部进行了专题补充说明；完成万州大桥防撞设施优化方案通航论证审批工作；指导三峡通航管理局第一次开展了宜昌百岁溪大桥通航论证审查工作；部署启动了天兴洲大桥通航专项查验工作。

加强临河建筑物和岸线通航管理：长江航务管理局组织完成了武汉林四房码头、黄梅港小池港区码头、重庆港黄磏作业区一期工程、宜昌港三峡枢纽旅客翻坝转运中心码头、石牌、三斗坪码头等临河建筑物通航论证工作；进一步完善长江岸线使用有关航道与通航管理的工作机制。

加强采砂通航管理：结合长江河道采砂规范管理年活动，健全和完善涉砂的制度体系和长江采砂活动对航道及通航影响和航道影响后评估工作机制，长江航务管理局制定并印发了《长江河道采砂对航道及通航影响论证报告编制大纲》、《长江河道采砂对航道影响后评估报告编制大纲》等。通过联合执法平台，开展对非法采砂活动的专项治理，与长江水利委员会共同开展“长江宜昌至荆州江段非法采砂专项打击行动”，有效保障了重点水域通航秩序。三峡通航管理部门首次开展过闸砂石运输的统计和非法砂石运输船舶的协查工作。

4.3.3　航道维护管理

● 航道维护情况

2012年，长江航道局和沿江省市航道管理机构继续加大航道管理养护的投资力度，不断提升航道养护管理规范化、科学化水平，确保了航道畅通、船舶航行安全。

长江航道局负责维护四川宜宾至江苏浏河口长江干线航道，同时还维护海轮航道、缓流航道、进港航道、小轮航道以及部分支流航道，维护总里程4 680.1公里，共设置航标

6 500余座，全线实行一类航道维护和一类航标配布。2012年，航道养护计划全面完成，航标维护224.2万座天，为年计划的116.3%；航道测绘36 813.4换算平方千米，为年计划的156.9%；维护性疏浚施工996.8万立方米，为年计划的182.9%；航道整治建筑物维修48.8万立方米。航标维护正常率达99.9%，维护尺度保证率达到100%。

长江口航道管理局继续做好长江口12.5米深水航道维护疏浚减淤工作，确保了长江口12.5米深水航道的畅通。

沿江省市交通主管部门航道管理机构负责本省航道（不含长江）、省交通部门所属通航船闸的维护管理工作。2012年，围绕各省市内河航道养护计划，加大经费投入，加强航标维护和航道维护疏浚应急抢通工作，各内河航道的航道尺度保证率均符合计划指标，航道维护计划执行情况良好。此外，江苏省从航道、船闸现状及航标配布类别、维护类别、界河航段等航道辅助信息、临跨河建筑物分布等方面展开了内河航道普查工作，重点进行六级以上航道普查测量工作。

● 长江干线航道实际维护水深继续提高

南京至太仓段维护水深5—10月提高至10.8米（试运行），芜湖至南京段洪水期提高至10.5米，枯水期提高至9.0米（试运行）；安庆至芜湖段枯水期提高至5.5米（试运行）；武汉至城陵矶段中洪水期提高到4.5 ~ 5.0米，城陵矶至宜昌段中洪水期提高到3.8 ~ 5.0米（试运行），宜宾至重庆段中洪水期提高到3.2 ~ 3.7米。提高葛洲坝三江船闸检修期三江引航道航道维护尺度，吃水标准达到3.3米，比计划提高0.3米。

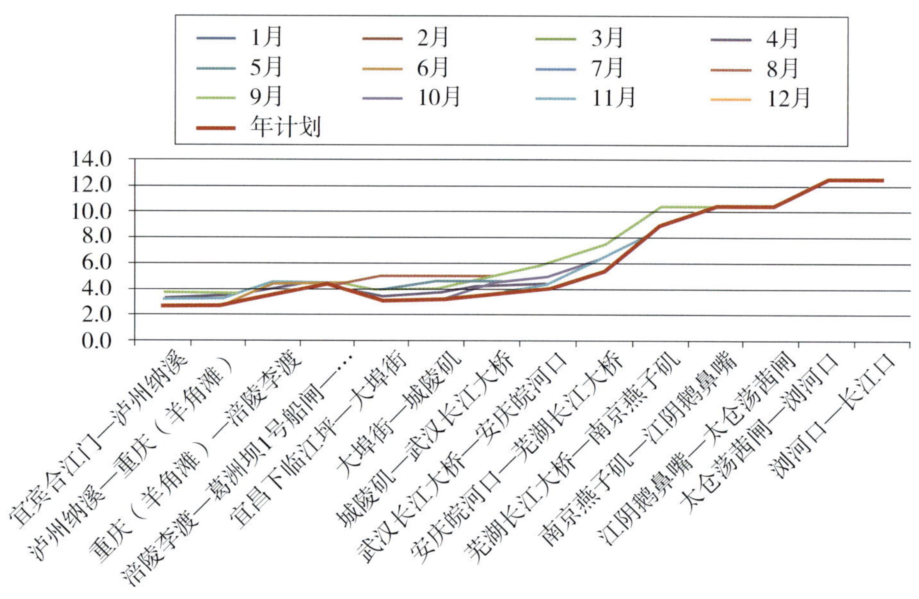

图4.3-1　2012年长江干线主航道养护水深计划示意图

长江支汊航道首次正式接入干线“主动脉”，长江下游裕溪口、太平府两段支汊航道经过一年多的试运行正式开通为公用航道。完成了裕溪口上段航道和铜陵东港航道开通为公用航道研究工作，启动了池州牛头山分汊航道和贵池南港航道整治工程技术可行性研究工作。

● 长江干线重点时段和重点水道航道维护

2011—2012届枯水期，制定了保安全、保畅通、保运输，创和谐通航环境的“三保一创”活动方案，确定了14处一类重点浅水道、19处二类重点水道为枯水期的维护重点，加大对占碛子、芦家河、汉口、东流、福姜沙等19处重点浅区的巡航检查和驻守力度，对火焰碛、占碛子、枝江、汉口、东流、福姜沙等13处水道进行工程性疏浚，全线共投入挖泥船13艘，16个测绘处。航道部门对宜昌至武汉提高维护尺度河段及太仓荡茜闸至浏河口12.5m深水航道加强探测。2012—2013届枯水期，确定了一类重点水道13处，二类重点水道20处，安排22艘挖泥船及16个测绘处全力投入枯水期航道维护疏浚及测绘工作，确保航道畅通。

● 三峡枢纽及向家坝水电站蓄水期航道维护

2012年三峡水库175米试验性蓄水期，长江航道管理部门加强航道维护管理，完成了对库尾河段淤沙河段观测，组织中、下游航道测量，加强对各浅水道的观测与分析，不断优化航标配布。蓄水期间，完成航道巡航约54 000余次，航道探测16 000余次，航道测量2 038换算平方公里、维护疏浚126万立方米，航标调整21 000余座次。

2012年长江上游向家坝水电站蓄水期，长江航道管理部门加强对近坝河段观测与分析，强化蓄水期间的航道维护管理，不断优化航标配布方案。蓄水期间，完成航标维护7 716座天；出航检查与探测525次；增设航标256座，调整航标1 661座次；维护测量704换算平方千米；水位观读476次；14个信号台做好了开班准备，其中1个信号台开班，工作8台天；调遣4艘挖泥船分别至宜宾、泸州、重庆守槽，其中航疏2号对小米滩和叉鱼碛疏浚48艘班。

4.4　港口行政管理

4.4.1　港口岸线管理

2012年5月22日，《港口岸线使用审批管理办法》（中华人民共和国交通运输部、国家发展和改革委员会令2012年第6号）公布，自2012年7月1日起施行。第一次以行政规章形式规定了港口岸线使用审批的条件和程序，规范了港口岸线使用的审批范围、程序、内容和形式，有利于保障港口岸线资源的合理利用和有序开发。长江沿江各省市交通运输主管部门结合本省市港口岸线管理相关政策和港口实际情况，进一步明确了贯彻落实《港口岸线使用审批管理办法》的要求，严格项目使用岸线审核审批制度，规范岸线转让行为，加强岸线使用监督。长江航务管理局加强与沿江省市交通主管部门的协调沟通，研究适应新形势的长江岸线管理模式。

4.4.2　港口安全管理

2012年，贯彻新修订的《危险化学品安全管理条例》（国务院令第591号），交通运输部和沿江省市交通运输主管部门出台相关政策规定，加强港口危险化学品安全监管，明确港口危险化学品安全监管范围和港口行政管理部门职责，港口安全监督管理制度不断完善。

2012年行政管理部门出台的港口危险货物安全管理相关文件 表4.4-1

文件名称	主要内容
《关于明确港口危险化学品安全监督管理若干问题的通知》（交通运输部/国家安全生产监督管理总局，厅水字〔2012〕4号）	从港区内危险化学品、加油站安全监管，港口危险化学品从业人员资格、安全评价机构管理以及生产安全事故调查处理，安全监管职责交接等方面进行了界定
《港口危险货物安全管理规定》（交通运输部令〔2012〕第9号）	建立港口危险货物建设项目安全审查制度，设置危险货物港口作业附证，完善安全评价管理制度，建立重大危险源监管制度，设立开拆查验制度，强化经营企业主体责任，完善应急管理，加大法律责任

贯彻落实交通运输企业安全生产标准化建设的要求，沿江各省市港口管理部门加快推进港口码头企业特别是石油化工码头企业安全生产标准化建设，出台相关考评或实施细则，强化安全基础管理，促进安全生产主体责任的落实，港口企业安全生产标准化工作有序推进。

贯彻落实交通运输部《水路运输易流态化固体散装货物安全管理规定》（交水发〔2011〕638号）的要求，沿江各省市港口管理部门进一步加强易流态化固体散装货物港口作业安全管理工作，加强现场监督检查，落实安全监管责任。

4.4.3 港口经营管理

加强码头经营许可管理，促进港口经营行为规范。长江沿江省市港口行政管理部门相继开展了《危险货物港口作业认可证》年审和港口经营资质年度核查工作；严格实行经营许可并定期开展了区域内港口经营市场执法检查活动。上海市全面推进“规范内河码头经营许可”专项工作，内河港口码头无证经营现象明显改观；江苏省完成全省内河港口建设和经营行为专项整治活动，促进港口经营行为规范；湖南省完成全省港口管理信息系统建设，加强对港口经营人资质管理。

积极推进港口行业信用体系建设，规范港口客货服务经营活动。南通市港口管理局出台《南通市港口企业信用评级管理办法（试行）》，于2012年8月30日正式启动全市港口企业诚信体系建设；重庆市港航管理局出台《重庆市港口经营人诚信评价办法》，对全市范围内依法取得港口经营资格从事港口经营活动的组织和个人，于2012年12月20日正式实施诚信等级评定工作。

4.5　水运建设市场管理

4.5.1　水运建设市场管理

● 建设项目招投标管理

2012年，交通运输部相继印发了《关于进一步规范水运工程招标投标活动的若干意见》（交水发〔2012〕48号）、《关于部属单位工程建设项目进入公共资源交易市场交易的指导意见》（交水发〔2012〕466号），进一步规范水运工程招标投标活动，推进工程招标进入公共资源市场集中交易。

长江航务管理局加强招标公告、资格预审、开标评标和中标公示等重点环节规范管理，全面开展挂靠借用资质投标违规出借资质问题专题清理工作，加大违法违纪行为的查处力度，净化市场环境，全年完成建设项目招标标段188个，中标价22.45亿元（基建17.19亿元，船舶5.26亿元），无投诉事件发生。

长江航务管理局着力推进工程招标进入公共资源市场集中交易，与武汉市建设工程交易中心、南京市公共资源交易中心、重庆市工程建设招标投标交易中心等3个工程交易中心正式签订了进场协议，完成首批工程项目进入武汉市建设工程交易中心招标试点工作。

● 推进长江水运建设市场诚信体系建设

深化长江水运建设市场信用信息管理系统建设，完善建设项目、参建企业和从业人员的三个基础数据库，加强市场违规违法行为的处罚力度，加强不良行为记录的认定，推行从业单位的评价制度和黑名单制度。目前已经完成45家建设单位、81个建设项目、131家施工单位、12家设计单位、10家检测单位、12家监理单位和14家招标代理单位的基本信息的审核和发布工作，并实现对外公开，接受社会监督。

● 水运建设市场检查和资质清理

长江航务管理局和沿江省市交通运输主管部门按照交通运输部《关于开展2012年水运建设市场检查工作的通知》的要求，制定了相应的建设市场检查工作方案。长江航务管理局自查项目161个，2012年在建项目自查率100%；对航道整治等7个不同类别的项目进行重点抽查。

长江航务管理局根据交通运输部《关于对交通运输工程建设中挂靠借用资质投标违规出借资质问题进行专项清理的通知》（交监察发〔2012〕230号）的要求，对水运工程建设中挂靠借用资质投标、违规出借资质问题进行专项清理，共清查51个项目，未发现违规出借资质的情况。

4.5.2　水运工程质量监督与安全管理

2012年，长江水运工程质量监督与施工安全监管机构以长江南京以下12.5米深水航道一期工程等项目为重点，及时掌握工程项目的质量安全状况，强化验证性检测，进一步加强监督服务。重点开展了长江航道整治工程混凝土小型构件制作标准化工艺流程课题研究和小型预制构件质量通病治理活动，配合交通运输部质监局对新洲—九江河段和马当南水道航道整治等工程进行了质量安全综合督查。长江干线宜宾合江门至泸州纳溪航道建设工程和长江中游周天河段航道整治控导等6个工程分别获得2012水运交通优质工程奖和2012年“长江杯”建设工程质量奖。

平安工地建设常态化逐步实现，施工安全隐患排查治理取得实效，安全“双基”工作得到加强，安全发展和本质安全的理念得到进一步体现。长航系统安全文明工地创建活动推向深入，促进工程施工现场科学化、规范化、标准化、精细化管理。

加强队伍建设。完成了长航系统监理工程师岗位登记、2011年试验检测单位和监理企业及其从业人员信用评价，举办了全国内河水运工程监理安全环保培训、监理和检测过渡考试。

4.6　船闸通航管理

长江三峡通航管理局负责长江三峡、葛洲坝水利枢纽通航建筑物及其配套设施的运行、维护、管理工作。2012年，长江三峡通航管理局继续加强三峡和葛洲坝船闸运行和设备维护，实施点检和定检相结合，推行设备包机和预检预修制，船闸运行正常，未发生双线船闸停航2小时或单线船闸停航4小时以上事故，船闸通航保证率100%。

● 优化船闸通航调度

科学组织两坝匹配通航调度，优化调整船闸运行方式和计划编排，适时调整三峡船闸运行方式，有效应对各种不利影响，正常情况下三峡船闸日均运行超过31个闸次，保障了重点物资及时过坝，货物通过量继续保持高位。2012年9月1日起执行《三峡船闸通航调度技术规程》，进一步优化三峡-葛洲坝水利枢纽的通航调度。

● 两坝船闸检修期间通航保障

三峡南线船闸于2012年3月7日开始停航，进行建成通航以来首次岁修，葛洲坝一号船闸计划性大修也于当日同时启动。三峡南线船闸岁修工程于3月26日完成并恢复正常通航，葛洲坝一号船闸停航检修持续至4月30日。两坝船闸停航检修期间，积压在近坝河段的待闸船舶近700多艘。

在两坝船闸检修期间，三峡通航管理部门将三峡GPS申报过闸计划船舶报告线坝上延至巴东大桥，坝下延至宜昌云池，在葛洲坝一号船闸上引航道及三峡坝上协调设置临时靠泊设施；做好三峡北线船闸维护、保养工作；编制通航保障运输组织等工作方案，定期召开现场协调会，组织开展通航保障工作。从3月13日起实施了服务船方“十大便民措施”。

检修期间船舶过闸调度基本原则是：重点优先、先到先过、兼顾效率、合理调控。

船舶过闸优先顺序是：特殊任务船舶（警卫任务、军事运输、抢险救灾物资等），允许过闸的客船，整船鲜活易腐货物船舶，重点急运物资运输船舶，集装箱快班轮，商品汽车滚装船，其他船舶。

检修期间，三峡北线船闸日均运行达到了14.4闸次，葛洲坝二号、三号船闸日均运行分别达16.6、33.3闸次；优先安排重点急运物资运输船舶536艘次、85万吨。

● 加强三峡工程影响河段通航管理

三峡通航管理部门坚持“能通则通”的应急通航管理模式，优化过闸调度，实施有效举措处理上、下行待闸船舶不均衡问题，协调三峡集团公司在三峡船闸上下游增设靠泊设施，努力提高船闸通航效率和减少船舶滞留。加强待闸锚地服务体系和相关机制建设，加强船舶过闸锚地服务，锚地安全指泊率100%。

三峡通航管理部门加强与长江防总、三峡集团公司枢纽局等单位的沟通联系，及时传递水情调度信息，适时协调长江防总调整三峡枢纽下泄流量，做好三峡水库梯级调度航运协调工作。

● 协调推动三峡扩能问题的对策研究

长江航务管理局协调有关部门开展三峡枢纽通过能力研究工作，积极推动三峡扩能问题的对策研究。将两坝间汛期通航流量试验工作纳入三峡后续工作规划拓展项目两坝间航道船舶适航流量研究中统筹考虑。开展升船机通航与运行保障关键技术等专题研究工作。

4.7　水运节能减排

● 强化政府主导，大力推进水运节能减排

交通运输部印发了《关于贯彻落实公路水路交通运输行业落实国务院“十二五”节能减排综合性工作方案的实施意见的部门分工方案的通知》、《交通运输行业“十二五”控制温室气体排放工作方案》等，就“十二五”期间交通运输行业节能减排工作做出一系列部署。创新交通运输节能减排项目管理模式，不断加大对交通运输节能减排重点领域的政策支持力度，确定了交通运输节能减排优先支持范围和领域，完善了交通运输节能减排专项资金支持项目的激励机制。推进节能减排标准规范的完善，发布了《关于内河运输船舶标准船型指标体系的公告》、《码头船舶岸电设施建设技术规范》、《港口船舶岸基供电系统技术条件》、《营运船舶燃料消耗限值及检测方法》等行业标准，开展了《水运工程建设项目节能评价规范》、《集装箱堆场装卸设备供电设施技术规范》等规范的编制工作。

长江航务管理局召开长江航运节能工作座谈会，通过重点引导、政策激励、创新管理、完善制度等手段，大力推进行业节能和系统内节能工作，明确了系统内“十二五”节能减排工作任务及措施，以及推进结构性节能减排、加大新能源和新技术推广应用和推进节能减排技术创新等工作重点。

长江沿江省市各级交通运输主管部门和企事业单位，进一步加强基础性、战略性、前瞻性节能减排重大科研课题的研发推广和成果转化，不断深化“车、船、路、港”千家企业低碳交通运输专项行动和交通运输节能减排科技专项行动，健全约束和激励机制，推进国家及交通运输部节能减排示范项目、地方重点节能减排示范工程等，形成了良好的管理部门积极推进、社会力量广泛参与的节能减排工作协同机制。四川省组织主要港航企业参加万家企业节能低碳行动；湖南省开展张家界黄龙洞景区游船“油改电”项目，共改造游船共30条，在株洲港铜塘湾港区开展绿色低碳交通运输技术应用，同时推广到全省各大港口；江西省改造挖泥船，加装液压油位控制器。

● 鼓励技术创新，不断提升示范引领作用

交通运输部海事局印发《LNG燃料动力试点船舶技术要求》、《LNG燃料动力试点船舶关键设备技术要求》（海船检〔2012〕307号），加快推进和规范LNG燃料动力在内河船舶上应用；并核准我国第一艘LNG燃料动力船舶——长航凤凰重庆货运公司所属的“长迅3”船舶进行试点运营。四川省积极开展 “LNG动力船”应用前期工作；湖南省推进东江约100艘客（渡）船使用LNG改造前期工作，并在岳阳市和湘潭市进行柴油—LNG双燃料船舶技术的研发试点。江苏、江西等省也开始了LNG燃料动力船舶改造，并开建LNG水上加气站。安徽省首艘LNG燃料动力改造船舶“红日166号”试运营成功，确定20艘船舶参加试点改造。

加快水运结构调整，交通运输部水运局结合“铁水联运”、“船型标准化”、“水运结构调整”等行业专项行动，开展“优化水运用能结构，建设现代绿色物流链”等试点示范项目。

发布了“长江新型325TEU节能集装箱船推广应用”等20个交通运输行业第五批节能减排示范项目。重庆长江轮船公司研制成功了一批标准集装箱船，首批12艘新建325TEU集装箱船优化了船舶设计航速、主机功率配置、机桨匹配和船体设计，采用了节能型主机、轴带发电机，优选了低油耗发电机组等产品，船舶燃料消耗指数低于《营运船舶燃料消耗限值及验证方法》规定的第二阶段限值要求；该类船型适航于长江干线全线。由长航集团组织研制的“船舶轴带无刷双馈交流发电系统” 作为一项重大节能科技成果，于2012年2月经专家鉴定为国际首创，达到国际先进水平，在长航凤凰“荣江15 068”轮和“长航集运0331”轮上近一年的实船试验表明，与传统的发电机组相比，年燃料成本预期可下降32%。重庆新世纪游轮有限公司建造的“世纪神话”和“世纪传奇”号邮轮，采用电力推进、舵桨合一、远程视频实时监控、球鼻型艏柱、环保材料等先进技术，具有环保节能、船舶操纵性好、动力装置可靠等特点。

第5章
行业发展展望

5.1 宏观经济环境展望

5.1.1 宏观经济形势展望

● 机构预测

联合国经济与社会事务部在2012年12月18日发布的《2013年世界经济形势与展望》报告指出，世界经济增长在2013年很可能会继续保持低迷，并且在随后的两年中面临再度衰退的风险。报告认为，2013年世界经济的前景取决于三大因素：第一，欧洲能否有效地阻止债务危机继续恶化，特别是能否保证西班牙不陷入债务危机；第二，美国能否防止“财政悬崖”，或较大幅度的财政紧缩；第三，包括中国在内的新兴经济体能否避免“硬着陆”。报告预测，2013年全球经济增长率预期为2.4%，2014年预期为3.2%；预计中国经济在2013年增长7.9%。

中国社会科学院在2012年12月06日发布的2013年《经济蓝皮书》预计，我国2013年全年GDP的增速为8.2%，CPI涨幅为3.0%。蓝皮书认为，我国经济已经进入了一个中高速发展的新阶段。蓝皮书预测，达到十八大提出的2020年我国的GDP和人均收入要比2010年翻两番的目标可期。初步测算，实现“十八大”目标所需的增速最高仅为7.1%。根据模型测算的结果显示，7.5%～8%可能是今后10年可能性最大的一个平均增长速度。

国际货币基金组织（IMF）2013年4月期《世界经济展望》指出，全球经济前景又一次有所改善，但先进经济体的复苏道路仍坎坷不平。世界产出增长率预计将在 2013 年达到 3.25%。先进经济体的经济活动有望从2013 年下半年开始逐渐加快，预计美国 2013 年将增长 1.9%，欧元区增长-0.3%。在新兴市场和发展中经济体，经济活动已有所加速，预计在 2013年增速将达到5.3%，中国在2013年将增长8.0%。

● 政府判断

2012年中央经济工作会议认为，2013年国际经济形势依然错综复杂、充满变数，世界经济低速增长态势仍将延续，各种形式的保护主义明显抬头，潜在通胀和资产泡沫的压力加大，世界经济已由危机前的快速发展期进入深度转型调整期。会议指出，从国际环境看，我国发展仍处于重要战略机遇期的基本判断没有变。同时，我国发展的重要战略机遇期在国际环境方面的内涵和条件发生很大变化。我们面临的机遇，不再是简单纳入全球分工体系、扩大出口、加快投资的传统机遇，而是倒逼我们扩大内需、提高创新能力、促进经济发展方式转变的新机遇。

2013年政府工作报告指出，我国发展仍处于可以大有作为的重要战略机遇期，经济社会发展具备很多有利条件和积极因素，也面临不少风险和挑战。国际金融危机深层次影响持续显现，世界经济复苏充满不确定性、不稳定性。政府工作报告提出了2013年我国经济社会发展的主要预期目标：国内生产总值增长7.5%左右，居民消费价格涨幅3.5%左右。

2013年省级地方“两会”政府工作报告都对本省（市）经济形势进行了分析和判断，并提出了2013年的经济社会发展主要预期目标。

2013年沿江各省市经济社会发展主要预期目标（增长率）　表5.1-1

	GDP（同比）（%）	固定资产投资（%）	社会消费品零售总额（%）	外贸进出口总额（%）
上海市	7.5			
江苏省	10	18	15	5
安徽省	10	20	14	15
江西省	10	20	15	出口10
湖北省	10	20	15	出口5
湖南省	10	23	15	12
重庆市	12	18	15	25
四川省	11	14	14	11
云南省	12	23	18	16

资料来源：各省市2013年政府工作报告。

2013年4月17日，国务院常务会议分析一季度经济形势。会议认为，一季度国民经济运行平稳，总体良好，经济增长速度、城镇新增就业等主要指标稳定在合理区间。当前我国正处于工业化、城镇化的重要阶段，经济转型升级处于关键时期，发展有巨大潜力和空间。但面临的国内外环境十分复杂，平稳运行与隐忧风险并存，制约发展的矛盾不断显现。

5.1.2 宏观经济政策取向

2012年11月8日，中国共产党第十八次全国代表大会提出了全面建成小康社会的奋斗

目标，将经济建设、政治建设、文化建设、社会建设、生态建设作为今后的主要任务。要加快完善社会主义市场经济体制和加快转变经济发展方式，实施创新驱动发展战略，推进经济结构战略性调整，更大程度更广范围发挥市场在资源配置中的基础性作用，完善宏观调控体系，完善开放型经济体系，推动经济更有效率、更加公平、更可持续发展，促进工业化、信息化、城镇化、农业现代化同步发展。

2012年中央经济工作会议强调，2013年要继续把握好稳中求进的工作总基调，立足全局，突出重点，扎扎实实开好局。加快调整经济结构、转变经济发展方式，使经济持续健康发展建立在扩大内需的基础上；更加注重经济增长质量和效益，在统筹兼顾中突出发展重点。

2013年全国两会政府工作报告中指出，制定“7.5%”的目标，一方面要继续抓住机遇，促进发展，必须优化配置和利用生产要素，保持合理的增长速度；另一方面要切实按照科学发展观的要求，引导各方面把工作重心放到加快转变经济发展方式和调整经济结构上，放到提高经济增长的质量和效益上，推动经济持续健康发展。

2013年也是新一届政府各项工作的起始之年，新一届政府提出，要保持宏观经济政策连续性和稳定性，继续实施和用好积极的财政政策和稳健的货币政策，增强政策针对性，统筹考虑稳增长、控通胀、防风险。同时，用更大气力释放改革红利，加大结构调整力度，激发企业和市场活力，稳中求进，增加就业和收入，提高质量与效益，加强节能环保，努力打造中国经济升级版。沿江各省市新一届政府也相继出台一系列新政，提出了未来五年发展的新蓝图、新目标、新思路和新举措。总体而言，主要是：进一步强化创新驱动，积极扩大有效需求，着力调整经济结构，统筹城乡发展和促进区域协调，切实保障和改善民生，实现经济持续健康较快发展和社会和谐稳定。

5.2 行业发展环境展望

5.2.1 发展的机遇与挑战

经济建设、政治建设、文化建设、社会建设、生态文明建设五位一体的总体布局，标志着我国社会主义现代化建设进入新的历史阶段。当前我国宏观经济形势和政策的变化，对我国交通运输发展提出了新的更高的要求。

交通运输部对当前我国交通运输发展总体形势的分析研判认为，交通运输供给能力总量不足、结构不优、效率不高、实力不强与经济社会发展和人民群众不断增长的交通运输需求之间的矛盾。这一主要矛盾，决定了我们仍处于发展的重要战略机遇期。交通运输作为国民经济基础性先导性、服务性行业的战略地位没有变，中央优先发展交通运输等基础设施的方针政策没有变，各级党委政府对发展交通运输的高度重视和大力支持没有变，经济社会发展和人民群众不断增长的交通运输需求趋势没有变。我国交通运输正处于由传统向现代转型的关键阶段。

长江航务管理局对当前长江航运发展面临的形势的分析判断认为，从现在起到2020年，是发展现代长江航运的重要战略机遇期。长江航运在发展机遇、发展环境、发展方式、发展理念、发展基础等方面均呈现出“根本性变化”的阶段性特征，同时，长江航运“两个没有变”和“两个不完全适应”（即：长江航运仍然是综合运输体系中的“短板”这一现状没有变，长江航运基础设施的相对薄弱与沿江经济社会发展日益增高的航运需求的不相适应这一长江航运发展的主要矛盾没有变；长江航运与构建综合运输体系的总体要求不相适应，与国民经济社会发展的总体需求不相适应）仍然是长江航运发展最大的现实。全面建成小康社会对长江航运发展的总体需求会越来越大，对长江航运公共服务能力与水平的要求会越来越高。在区域发展战略和行业发展战略相互交织的情况下，绿色高效的长江航运是沿江经济社会发展的红利。

5.2.2 发展的方向与目标

从党的十八大到全国“两会”，新一届中央领导集体明确提出了要实现中华民族伟大复兴的中国梦，释放了深化改革开放的强烈信号，开启了同步推进新型“四化”的发展序幕，推出了全面保障和改善民生的系列举措，这些为我们推进交通运输转型发展、科学发展指明了方向，提出了新要求。正在加快建设的畅通、高效、平安、绿色的现代化长江水运体系，应成为实现“中国梦”的重要载体。

2013年全国交通运输工作会议提出，要坚定不移加快发展现代交通运输业，继续夯实交通基础设施有效供给，继续提高交通运输发展质量和效益，继续提升交通运输基本公共服务能力和水平，继续加强城镇化和集中连片特困地区的交通建设，全面推进交通运输安全发展、高效发展、协调发展、创新发展，为全面建成小康社会提供可靠的交通运输服务保障。当前和今后一个时期，要抓好以下五个方面战略任务。第一，坚持深化改革，着力完善交通运输科学发展的体制机制。第二，坚持创新驱动，着力推动交通运输转型升级。第三，坚持民生优先，着力提升交通运输基本公共服务水平。第四，坚持适度超前，着力优化交通基础设施结构。第五，坚持人才强交，着力增强交通运输发展后劲。

2013年长江航务管理工作会议提出，当前面临着两大核心任务。一是要适度超前、加快建设，因地制宜地满足不同发展阶段和发展水平的需求，进一步发挥长江航运在生产力布局、区域协调发展、城乡发展一体化中的先导性作用；二是要主动转型、加快转型，不断提高长江航运基础设施建设水平和服务保障能力，进一步发挥长江航运在扩大内需、加快转变经济发展方式、推进经济结构战略性调整中的基础性作用。

在2013年全国“两会”后，交通运输部提出，要以此次交通运输大部制深化改革为契机，加快推进综合交通运输体系建设，不断提高交通运输基本公共服务水平，为全面

建成小康社会，实现中华民族伟大复兴的中国梦提供更加安全、更加便捷、更加高效的交通运输服务保障。

5.3　2013年长江航运发展前景

5.3.1　长江航运市场前景预测

2013年以来，世界主要经济体宏观经济形势在缓慢改善，国内经济延续企稳回升态势，促进长江航运经济运行平稳开局。一季度，沿江七省二市完成内河建设投资76.5亿元，同比增长4.6%；完成水路旅客运输量2 142万人，同比增长3.0%，旅客周转量5.0亿人公里，同比下降3.8%；完成水路货物运输量5.12亿吨，同比增长1.1%，货物周转量7 079亿吨公里，同比下降9.4%。（由于上海市货运量和货物周转量主要以沿海运输和远洋运输为主，两者仅为上年同期的85.5%和76.4%，对总量的增长影响较大，其他七省一市货物运输量和周转量同比分别增长6.4%和18.5%，反映在内河运输方面总体呈现出较快增长的良好势头。）

从长江干线水运经济运行情况看，一季度，长江干线规模以上港口完成货物吞吐量4.31亿吨，同比增长8.8%，增速较去年同期加快0.9个百分点，其中外贸货物吞吐量完成6 167.1万吨，同比增长17.0%，增速较去年同期减缓0.1个百分点；集装箱吞吐量308.2万TEU，同比增长19.8%,较去年同期加快10.7个百分点。三峡船闸通过货运量2 128.9万吨，同比18.3%；三峡船闸运行闸次、通过船舶艘次分别增长10%、5.3%。总体上看，一季度长江水运生产运行基本平稳，增速有所加快。但平稳运行与隐忧风险并存，国内外有效需求仍然不足，我国制造业回暖力度弱于历史同期，预期消费需求明显下降，制约发展的矛盾不断显现，长江航运景气状况不佳、运价低位运行的状况没有根本改观。一季度，长江航运景气指数下滑至83.28点，长江航运信心指数下滑至83.33点，干散货综合运价指数仍维持在675点左右的低位震荡运行，集装箱综合运价指数回升势头仍然较弱。

虽然诸多因素仍制约着长江航运市场需求的发展空间和增长的稳定性，但宏观经济环境和政策的变化对长江航运发展向好因素增多，有利于长江航运业平稳发展。新一届政府继续把握稳中求进的工作总基调，继续实施积极的财政政策和稳健的货币政策，不断加强和改善宏观调控，积极扩大国内有效需求，深化改革开放，努力打造中国经济升级版，国内经济延续企稳回升的趋势不会改变。长江沿江七省二市各有优势和特点，并且互补性很强，在全国区域经济发展格局中仍处于可以大有作为的重要战略机遇期，推进长三角一体化发展、全面推进促进中部地区崛起、积极推进西部大开发等国家战略的实施，将进一步激发沿江省市经济发展新活力，长江沿江省市工业化及城市化进程的快速推进，承接产业转移的力度和深度不断加大，长江水路运输市场运输需求将保持总体上升趋势。

随着长江航运基础设施的进一步完善和长江航运业集聚辐射功能的进一步提升，以及交通运输管理部门采取多种举措引导航运企业加强结构调整和转型升级，长江黄金水道的航运潜力将进一步释放，我们预期2013年长江航运业整体运行状况将继续改善，物流需求亦将延续稳步增长态势，但增幅将不会显著。预计2013年长江干线货物通过量增长8%左右，长江干线规模以上港口货物吞吐量增长10%左右，外贸货物和集装箱吞吐量分别增长12%和10%左右。长江航运景气指数和长江航运信心指数有可能于2013年实现探底回暖，但行业总体运行环境仍不容乐观。

● 干散货运输市场

从干散货运输主要的上下游行业总体情况来看，目前普遍存在产能过剩、需求不振、效益艰难的矛盾，在国家继续加大节能减排力度，控制高能耗、高污染行业发展的背景下，将难以出现“十一五”期产能快速增长的局面，如钢铁、电力等行业将主要是以调整行业布局、优化经济增长方式为主基调。受宏观经济企稳回升的影响，干散货运输需求将逐步扩大。市场结构调整的加快，运力增长将继续趋缓。干散货运价在低位企稳后，有望回暖，但供需矛盾仍将长期存在，加上燃油、人力等经营成本继续上扬的风险，市场恢复有限，短期内企业经营压力短期内不会明显好转。

用电需求增长缺乏动力依旧是2013年电煤需求提振的主要瓶颈。一季度我国用电量同比增长4.3%，比去年同期回落2.5个百分点，数据与市场预期差距较大，说明我国经济复苏基础还不稳固，制造业仍面临一定增长压力。一季度，长江干线规模以上港口煤炭及制品完成吞吐量10 767万吨，同比增长7.5%，增速与去年同期下滑7个百分点。但宏观经济将继续趋稳回升，将带动用电需求增速回升，促使长江煤炭水运量继续保持增长的态势。从结构来看，一季度外贸进港量完成647万吨，同比增长184.7%，进口煤炭稳步增长态势将进一步延续。预计2013年长江干线规模以上港口煤炭吞吐量增长8%左右，主要以接卸海进江煤炭为主，煤炭进口量仍然保持快速增长。

随着城镇化进程推进，以及一批新的基建项目陆续开工，促使2013年一季度钢铁行业需求形势将有所好转，但仍不容乐观，特别是房地产市场调控的影响。一季度，长江干线规模以上港口金属矿石完成吞吐量8 699.7万吨，同比增长0.7%，增速较去年同期放缓4.4个百分点；其中，铁矿石完成7 395.6万吨，同比增长0.1%。考虑到库存、进口铁矿石价格等因素影响，预计2013年长江干线规模以上港口金属矿石吞吐量增长3%左右。

随着保障房等房地产、交通、水利基础建设的加快，将继续带动矿建材料增长。一季度，长江干线规模以上港口完成矿建材料吞吐量6 571.4万吨，同比增长19.5%,较去年同期加快9个百分点。预计2013年长江干线规模以上港口矿建材料吞吐量增长7%左右。

● 液货危险品运输市场

受国内宏观经济形势偏弱及工业产业结构日趋合理，以及长江沿线原油和成品油运输格局的影响，原油和成品油的运输需求增幅不会显著。随着西气东输二线、川气东送、煤层气、页岩气项目以及多个LNG进口接收站建成投产，天然气的消费将大幅增加，水运货源将稳步上升。长江沿江地区化工产业供应链联系日益紧密，将带动化工原料及制品吞吐量的稳步增长。

一季度，长江干线规模以上港口石油及其制品完成吞吐量2 108.9万吨，同比增长3.6%，增速较去年同期加快5.2个百分点。其中，原油、成品油、液化气天然气分别完成386.4万吨、978.4万吨、138.4万吨，同比分别减少16.6%、增长10.2%、增长58.0%。预计2013年石油运输需求增速将继续放缓，天然气及化工产品运输需求仍将保持快速增长，长江干线规模以上港口石油、天然气及其制品吞吐量增长4%左右。

● **集装箱运输市场**

2013年，我国对外贸易发展面临的内外部环境可能略好于2012年，但制约外贸回升的阻力依然存在，受国际市场需求及其他非经济因素对外贸形势的影响，长江水运外贸出口集装箱运输需求预计增速不会大幅提升。随着我国扩大内需、拓展消费等战略的推进落实，外贸进口、内贸运输都将有进一步增长的潜力。长江中上游地区凭借综合成本优势加快吸引产业转移，外贸仍有望保持相对较高增速，可继续为长三角港口提供货量的拓展空间，内贸、内支线集装箱运输市场有望继续保持平稳较快的发展势头。预计2013年集装箱综合运价指数仍将保持平稳且略有上升的趋势。

一季度，长江干线规模以上港口完成集装箱吞吐量308.2万TEU，同比增长19.8%，较去年同期加快10.7个百分点。其中，外贸、内贸集装箱吞吐量分别完成115.7万TEU、192.5万TEU，同比分别增长19.5%、20.0%，较去年同期分别加快11.4个百分点、10.3个百分点。预计2013年长江干线规模以上港口集装箱吞吐量增长12%左右。

5.3.2　推进长江航运发展的主要措施

2013年是全面贯彻落实党的十八大精神开局之年，是实施“十二五”规划承前启后的关键一年，是为全面建成畅通、高效、平安、绿色的现代化长江水运体系奠定坚实基础的重要一年。交通运输部、沿江省市交通主管部门和长江航务管理局等部属航务、海事、航道等行业管理部门，重点围绕发展、安全、服务、创新、改革、生态等方面，研究谋划了2013年的工作重点、发展战略和重要抓手，加快推进长江航运转型发展、安全发展、高效发展和绿色发展。主要包括：

● **继续加强水运建设，完善基础设施体系**

进一步落实“十二五”规划及其他相关规划，开展“十二五”规划实施情况的中期评估工作，确保规划发挥引领作用。加强对长江航运科学发展的宏观思考和战略思维，做好顶层设计，开展《长江航运发展规划纲要》等规划编制和深化相关专项研究，进一步提高规划对长江航运发展的综合调控和引导作用。

加快长江干线航道治理，重点抓好长江中游荆江河段系统治理和长江南京以下12.5米深水航道工程。加快推进京杭运河和长江三角洲地区高等级航道网建设，全面建成苏南运河“四改三”航道整治工程，推进连申线东台至长江段、申张线张澄段、苏申内港线、大芦线、赵家沟东段、芜申线等重大航道整治建设项目。加快推进岷江、嘉陵江、乌江、汉江、江汉运河、湘江、沅水、赣江、信江、合裕线及三峡库区支流航道等航道整治工程和枢纽建设，争取拟建项目前期工作取得新的突破，有序推进续建项目和新开工项目。加快推进以内河主要港口为重点的规模化、专业化港区建设，重点推动公共港区项目建设进度。

● 加快推进保障能力建设，加强安全监管

以建设“平安交通”为主线，继续深入开展“安全生产年”、“安全月”、“汛期百日安全”等专项活动，建立完善安全监管、重大隐患挂牌督办、责任追究等办法，全面落实“政府是安全生产的监管主体，企业是安全生产的责任主体”两个主体责任。

加快实施《国家水上交通安全监管和救助系统布局规划》，加快构建长江干线治安防控体系，稳步推进装备设施建设，全面提高水上公共安全综合保障能力。健全水上交通安全预警和安全应急机制建设，全面推进电子巡航，进一步加强消防安全“防火墙”建设，提高预警预控能力与应急救助能力。加强长江干线及其他高等级航道“四客一危”船舶的监控和监管。健全渡船渡口、砂石运输船和危险品运输的安全管理长效机制，强化隐患排查治理，深化“打非治违”专项行动。长江干线继续落实“五个强化”安全监管措施。

全面实施“平安工地”建设常态化管理，开展达标考核工作。继续加强工程质量安全监督行政执法工作。深入推行施工安全风险评估制度，切实落实项目负责人带班生产和重大事故隐患挂牌督办制度，继续开展施工安全事故隐患排查治理。

进一步规范长江采砂活动和跨拦临河建筑物管理，加大长江航道建设工程施工河段的现场监管力度，有效开展航道内碍航物应急处理工作。

● 加快推进结构调整，推动长江航运转型发展

贯彻落实交通运输部关于加快“十二五”期水运结构调整的指导意见，着力提高长江航运公共服务能力和水平，着力推进长江航运与其他运输方式之间的有效衔接，优化长江航运运力结构，不断提高长江航运的整体竞争力和服务保障能力。

继续提高长江干线航道通过能力，争取正式提高长江上游宜宾合江门至重庆羊角滩、中游宜昌至武汉河段中洪水期航道维护尺度，试运行提高安庆皖河口至芜湖长江大桥航道维护尺度，将最小水深提高到6.0米，并适当提高洪水期维护水深；加强对提高维护尺度河段的航道维护，保证提高后的维护尺度稳定运行。继续完善扩大三峡船闸通航能力的措施，深化提升三峡坝区通过能力的研究、论证工作。

推进重庆长江上游航运中心、武汉长江中游航运中心建设，尽快形成“港口+产业+服务业”的发展模式，进一步发挥航运中心的功能和辐射带动作用。加强港口集疏运体系建设，做好与其他运输方式的有效衔接、无缝衔接，积极培育铁水联运、公水联运、空水联运等新型运输方式，做好集装箱铁水联运等示范项目。

加强运输市场宏观调控，综合运用行政、经济、技术等手段，引导港航企业规模化、专业化、集约化经营。继续推进长江干线船型标准化并逐步向全水系扩展，加快老旧落后船舶的拆解工作，逐步引导长江水系运输船舶向标准化、专业化、智能化方向发展。进一步拓展三峡库区载货汽车滚装运输市场，开展载货汽车滚装船甩挂运输方式研究，试点白酒槽罐车滚装运输新方式。

- **落实创新驱动发展战略，加快推进科技创新能力建设**

深入实施科技强航战略，不断提高原始创新、综合创新和集成创新能力，以信息化、智能化为引领，全面提升长江航运核心竞争力和管理水平，把生态文明发展战略落实到长江航运发展的各方面和全过程，实施结构性、管理性和技术性绿色低碳发展战略，实现长江航运绿色发展、低碳发展。

继续抓好黄金水道重大科技专项和重点科技项目的研发，加快建设长江航运行业技术研发中心，加快推进长江航运信息化总体规划与顶层设计，加快电子巡航系统、无人机试点等科技项目建设，扩大长江电子航道图2.0版的试用范围并开展3.0版的研发，推进航道治理技术创新和航道维护管理技术创新，提升长江水路运输设施装备的现代化水平和运营效能，提升行业管理科学化水平。

积极创新绿色低碳长江水运体系建设模式，推进节能减排重点项目建设。积极稳妥地扩大清洁能源在长江航运的应用；加强长江航运工程建设与运输生产中的污染治理和生态保护。

- **深化改革创新，加快服务型政府建设**

以解决体制性机制性矛盾为突破口，以转变职能为核心，以推进大部门制改革和建设综合运输体系为契机，加强法制建设和管理创新，创新制度体系，增强长江航运科学发展的内生动力。

坚持依法行政。加强长江航运行政执法素质和形象建设，深入开展基层执法队伍职业化、基层执法站所标准化、基层管理制度规范化的“三基三化”建设。健全重大决策公众参与、专家论证、风险评估、合法性审查、跟踪评估和责任追究机制。严格规范性文件备案审查。规范行政处罚裁量权，切实做到严格规范公正文明执法。

深化行政管理体制改革。加快政府职能转变，深化行政审批制度改革，按照有关要求继续取消、调整和下放行政审批项目，推行行政审批标准化运行和网上办理，最大限度地减少审批的环节、手续和时间。

切实优化企业发展环境。一是加强政策帮扶。针对航运业当前所面临的困境，交通运输部正在与相关部门抓紧研究振兴航运业的政策措施，争取尽快出台，促进航运业健康平稳发展。沿江各省市继续完善支持航运业发展的有关扶持政策，积极争取建立稳定的财政资金来源，加大对航运业融资支持力度。二是加强信息引导。加强对国内外经济形势和水路运输市场的跟踪监测和深入分析，加快建立促进行业稳定健康发展的长效机制，促进行业发展更趋稳定。三是倡行诚信管理制度。积极推进行业诚信体系建设，着力提高从业人员素质，建立企业诚信管理制度，规范企业诚信经营行为，完善诚信社会监督机制，提升行业服务质量。

5.3.3 港航企业发展风险提示

从总体上看，2013年长江航运行业运行环境要好于2012年，水路运输需求仍将保持总体上升趋势，需求改善和政策扶持有助于港航企业实现平稳发展，但面临的困难和挑战亦不容低估，潜在风险依然较大，港航企业对2013年的市场形势必须保持清醒认识。

第一，经济转型与增速放缓，水路货物运输量和港口吞吐量增速将继续面临下滑的风险。世界经济已经进入深度转型调整期，世界经济低增长、高风险态势不会明显改观。我国经济低速增长态势仍将延续，经济转型将更加深化，单位GDP的水路运输需求可能进一步降低。长江水运传统货源的运输需求增幅可能继续下降，需求结构可能面临调整，尤其是对干散货运输市场影响幅度更大。

第二，企业转型的风险。在我国经济发展转型的背景下，在航运市场低迷的倒逼下，在政策引导下，港航企业加快了转型升级。创新必然会遇到风险，在当前的形势下，风险和不确定性可能更大。宏观层面和企业层面的各种风险，可能会通过各种途径，传递到航运企业、港口企业的业务领域。

第三，市场竞争环境的风险。由于港口企业的发展主要与腹地经济发展密切相关，因此，具有相同腹地或相近腹地区域的港口企业间竞争相对激烈，直接表现在货种、价格、货主等多方面的竞争。特别是各主要港口均立足于“枢纽地位”，积极扩建产能，但多数港口地缘相近、腹地交叉，港口之间的竞争可能加剧。运输市场宏观调控和市场本身的自我调节，虽然有助于缓解运力过剩的情况，但存量依旧明显过剩，运力失衡的矛盾仍将延续。供需矛盾仍将长期存在，航运市场低迷的态势仍难有实质性缓解，航运市场竞争更加激烈复杂。

第四，企业营运的风险。受多重因素影响，长江航运市场特别是干散货运输市场价格可能继续在低位震荡运行，相关航运成本可能继续攀升，航运企业运营状况发生根本性变化的概率偏低，航运企业增加效益的难度和市场巩固拓展的难度可能较大，企业转型升级等战略的推进将面临更大的考验。船公司受制于盈利艰难存在加大成本转嫁的诉求，同时港口生产要素价格持续刚性上涨，可能导致港口企业提升经济运行质量的难度进一步加大。航运公司出于保障船舶的运行效率的需要，可能对港口装卸效率和集疏运服务的提出更高的要求，港口企业面临更大的提高生产效率、提升综合服务能力的压力，影响行业的竞争格局。此外，港航企业还应注意极端天气、生产安全等因素可能对企业的正常营运带来的不利影响。

省市报告篇

报告 1

2012年上海市内河水运发展综述

1　政策环境综述

2012年，上海市人民政府印发了《上海市加快国际航运中心建设“十二五”规划》，明确“十二五”期将着力构建连通长三角地区的高等级内河集疏运网络，完善内河航运信息系统，大力发展内河航运；上海市交通运输和港口管理局印发《上海市内河航运“十二五”规划》，明确“十二五”期上海内河航道、内河港口、内河船舶和支持保障系统的发展目标和主要任务，“十二五”末将基本建成“连接苏浙、对接海港”的内河高等级航道网框架，基本建成内河航运支持保障系统框架。

2012年，上海市内河航道建设政策实现三项重大调整。一是市财政承担内河航道建设前期动迁费用比例由25%提高至75%，此举进一步调动区县积极性；二是大芦线西枢纽新建二线船闸建设项目性质调整为航道建设项目，适用航道建设相关投资政策和推进机制；三是建立由有资质的第三方核定前期动迁费用的工作机制，控制前期动迁费增长幅度。

2　行业运行概况

2.1　水运经济总体运行态势

● 水路客货运输量及周转量

2012年，上海市完成水路货运量5.03亿吨、货运周转量20 066.7亿吨公里，分别比上年增长1.6%和0.3%。石油天然气及制品、煤炭、金属矿石、矿建材料占据前四位，分别占运输总量的16.2%、14.1%、3.2%和2.9%。完成水路旅客运输量8 041万人次、客运周转量14 977.05万人公里。

其中，内河完成货运量0.27亿吨、货运周转量49亿吨公里，分别比上年增长8.2%和下降6.2%。完成内河客运量8 036.4万人次，客运周转量14 499.7万人公里。

● 港口吞吐量

上海市内河港口主要货种吞吐量比较单一，以矿建材料为主。2012年，上海市内河港口完成吞吐量9 819.0万吨，同比下降了4.7%；其中，进港吞吐量8 557.7万吨，占87.2%，出港吞吐量1 261.3万吨，占12.8%。从主要货种来看，矿建材料、钢铁、煤炭和水泥分别占65.5%、9.9%、8.4%、7.7%。

2.2 水运企业经营状况

截至2012年底，上海市共有地方航运企业263户，国内水路运输服务企业345户，其中内河航运企业127户。在本市注册的营运性地方船舶运力1 478艘（845.007万载重吨/67 413客位）；其中，内河船舶1 003艘（48.184 6万载重吨/66 417客位）。与2011年相比，本市注册的营运性船舶同比增长1.68%，船舶载重吨同比增加21.1%。万吨级以上船舶202艘，占沿海运力规模41.9%，同比上升4.1%；千吨级以上船舶163艘，占内河运力规模16.35%，同比上升2.8%。

2012年本市注册的航运企业平均运力规模达32 130载重吨，同比增长21.5%。企业运力10万载重吨以上的12户、5万载重吨到10万载重吨的11户、万吨以上的56户，分别占4.6%、4.2%、21.5%。水运企业资产总额在1亿元以上的75户，1 000万至1亿元的88户，分别占32.2%、37.8%。运输收入在1亿元以上的38户，1 000万元至1亿元的75户，分别占16.3%、32.2%。

2.3 水上交通安全形势

2012年，上海市航务管理处（地方海事局）管辖区内共发生一般以上等级水上交通事故8件，同比下降20%；沉船6艘，同比下降25%；直接经济损失419万元，同比上升6.2%；死亡3人；协调组织搜救223次，成功救助遇险船舶324艘，救助遇险船员321人，救助成功率达99.1%。无污染等级事故，无客渡船等级事故。

3 基础设施建设

2012年，上海市内河航道通航总里程由2011年的2 065.91公里增加到2 074.36公里，部分航道现状等级作了相应提升。其中，Ⅲ级航道里程达到106.96公里，占通航总里程的5.2%，较2011年Ⅲ级航道里程（28.63公里）增加78.33公里；Ⅴ级及以上航道里程达到283.83公里，占总里程的13.7%；Ⅵ～Ⅶ级航道里程达到407.53公里，占总里程的19.7%；等外级航道里程为1 383公里，占总里程的66.7%。

内河航道整治重点推进大芦线航道整治二期工程（大治河段）、长湖申线、平申线等项目立项，深化苏申内港线（东段）、赵家沟东段等航道的技术前期准备；抓紧实施杭申线航道整治工程跨航道铁路桥、公路桥的改建，以及大芦线航道整治一期工程（临港新城段）、赵家沟航道整治工程的收尾工作。截至2012年底，在建项目有赵家沟航道整治工程、大芦线航道整治一期工程（临港新城段）和杭申线航道整治工程共3项。

上海市内河航道管理部门共完成10条航道的养护疏浚工作，养护航道里程85.57公里，疏浚土方量147万立方米，维护水深保证率达到了90%以上。应急疏浚航道2条，疏浚里程3.1公里，疏浚土方量3.76万立方米。

4　公共服务与管理

4.1　水路运输服务与管理

规范水路运输市场准入，严格危险品运输行业市场准入关。强化行业资质管理，推出《上海水路运输企业经营资质管理档案和台账示范文本》，指导企业规范日常经营资质管理。开展了国内船舶管理业市场清理整顿专项工作。

加强对水路运输市场状况的监测和研判，建立并完善了本市水运行业运力月报、运量季报、行业年报统计制度。定期召开重点航运企业联系座谈会。开展本市航运业营业税改征增值税企业影响情况的调查，积极争取政策支持。出台《交通运输业小型微型企业免征道路水路运输工本费和货物港务费的通告》。

积极落实《上海市推进长江干线船型标准化行动方案》，采取经济、行政等手段，鼓励内河老旧运输船舶和单壳油轮提前报废更新，引导行业结构调整。截至2012年底，共有28艘长江干线老旧船舶核准拆解，199艘老、旧、小长江干线船舶自行退出市场。

4.2　水上安全保障与监管

● 安全管理与应急保障

强化企业安全管理，推进企业安全生产标准化建设。港航管理机构与全市各水运企业签订安全生产工作责任书，督促水路运输企业提高安全生产主体责任意识。启动了本市水运业安全生产标准化考评工作。

在强化预案建设的基础上，组织开展各类应急演练33次，并成功举办了内河辖区首次跨部门、多科目应急联动综合演习。

在黄浦江上游闵行段、松江段以及浦东川杨河、闵行淀浦河新设4个污染物处置接收及污染事故专业应急救助点，使污染事故专业应急救助点达到14个，基本覆盖了重点航道和主要水域，进一步提升对船舶污染源的源头管控能力。

组织开展内河港航行业“清剿火患”战役、内河客渡船舶专项检查、内河港航安全大检查等10多项专项行动，检查各类港航企业、水工作业现场3 195户次，各类船舶10多万艘次，排查治理各类安全隐患近7 000项，驱逐“三无船舶”84艘，有效维护了上海内河港航行业安全和生产经营秩序。

在全市范围针对船员穿着救生衣、非船员上船、船舶超载、船舶助航通信设备、巡航、搜救和应急值守等方面，出台《关于进一步加大执法力度落实源头管控的通知》和《关于进一步加强本市内河港航安全工作的通知》，进一步强化源头监管。会同上海水上公安局开展联合巡航、联合整治、联合应急处突、联合宣传教育等联动联勤行动；建立“上海、浙江内河交界水域水上公安、地方海事应急联动机制”，成立省际联合执勤点，开展省际交界水域联动协作应急处置演练和联合临检行动。

● 海事监管与服务

研究建立了行政处罚自由裁量细化标准，进一步规范执法程序；深化基层执法督察，完成《海事（一般程序）文书格式和常见行政处罚调查取证指南》编制，统一执法人员调查取证的参考标准。深化行政审批制度改革，完成行政审批统一受理工作，并完成19项行政审批办事指南修订、10项行政审批业务手册修订以及9项业务手册编制工作；开展了“执法质量年”、“法制宣传月”等活动。

加强海事安全监管及水上搜救指挥协调能力建设。启动建设“内河水上搜救中心及三个分中心”项目。推动包括1个市级和10个区级搜救指挥室、上海内河交通管理和应急联动系统、VHF通信网络、骨干航道及重点水域CCTV视频监控系统、车船移动视频系统、危险品码头装卸区域视频监控图像接入、AIS岸基基站等水上搜救科技和信息化项目的建设。

加强对水上水下活动通航安全影响的论证和通航安全评估工作。2012年共组织开展了通航安全评估20次、通航净空尺度和技术要求论证及航道安全论证25次，实施水上交通管制112次，为超限及大件运输船舶护航50航次。

4.3　港口行政管理

● 规范港口经营许可和经营管理

至2012年底，上海市共有内河港口经营企业1 327户，码头泊位1 984个，占用岸线116 825米，共完成货物吞吐量9 818.995万吨。1 327户港口经营人中，已取得新版《港口经营许可证》的港口码头单位为1 040户。

● 加强港口安全生产、环境保护的监督和管理

以危险品码头监管为重点，加大依法行政的力度和手段；根据气候特点及国家主要节假日、重大活动的安保要求，制定监管方案，开展安全检查，消除各类安全隐患。

完善现场动态检查制度，加大对港口作业活动现场的安全监管力度。对内河码头的安全管理制度、安全设施、设备的运行、人员持证上岗、应急处置预案演练等情况开展专项检查和督查活动。

建立并实行内河港口危险货物港口作业事先申报的统一受理、统一审核流程的管理和操作模式，并全面实施网上申报。通过内河港口管理信息系统信息核对，使每个码头

的作业品种、作业地点、作业量提前控制在认可证所核准的范围内。

组织开展“2012年上海内河船港保安联动应急演练”工作，并通过组织各区县航务管理部门相关人员和全市危险品码头企业负责人现场观摩，提高码头企业和管理部门对港口安保工作的感性认识。

4.4 政府信息化服务与管理

出台《上海市工程建设规范—内河航道信息化设施设置规范》。苏申外港线、杭申线航道信息化项目完成交工验收。上海内河交通管理和应急联动系统、内河航务（海事）现场业务整合系统及航运企业运营安全报送系统完成开发。开展助航设备检查和补助工作，内河辖区船舶AIS、电子航行示意图及桥梁报警功能的配备率均达90%。

5 2013年发展重点和主要措施

着力推动行业发展。积极培育水运经营主体，引导水运企业规模化发展，推动国内航运代理、船舶管理和航运经纪等产业规范健康发展。

着力优化运力结构。继续推进长江干线船型标准化老旧船舶拆解工作，引导船型落后的老旧船舶逐步退出市场。按照《全国内河船型标准化发展纲要》的总体安排，使本市内河运输格局逐步调整为以集装箱运输为导向、多种货类运输并重发展。

着力强化行业监管。继续做好水运企业动态核查、运政日常检查工作。继续推进航运企业质量信誉年度考核，提升行业诚信经营意识。严格水运企业资质跟踪检查制度，规范企业及其从业人员的经营资质保持、资质能力等情况。

着力保障行业稳定。继续推动企业安全标准化建设，落实企业安全生产主体责任，加强航运企业安全生产分类指导、分级监管。加大动态检查和督促整改力度，以强化安全生产管理机制、减少事故隐患为目标，确保水运市场安全形势总体受控。

着力监测行业动态。及时跟踪、了解行业运营动态、企业“营改增”税制改革前后税负的增减情况以及面临的实际困难，为水运企业排忧解难，确保行业安全稳定。

（上海市航务管理处（地方海事局））

报告2

2012年江苏省内河水运发展综述

1 政策环境综述

截至2012年底，全省13个省辖市均出台了加快内河水运发展实施意见，明确了内河水运的发展方向和政策保障措施，为内河水运发展提供了重要政策依据，形成省、市合力支持水运发展的长效机制和良好局面。2012年11月，江苏省政府与交通运输部签署《共同推进江苏交通运输现代化建设会谈备忘录》，部省合作推进江苏交通运输现代化。

在积极争取中央对内河水运建设和维护的专项投入的同时，江苏省进一步加大财政投入，省财政安排内河航道建设专项资金，地市财政配套建立航道建设专项资金，保障港口、航道、船闸等水运基础设施建设。为鼓励水路运输业发展，省交通运输厅拿出了近3亿元用于服务设施建设和装备购置奖励，带动社会年度投资超过60亿元。

2 行业运行概况

2012年，全省完成水路货运量5.9亿吨，同比增长8.6%；货物周转量6 053.0亿吨公里，同比增长15.6%。其中，全省远洋运输完成货运量5 522万吨，货物周转量4 084.8亿吨公里，同比分别增长5.4%和19.9%。全省内河航道过闸船舶完成货运量5.2亿吨，货物周转量976.8万吨公里，分别同比增长6.2%和5.5%。港口吞吐量稳步增长。全年完成港口货物吞吐量19.5亿吨，同比增长8.2%，继续保持全国第一；完成集装箱吞吐量1 600万TEU，同比增长12.9%。港口铁水联运发展成效明显，连云港全年完成集装箱铁水联运量30.3万TEU，位居全国首位，并在全国率先开通至霍尔果斯集装箱直达列车；全省港口完成铁水联运总量达7 500万吨。集装箱航线开辟克难求进。全省新开辟集装箱航线39条，其中近洋航线9条，内支线9条，内贸线21条。港口国际货运稳定增长，全省规模以上港口完成外贸货物吞吐量3.1亿吨，同比增长10.0%。

水上交通安全形势稳定。全年辖区共发生水上交通事故17起，死亡14人，沉船8艘，直接经济损失231.8万元，死亡人数占省安委会下达指标的50%。事故起数、死亡人数和

沉船艘数同比持平，直接经济损失同比减少1.8%。

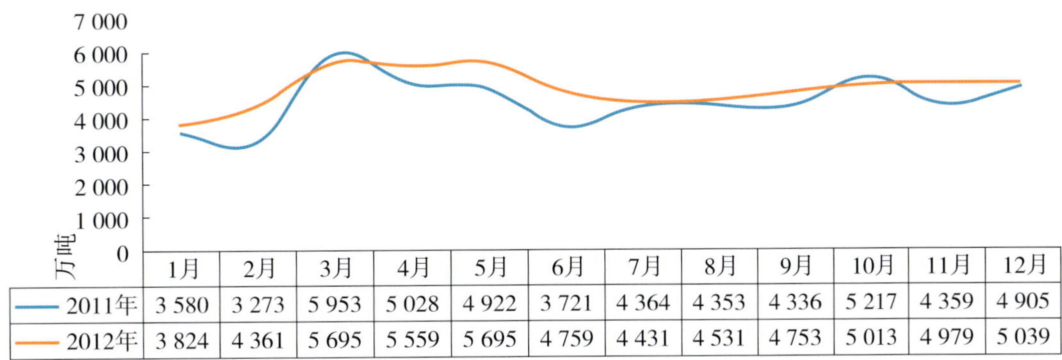

	1月	2月	3月	4月	5月	6月	7月	8月	9月	10月	11月	12月
2011年	3 580	3 273	5 953	5 028	4 922	3 721	4 364	4 353	4 336	5 217	4 359	4 905
2012年	3 824	4 361	5 695	5 559	5 695	4 759	4 431	4 531	4 753	5 013	4 979	5 039

图2.2-1　水路营业性货运量逐月走势图

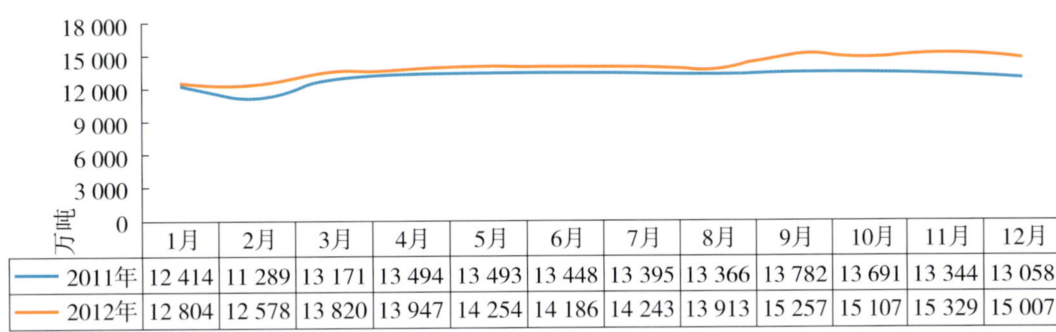

	1月	2月	3月	4月	5月	6月	7月	8月	9月	10月	11月	12月
2011年	12 414	11 289	13 171	13 494	13 493	13 448	13 395	13 366	13 782	13 691	13 344	13 058
2012年	12 804	12 578	13 820	13 947	14 254	14 186	14 243	13 913	15 257	15 107	15 329	15 007

图2.2-2　规模以上港口货物吞吐量逐月走势图

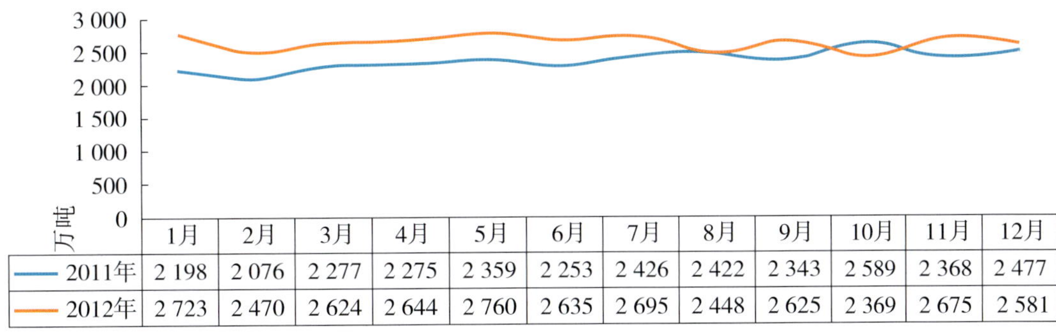

	1月	2月	3月	4月	5月	6月	7月	8月	9月	10月	11月	12月
2011年	2 198	2 076	2 277	2 275	2 359	2 253	2 426	2 422	2 343	2 589	2 368	2 477
2012年	2 723	2 470	2 624	2 644	2 760	2 635	2 695	2 448	2 625	2 369	2 675	2 581

图2.2-3　规模以上港口外贸吞吐量逐月走势图

3　基础设施建设

2012年，全省水运建设完成投资178.0亿元，其中，港口建设完成投资119.9亿元；内河航道建设完成投资58.1亿元，同比增长14.2%，投资完成额创历史新高。完成连云港疏港航道、盐河杨庄至武障河段、刘大线等航道整治工程，新增达标航道146公里，建成张家港复线船闸4座。长江南京以下12.5米深水航道、锡澄运河、连云港港徐圩港区防波堤工程开工建设，苏南运河“四改三”苏州、常州、镇江段，连申线东台至长江段等航道整治工程全部达到序时进度。连云港港、苏州港、南京港等一批码头工程完工，新增万吨级以上泊位20个，新增货物通过能力9 200万吨。

4 公共服务与管理

● 加强内河港口管理

对内河港口违规建设及非法经营行为进行清理整顿，取缔非法码头560座，整改1 600多座，内河码头经营许可持证率上升15个百分点。严格审核港口水上水下活动许可，重点强化船舶重点水域污染治理。

● 强化机制建设

实施绿色通道机制，为重点物资运输提供安全护航和助航服务，累计保障了3.34亿吨各类重点物资安全运输，保障了航道畅通。建立联动管理和长效管理机制，规范航运秩序。健全航道、船闸养护管理工作机制。

● 强化水上交通安全管理

深入开展水上交通安全专项整治，联合航道部门开展苏北运河“三超一无”专项整治活动，检查船舶5.5万艘次，查处违规船舶2 845艘，苏北运河“三超一无”船舶专项整治成效明显。深入开展“四项排查”、“领导干部大接访”等活动，及时化解突出矛盾和问题，保持行业和谐稳定。

加强乡镇渡口安全监管，推进学生渡口“三心工程”，建立学生渡口护学机制。在29道重点渡口建成并使用视频监控系统；推动“撤渡建桥工程”，共建成桥梁6座，全省渡口由年初595道减少至现在的517道（其中停渡63道），进一步改善了农村群众出行条件。

加快内河交通安全监管和救助体系的建设，“一案三制”建设不断推进。省地方海事局和大部分市局都修订了水上搜救应急预案，更新了应急联络人员信息，使应急预案更加实用和科学。在体制上，水上搜救实行政府统一领导、综合协调、分级负责、属地管理为主的管理体制。在机制上建立健全了值守机制，全系统实行24小时值守制度和领导带班制度；完善了通航安全信息发布机制，在汛期、枯水期等航道水位变化较大影响水上交通安全时，发挥了巨大的作用。

实行应急联动机制，在太湖实行了环太湖苏浙两省六个地方海事处水上搜救应急联动机制和搜救成员单位联动机制，在洪泽湖实施了淮安宿迁两市水上交通安全监管联动机制，在骆马湖实施了徐州宿迁两市水上搜救应急联动机制，在京杭运河江苏段实施了防堵保畅联动机制等。

制定出台《江苏省船闸应急保障管理办法》，建立全省船闸应急保障管理机制。

加强预警预防工作。全年共发布极端天气预警信息24.6万条，成功防抗了“苏拉”、“达维”、“海葵”、“天秤”、“布拉万”等多起强台风的袭击，保持了连续8年江苏省内河辖区水域船舶在台风期间零死亡纪录。

● **推进科技创新与信息化建设**

依托重大工程推进科技创新，连云港港30万吨级航道“开敞海域淤泥质浅滩深水航道建设关键技术研究”成功列入国家高技术研究发展计划（863计划）。推进铁水联运信息服务平台功能完善和应用推广，开展公铁水多式联运试点分析比选。

● **推进“两型”行业建设**

召开全省交通运输行业节能减排大会，启动四大低碳示范工程建设。淮安市被交通运输部列为第二批低碳交通运输体系建设试点城市，连云港港被列为全国首个节能减排专项资金区域性和主题性管理试点港口。完成交通运输行业结构性能耗强度调查。拆解长江干线老旧船舶689艘，达到年度计划的115%。推进节能减排监测考核工作，加快节能减排统计分析系统研发。

● **加强统计工作**

全省公铁水空交通基础设施建设、运输行业整体运营情况以及运输企业经营状况等统计事项实现全覆盖，统计数据整体质量有效提高；以部试点工程——交通运输统计分析监测和投资计划管理信息系统为重点，大力推进统计信息化工作。

5　2013年发展重点和主要措施

2013年，江苏将继续推进长江南京以下12.5米深水航道一期工程建设，深入实施沿海开发五年推进计划，构建内河干线航道网络和港口体系。

航道建设将完成投资60亿元，确保连申线东台至长江段、湖西航道一期工程、锡溧漕河常州段和丹金溧漕河金坛段建成通航，新增三级以上干线航道174公里、新建成船闸3座；续建苏南运河苏州常州镇江段、申张线张澄段、芜申线高溧段等；开工建设苏申内港线、淮河出海航道红山头至京杭运河段和高良涧三线船闸、高邮运东二线船闸、成子河船闸。

沿江港口要以12.5米深水航道建设为契机，加快港口结构调整和功能提升；内河要以国家加快内河水运发展为机遇，加快内河规模化公用港区建设。大力推进区港联动，拓展港口服务功能，加强港口与临港产业、园区的联动发展；加快多式联运建设，积极推动连云港港集装箱海铁联运，促进江海河联运发展。不断深化港口行业节能减排工作，以点带面，推进港口节能减排新技术、新工艺、新产品的开发和应用。推动小、散、弱码头向规模化公用港区集中，鼓励货主码头公用化，提升岸线利用集约化水平。以内河港口管理提升年活动为契机，着力规范内河港口行业管理水平；加强货物港务费征收使用管理，强化规费征收稽查和财务监督，确保规范征收，专款专用。

（江苏省交通运输厅运输管理局）

报告3

2012年安徽省水运发展综述

1 政策环境综述

2012年，安徽省继续贯彻实施《安徽省人民政府关于加快交通基础设施建设的意见》（皖政〔2010〕44号）、《安徽省人民政府转发国务院关于加快长江等内河水运发展意见的通知》（皖政〔2011〕32号）精神，积极推进皖江城市带承接产业转移示范区水运建设，大力支持皖北水运发展。通过《安徽省一般公益性水运项目建设省级资金补助办法》（草稿）等政策措施鼓励市级政府通过省市共建的办法积极投入到一般性水运项目建设中，推进皖江城市带产业转移示范区水运发展，全年示范区港口完成吞吐量约占全省的90%，水路货运量约占全省的53%，水运投资约占全省的85%。

将皖北水运发展纳入《加快皖北地区发展“十二五”规划》、《安徽省大别山集中连片特困地区交通扶贫开发规划（2011—2020）》、《引江济淮工程规划报告》等规划；以骨干航道为重点，推进皖北地区水运建设项目前期工作；按照“建设一批、规划一批、论证一批、储备一批”思路，完善各地市区域内水运项目的统计、汇总工作，建成水运项目库管理系统开发并投入使用。2012年，皖北地区完成水运建设投资7.09亿元，同比增31.8%；省属水运企业和港航部门在皖北地区用于水运建设、航道维护、安全监管的投入达到了4.55亿元。

2 行业运行概况

2.1 水运经济总体运行态势

● 水路客货运输量和港口吞吐量

2012年，全省完成客运量159万人，旅客周转量2 947万人公里，货运量4.1亿吨，货物周转量1 613.4亿吨公里，同比分别增长2.6%、-7%、11.7%和23.2%。

全省完成港口吞吐量3.6亿吨，同比下降3.5%；完成集装箱吞吐量45.6万TEU，同比增长17.4%。其中，煤炭及制品完成4 593.25万吨，同比增长8.10%；石油、天然气及制品完

成522.12万吨，同比增长2.25%；金属矿石完成3 672.11万吨，同比增长1.29%；钢铁完成894.72万吨，同比下降5.53%；矿建材料完成12 312.27万吨，同比下降19.36%；水泥完成7 694.47万吨，同比增长24.34%；非金属矿石完成4 473.83万吨，同比下降9.13%。

● 重点航道生产情况

安徽境内国家高等级航道中，长江干线全年累计完成港口吞吐量27 289.53万吨，同比增长15.36%，其中出口17 109.85万吨，同比增长17.66%；淮河干线全年累计完成港口吞吐量2 907.39万吨，同比增长26.83%，其中出口2 152.96万吨，同比增长10.89%；合裕航线全年累计完成港口吞吐量1 634.62万吨，同比下降75.30%，其中出口837.89万吨，同比下降80.08%；沙颍河全年累计完成港口吞吐量681.58万吨，同比增长33.95%，其中出口121.76万吨，同比下降2.09%。

2.2 水运企业经营状况

2012年，全省共有水路运输企业691家，同比增加28家，其中省际内河运输企业613家、省内内河运输企业24家、海运企业54家，个体船主2 611家，水路运输服务企业211家，其中从事船舶代理企业100家、从事客货代理企业104家、从事管理业企业7家。全省营运船舶29 481艘，同比下降0.83%；净载重吨位2 749.17万吨，同比增长5.76%，运力结构不断优化，全省营运船舶单船平均载重吨位已达933吨，较2011年提高58吨，增幅度达6.6%。企业老旧船舶淘汰进程明显加强，长江干线船型标准化拆解完工船舶2 448艘，计57.9万总吨。2012年，航运企业经营状态总体平稳，但受市场环境影响部分企业效益下滑。

2.3 水上交通安全形势

全省内河通航水域发生运输船舶水上交通事故77.5件（大事故5件，一般事故2件，小事故70.5件），死亡2人，沉船6艘，经济损失174.2万元。发生非运输船舶水上交通事故13.5件（大事故2件，小事故11.5件），死亡4人，沉船6艘，经济损失25万元。发生水上意外事件及险情30件，死亡22人，沉船5艘，经济损失60.3万元。发生港口生产事故2起，死亡1人，经济损失60万元。

3 基础设施建设

2012年，安徽省以港投集团主导建设的航道项目和以社会资本主导建设的港口项目全年完成固定资产投资完成39.2亿元，同比增长27.6%。

3.1 航道建设与养护

2012年，安徽省内河航道里程6 525.14公里，通航里程5 622.96公里，其中Ⅰ级航道342.8公里，Ⅲ级航道391.34公里，Ⅳ级航道349.73公里，Ⅴ级航道715.25公里，Ⅵ级航道

2 527.48公里，Ⅶ级航道706.95公里，等外航道589.41公里。2012年，安徽省航道里程和通航里程均增加18公里。

2012年，安徽省启动了干线航道布局规划（2010—2025年）编制，全力推进淮河、浍河、涡河、派河等部"十二五"项目前期工作，有序推进水阳江、兆西河、杨桥船闸、颍上复线船闸等重点工程前期工作。长江芜湖至南京段10.5米深水航道及裕溪口、太平府公用设标航道正式开通。阜阳船闸建成通航，沙颍河全线复航，合裕线裕溪、巢湖复线船闸试通航，首个省市共建项目店埠河航道整治工程正式开工。固镇复线船闸工程开工建设。芜申运河、合裕线航道等项目以及石门湖航道整治等重点工程加速推进。

3.2 港口建设

2012年，全省拥有生产用码头泊位数1 336个，码头泊位长度81 374米。其中，5 000吨级及以上泊位数100个，其中万吨级泊位4个，1 000～5 000吨级泊位数299个，1 000吨级以下泊位数937个。全省港口散装、件杂货通过能力达到41 780.5万吨，集装箱通过能力达到42.35万TEU，旅客和滚装汽车通过能力分别为866万人和72万标辆。2012年新增码头泊位29个，新增散装、件杂货通过能力2 057万吨；减少泊位27个，减少散装、件杂货通过能力303万吨。

2012年，受巢湖市行政区划调整影响，启动合肥、马鞍山、芜湖等部分港口总体规划的修编工作。巢城港区二期、池州港旅游公用码头等重点工程前期工作有序推进。郑蒲港区一期、蚌埠新港二期、淮北南坪港一期等工程开工建设。安庆港长风港区一期、阜阳港颍州港区一期、马鞍山人头矶港区一期等部"十二五"规划项目以及中外运三山多用途码头重点工程加速推进。

3.3 支持保障系统建设

全省视频监控系统、合裕线水上安全支持保障系统即将开工建设。世行项目沙颍河水上交通安全和应急服务系统建设有序推进。OA办公等业务应用系统、网络信息安全建设顺利完成。港口、运政管理信息系统投入使用。水上旅游客运企业服务标准、海事工作船艇系列化配置标准、内河航道养护标准等研究课题通过验收。内河通航桥梁安全防护、LNG燃料动力船舶改造技术、淮河干线安徽段船舶定线制、渡船船型标准化等研究课题进展顺利。投资4 000万元建造行政执法艇和工作趸船15艘交付使用。

4 公共服务与管理

4.1 行政管理与行业服务

市场监管进一步加强。制定水运诚信企业评选办法。实施普货运力调控政策，长江干线船型标准化推进顺利，全年拆解老旧运输船舶675艘，16.8万总吨，发放补贴资金1.61亿元。开展全省水路运政大检查和长江水系液货危险品运输企业清理整顿专项行动。加强水运建设市场管理，实时更新、发布市场信用信息。制定港口安全监督检查办法，建立全省港口安全评价机制。加大老旧小码头及无证经营港口设施整治力度，依法取缔非法码头6座。

依法行政全面加强。开展《行政强制法》和《国内水路运输管理条例》宣贯工作，"六五"普法活动有序推进。印发《安徽省水上交通安全检查站职能》，检查站权责全面理顺。推进行政执法评议考核工作。开展行政职权梳理，下放原省级行政审批项目8项，累计缩短办理期限25个工作日。

航道管养水平不断提高。加大跨临河等建筑物许可审查力度。加强航道及助航设施养护管理，维护各类航标1 218座，打捞碍航无主沉船5艘，完成航道应急抢通项目18个。

船舶检验更加规范。开展船检"规范服务、提速增效"活动。联合国防科工办加强对船厂的管理，制定船厂绿色通道和黑名单制度。开展疑似套号船舶专项清理整顿工作。加强安全技术分中心建设与管理，省级审图中心初步运行。正式加入船检"莫干山协议"，推进马鞍山、红山头检查站驻点检验常态化。

船舶船员管理继续加强。推进船舶配员与船员证书专项检查工作。首批AIS设备免费安装到位。船员服务机构已覆盖全省。船员考试基地建设推进顺利，全省4个船员机考考场投入使用，共440个机位。编印《内河船员实际操作实用手册》，组织各类船员考试248期次。

4.2　安全监管与应急保障

安全监管持续加强。吸取"8.16"马和轮渡事故教训，认真开展全省水上交通安全大排查大整顿，及时查处淮南平圩非法汽渡等重大安全隐患。通过水上巡航查处船舶安全缺陷近3万余处。推进渡口渡船整治工作，全省14个市、2个省管县按时通过省级验收。强化企业主体责任，加强涉水活动监管。推行政府综合调查与海事技术调查"双轨制"模式，开展海事调查后评估。加强联合执法、信息共享和隐患通报，全省已初步实现海事机构"分段管理，就近监管"新模式与政府属地管理传统模式的有机融合。认真贯彻落实《危险化学品安全管理条例》，开展港口设施安全条件审查。

应急能力持续提升。深入开展"科学搜救年"活动，进一步完善市、县级水上应急预案，建立防污染装备应急保障机制，加强水上应急值守、信息报送和联合处置工作。推进各市水上搜救志愿者队伍建设，统筹滁州、马鞍山、池州、阜阳、宣城等地开展区域性水上演练，全年开展水上搜救行动121次，成功救助402人，搜救成功率达100%。

5　2013年发展重点和主要措施

2013年水运工作主要预期目标：完成水运建设投资45亿元；完成港口吞吐量3.7亿

吨，集装箱吞吐量55万TEU；完成货运量4.4亿吨，货运周转量1 735亿吨公里；完成非税收入4.5亿元；确保水上交通安全态势平稳，不发生重特大水上交通安全监管责任事故。

● 规划建设

加快淮河、浍河航道整治工程前期工作步伐，推进涡河、派河、池州港江口港区三期、铜陵港锚地二期等工程前期工作进程，建立和完善省“十二五”前期项目库。结合引江济淮，推进江淮运河前期工作。加快安徽省干线航道布局规划（2010—2025年）编制和合肥、马鞍山、芜湖等港口总体规划的修编工作。

配合长江航务系统开展皖江段深水航道上延工作。推进长江汉江航道的开发利用。加快水运重点工程建设步伐，确保颍州港区一期、淮北南坪港区、中外运三山多用途码头等工程完工，确保芜申运河、合裕线等在建项目推进顺利，确保水阳江航道整治、杨桥船闸、马鞍山港慈湖综合码头等项目开工建设。

● 水运业结构调整

积极推进船型标准化工作，继续落实普货运力调控措施，大力发展专用船，推动运力结构调整。进一步加强节能减排，加快LNG燃料动力船舶改造技术的推广和应用。结合《安徽省港口岸线有偿使用费征收办法》的出台，加大岸线使用调控力度。加强港口发展政策研究，扶持集装箱内支线运输发展，加快港口结构调整。推进长江港口码头改造升级，提升靠泊能力。加大港口物流规划和发展力度，引领港口企业做大做强，打造安徽港口企业品牌。

● 水运市场监管

以《国内水路运输管理条例》施行为契机，强化运输市场监管，严把市场准入关，打击无证经营、恶性竞争等行为，营造公平、公正、有序的水运市场环境。以淮河水系为重点，全面开展“三无船舶”专项整治工作。继续推进水运市场分析和运价动态监控工作，促进运输企业有序竞争。加快行业诚信体系建设，开展全省安全诚信企业评比活动，促进水运企业文明经营。进一步加强水运建设市场从业人员和单位的信用信息管理，规范水运建设市场。

● 水上安全监管

强化公共安全体系和企业安全生产基础建设，推进航运、港口企业安全生产标准化达标考评，加强企业安全管理体系审核。严格遵循船舶安检的法定程序和标准，加强节点控制，提高在港船舶安全检查率。进一步规范和加强船舶签证管理，突出船舶签证源头管理的重要性。切实做好危险品运输监管和船舶污染水域防控工作，进一步改善辖区内营运船舶的适航状况，引导船员自觉遵章守纪、安全操作，努力提高船舶安全技术水平。

（安徽省地方海事（港航管理）局）

报告4

2012年江西省水运发展综述

1 政策环境综述

2012年出台了《江西省人民政府关于进一步推进九江沿江开放开发的若干意见》，明确了以基础设施建设为先导，优化产业布局和推进产业集聚为核心，岸线利用和港口建设为重点，促进沿江大开放、大开发、大发展。提出了将九江港建设为长江中游航运枢纽和国际化门户的目标定位。

省交通运输厅会同九江市人民政府联合编制了《九江沿江港口码头规划》，围绕九江港目标定位，充分利用长江黄金水道、港口岸线、水运资源优势和综合交通区位优势，将九江港发展为现代化综合型吞吐量超亿吨大港，构建“一个龙头、三个联动”的港口战略格局；港口码头建设以大型化、集约化、专业化为主导，构建五大港区为主体的沿江港口群；推进江海联运一体化。

2 行业运行概况

2.1 水运经济总体运行态势

● 水路客货运输量及周转量

2012年，全省客运量完成254.8万人，同比增长1.3%；客运周转量3 169万人公里，同比增长6.2%；全省水运货运量为2.48亿吨，省内船舶完成货运量为7 915.6万吨，同比增长6.6%；货物周转量2 016 561万吨公里，同比增长2.8%。

● 主要航道客货通过量

2012年，赣江通过货运量为18 189.7万吨、旅客吞吐量为98.1万人次，同比分别增长5.3%、下降13.5%；信江通过货运量为1 886.2万吨、旅客吞吐量为112.2万人次，同比增长33.6%、增长6.9%。

● 港口吞吐量

2012年全省港口完成货物吞吐量25 270.8万吨，其中出口17 079.4万吨，进口8 191.4万吨，分别比去年同期增长7.3%、5.6%、10.9%；旅客吞吐量为467.4万人次，其中出港233.3万人次，进港234.1人次，分别比去年同期增长-1.7%、1.4%、-4.7%；集装箱吞吐量为22.6万TEU、256.1万吨，分别比去年同期增长10.8%、7.7%。

2.2 水运企业经营状况

2012年，全省通过年度核查的水路运输经营业户共340户，其中省际水路运输经营企业115户（沿海18户、内河97户）；省内水路运输企业14户（内河）；个体经营户211户。航运企业规模总体偏小。

全省有5家重点发展企业，主要经营范围为长江水系危险品运输，生产经营状况较好，船舶运力总计12.6万载重吨。2012年度，5家重点发展航运企业主营业务收入平均为4 280万元，主营业务利润平均为700万元，其中有3家企业经济效益相比去年有所下滑。

2.3 水上交通安全形势

2012年，全省共发生一般及以上等级水上交通事故9起，死亡（失踪）2人，沉船8艘，直接经济损失700万元，与去年同比事故起数增加了6起，死亡（失踪）人数减少了1人，沉船数增加了6艘，直接经济损失增加了550万元。

从事故发生的水域（地域）分布来看，鄱阳湖水域仍是江西省水上交通事故的主要发生区域（5起）；从发生的事故种类来看，碰撞（5起）和自沉（3起）事故较多；从发生事故的船舶种类来看，运砂船占事故船舶的绝大多数，在13艘当事船舶中，有12艘为运砂船。

3 基础设施建设

2012年，全省水路交通固定资产完成投资19.58亿元，其中交通系统完成投资9.52亿元，社会投资完成10.06亿元，同比分别增长63.17%、138%、25.75%。

3.1 航道建设与养护

全省航道总里程5 716公里，其中一级航道156公里、三级航道343.5公里、四级航道87公里、五级航道238公里、六级航道443公里、七级航道1 160公里，等级航道总里程2 427公里，航道等级2012年度无变化。

航道重点建设赣江航道，正在建设赣江南昌-湖口Ⅱ级航道、石虎塘航电枢纽和峡江水利枢纽。南昌-湖口Ⅱ级航道整治项目累计完成投资10 466万元，占总投资的57.2%，计划2013年完工；石虎塘航电枢纽完成总投资19.1亿元，占总投资的78.4%，1—4号发电机组已成功并网发电，船闸建成并顺利完成试通航，计划2013年完工。峡江水利枢纽船闸土建工程已完工，枢纽计划2015年完工。总投资35亿元的赣江新干航电枢纽项目建议书已获国家发改委批复。投资36亿元的赣江井冈山枢纽前期工作进展顺利。

3.2　港口建设

港口重点建设九江港、南昌港两个主要港口。九江港在建泊位22个、完工泊位5个，新增5 000吨级泊位3个、货物通过能力325万吨、造船能力20万载重吨，完成总投资10.06亿元。投资6.57亿元、设计吞吐能力420万吨/年的南昌港南昌龙头岗综合码头一期工程已开工建设。万年港综合码头工程等一批重点项目建设进展顺利。

3.3　支持保障系统建设

全省支持保障系统工作业务用房总面积60 187平方米。2012年新建工作业务用房4 200平方米。全省工作用船共有船艇288艘，总机械功率30 586千瓦，2012年投资1 736万元新建了2艘钢质趸船和8艘高速混合艇。

4　公共服务与管理

4.1　水路运输服务与管理

加强水运企业经营资质动态监管，严把市场准入关，通过定期年度核查和不定期抽查，督促航运企业保持取得经营资格时的资质条件。积极推动老旧船舶拆解工作，加快拆解能耗高、污染重的老旧船舶，鼓励引导企业和船主建造环保、低耗、节能性标准化的船舶。2012年江西省船舶平均吨位由2011年的676吨增加至775吨，增幅为14.6%，船舶逐渐向标准型、大型化发展。

建立和健全诚信企业评价制度、市场预警及监测分析制度、全省港航信息交流工作会议制度和水运企业联系制度。全面开展诚信企业评价工作。加强对“春运”、“十一”黄金周期间水路旅客运输形势的预测和分析，科学组织安排运力，加强现场指挥及做好运力协调。与12家水运企业建立对口联系机制，及时掌握和了解企业的生产经营、安全管理、市场需求、运价走势等情况，帮助企业解决困难，引导企业进行结构调整，促进企业平稳健康发展。采取措施积极推进省内水路液货危险品运输企业的资源整合，重点扶持5家企业，优先满足其航线延伸和新增运力额度需求。

4.2　水上安全保障与监管

● 安全管理与应急保障

海事管理机构加强重点时段安全监管，形成重点时段“事前事中事后”的安全监管模式；加大对港区码头、装卸点、采砂作业区的巡航检查力度，宜春、南昌、上饶、九江等四市港航海事部门区域联动，重点管控砂石运输船舶超载行为。港口行政管理部门加强源头管理，落实治理船舶超载长效机制，督促港口经营企业严格按营运船舶载重吨位配载货物。在全省范围开展了为期3个月的客渡船舶安全专项检查活动、船舶配员和船员证书专项检查活动，进一步消除了客渡船舶安全隐患。深化“三无”船舶专项整治工作，继续加强对赣江和鄱阳湖支流水域、封闭水域以及辖区内航行的“三无”船舶的打击力度，积极解决“三无”船舶发证问题。

充分利用省水上搜救中心监控平台大力推进应急平台体系建设，加强应急值守工作，做好突发事件信息报送和总结评估工作；完善了各类应急预案，通过开展应急演练，对现有预案进行检验、评估，不断完善应急救援预案，构建完善的水上应急预案体系。港航系统共组织开展了58次安全应急演练，应急管理能力和水平进一步提高。

● 海事监管与服务

积极推进海事地方立法。组织各级海事执法人员参加行政强制法培训班。全面推进交通行政执法形象建设。编印执法政务公开指南，增强社会公众对海事执法工作的知情权、参与权和监督权。举办海事行政执法人员岗位培训班和海事执法乙级督察人员培训班，加强执法队伍建设。

海事管理机构加强对水上水下活动许可的管理，加大巡航力度，积极推动通航安全影响论证工作；加强对已办理水上水下活动许可项目的日常现场监管，严格执行船舶准入标准和作业限制要求；积极开展通航安全核查工作，掌握水上水下活动涉及通航安全部分的建设情况，确保水上水下活动符合海事监管要求。

全面启用航运公司安全管理体系审核通用项目标准应用，建立了航运公司安全管理体系运行情况评价指标体系，全年共实施公司审核11次，船舶审核82艘次。规范船舶登记，全年船舶登记业务量1 681艘次，发放船舶IC卡190张。加强船员培训、考试、发证管理，完成2 146人次的各类船员培训考试。加强对船舶进出口签证管理，在全省范围内实施了船舶主动报港工作，共办理船舶进出口签证31 478次。

船舶检验VIMS5.0系统、船舶动态2.0管理系统、船员管理系统、事故调查统计分析系统、仙女湖视频监控系统等信息化项目建成并投入使用；赣江中下游及鄱阳湖区水域船舶自动识别系统（AIS）、南昌—湖口视频监控系统陆续开建，对船舶的动态监管得到了进一步的强化。

4.3 航道维护与管理

全省航道维护里程5 560公里，其中：一类维护494公里，二类维护579公里，三类及其他维护4 487公里，年通航保证率90%～95%。全省航道设标里程1 825公里，其中：一类航标494公里，二类航标392公里，三类航标176公里，其他763公里。航标总数量2 364

座，航标维护正常率90%～99%。

建设港航三个数据中心（航道、港口、船舶省级数据中心），建立水位自动监测系统，启动赣江（樟树—湖口）电子江图建设，提升航道维护管理水平。结合港航搜救平台建设，建立一套集数据采集、传输和智能分析为一体的业务应用系统，形成一个综合信息服务平台和数字化、智能化、可视化的决策支撑体系。

4.4　港口行政管理

规范港口码头经营秩序，对九江市沿江非法码头开展了专项整治工作，共取缔非法码头15家，完成整合搬迁36家，完善资质11家。服务企业专用码头，九江市组织实施企业专用码头向社会开放。

5　2013年发展重点和主要措施

预计2013年江西省水运货运量达到2.7亿吨，增长8.9%；港口吞吐量达到2.76亿吨，增长9.4%。为加快水运建设，江西省制定了一系列政策措施：

一是列入《“十二五”期长江黄金水道建设总体推进方案》的十大项目，已纳入省政府重点督办项目，享受省重点工程优惠政策，由省发改委牵头，交通运输厅具体负责，建立信息通报和具体推进工作衔接制度，形成合力，确保项目推进。

二是统筹推进“两横一纵”高等级航道网、航电枢纽和综合型枢纽港口项目，建成赣江石虎塘航电枢纽、赣江（南昌—湖口）Ⅱ级航道整治工程、万年港综合码头工程；续建赣江峡江水利枢纽（船闸）、南昌港龙头岗综合码头一期工程；开工赣江新干航电枢纽、赣江（石虎塘—神岗山）Ⅲ级航道整治工程、井冈山水电枢纽（船闸）、南昌港国际集装箱码头扩能工程、南昌港樵舍货运码头工程（一期）等一批水运项目。

三是进一步研究促进水运发展的政策措施。加快赣江、信江、鄱阳湖重点水运建设步伐，研究建立省级交通运输统一的投融资平台，统筹公路、水路建设投融资工作；研究建立赣江涉水工程统一管理调度体制。

（江西省港航管理局）

报告5

2012年湖南省水运发展综述

1 政策环境综述

实施水运管理体制改革，省地方海事局更名为省水运管理局，实行水运建设和海事安全监管职能分开。同时开展理顺全省水运建设管理责任主体工作，进一步调动省市县各级政府部门及各方面水运建设投入的积极性。

搭建水运投融资平台。组建省水运建设投资集团公司，承担省政府主导筹资建设的全省重大水上交通基础设施的融资、工程建设和运营管理。

2 行业运行概况

2.1 水运经济总体运行态势

● 水路客货运输量及周转量

2012年，全省货运量较上年同期增长4.2%，货物周转量较上年增长33.2%。其中，2012年远洋轮货物周转量为1 464 091万吨公里，为上年的191.88%。

2012年水路客货运输量

指　标	单　位	2012	2011	同比（%）
客运量	万人	1 349	1 327	101.66
旅客周转量	万人公里	26 292	27 429	95.85
货运量	万吨	18 705	17 954	104.18
货物周转量	万吨公里	5 622 609	4 202 571	133.79

● 港口吞吐量

2012年，全省港口吞吐量维持微弱增势，同比增长3.8%。集装箱增势明显，全年完成集装箱29.57万TEU，同比增长27.0%；其中岳阳港完成20.07万TEU，占全省67.84%。岳

阳港作为湖南唯一通江达海的国家级内河一类口岸，其生产经营规模和功能作用正在加快发展的步伐，2012年全年完成吞吐量1.04亿吨，加入长江干线亿吨大港行列，成为湖南省首个亿吨大港。

2012年规模以上港口吞吐量

	港口货物吞吐量（吨）			港口旅客吞吐量（人）			集装箱（TEU）		
	2011年	2012年	同比（%）	2011年	2012年	同比（%）	2011年	2012年	同比（%）
全省合计	210 640 526	218 670 260	103.81	12 765 811	12 116 217	94.91	232 839	295 689	126.99
长沙港	42 579 257	30 918 259	72.61				76 433	89 299	116.83
株洲港	5 561 451	5 744 307	103.29						
湘潭港	11 147 000	11 552 300	103.64						
岳阳港	90 369 046	103 963 715	115.04	64 669	137 977	213.36	155 036	200 687	129.45

2.2　水运企业经营状况

全省现有水运企业162家，其中沿海运输企业4家，省际运输企业128家，省内运输企业30家，具有内支线集装箱运输的企业8家，具有液货危险品运输资格的24家；全省现有营业性货物运输船舶4 900艘，203万载重吨，其中危险品运输船舶4万载重吨，集装箱运输船舶4 621箱位，最大载货船舶5 600载重吨。

从经济类型结构划分国有企业5家，集体企业21家，有限责任公司136家，个体经营户3 260家 。

2.3　水上交通安全形势

2012年，全省发生一般及以上等级水上交通事故8件、与2011年相比下降50.00%，死亡45人、同比上升32.35%，沉船7艘、同比下降53.33%，直接经济损失约583万元、同比下降38.07%。水上交通事故四项指数与去年同期相比三降一升，事故件数下降50.00%，死亡人数上升32.35%。虽然事故件数有下降，但相继发生的湘西、沅江、安化3件事故共死亡32人，占总事故死亡人数的71%，水上安全形势仍旧十分严峻。

3　基础设施建设

3.1　水路交通固定资产投资完成情况

2012年，全省完成水路交通固定资产投资30.7亿元，为年计划30亿元的102.3%，同比增长46%。“十二五”规划内36个正式项目和20个预备项目前期工作全部启动，大部分项目完成前期工作具备开工条件。重点建设的28个水运项目中，湘江长沙综合枢纽工程、湘江2 000吨级航道建设一期工程（株洲—城陵矶）、株洲港铜塘湾港区一期工程、全省水上支持保障系统一期工程等10个续建项目工程稳步推进，湘江长沙综合枢纽实现蓄水和船闸通航；岳阳港湘阴港区漕溪作业区二期工程、湘潭港易俗河港区千吨级码头工程等7个项目相继开工建设；长沙船舶厂新厂造船滑道和舾装码头工程、湘潭港铁牛埠港区寒鸡港作业区（顺达）散货码头工程、湖南城陵矶临港产业新区油品及化工品码头工程、国电益阳发电有限公司水运煤码头工程等4个港口项目完工投产。全省新增千吨级泊位4个，液、散货吞吐能力354万吨。

3.2 航道建设与养护

2012年，省管航道维护里程2 010公里，设置航标1 899座，完成航道维护工作量69万座天，一类航标维护正常率达到99.63%。加强全省航道枯水期应急抢通疏浚，全年应急抢通投入1 500万元，涵盖了航道工程、航标建造和配套航标灯、勘察设计、航道维护与观测、整治建筑物维护等工程，确保干线航道全年没有出现断航、大面积滞留船舶等问题。完成湘江长沙综合枢纽船闸上、下游引航道及过渡段航标配布工作；完成桃源枢纽截流期航道维护及航标设置工作。

3.3 支持保障系统建设

推进渡口渡船改建工作。开展全省渡口摸底调查；完成10客位、30客位客渡船和30客位短途客船3个标准船型的研发设计，进入实验建造阶段；初步拟定分类明确渡口改造及优先实施顺序的原则性意见；制定了渡口码头建设标准。

开展水上交通信息化建设。全省初步建成1个省级、14个市州级、86个县市区级视频监控中心；建成渡口监控点783个、港区泊位监控点28个；船载AIS和GPS安装有序推进，共安装船载AIS1 270台、GPS690台；船舶动态2.0系统顺利推广，全省11个市州局52个签证站点实施电子签证，全年共办理进出港签证2.06万次。

继续推进全省支持保障系统一期工程建设，全年完成投资8 455万元，VHF安全通信工程已经建设完成投入使用；500吨起重打捞船建成下水；省级救援指挥中心及长沙、岳阳、衡阳、常德等4个省级救援基地正在建设；全省计划建造海巡艇15艘已大部分建成下水。

4 公共服务与管理

4.1 水上安全保障与监管

● 安全管理与应急保障

出台了《湖南省渡口渡船安全管理预警机制指南》、《湖南省海事系统巡航工作规范》等指导性文件，编印了《湖南省海事系统水上交通安全监管“分片负责制”任务分解手册》。加强从业人员安全培训教育，组织6 839名客（渡）船船员培训，船员参培率达到99%；举办了全省汽车渡口渡船管理人员、驾驶人员、所有人的安全知识培训，参加培训人员187人。

开展打击船舶严重超载专项行动，加强运砂船签证管理，运砂船严重超载现象得到有效遏制。在全省重要水域设置16个治超检查站，直属航道机构设置50个船舶超载监督站，共检查船舶5.3万艘次，处罚船舶386艘次，教育船员1.37万人次，吊销证书2本，移送公安13人。开展渡口渡船安全暗访督查，全年安全隐患行政问责县乡政府管理人员、海事执法人员及渡口渡船责任人共31人。

● 海事监管与服务

全省登记注册船舶共16 774艘，2 651 568总吨。2012年，全省共办理船舶登记6 191艘次，办理船舶进港签证617 629次，出港签证617 073次。开展船舶配员与船员证书专项检查活动，共查处违法船舶9 914艘，滞留船舶1 104艘。

目前全省共有注册船员19 440人，2012年共培训船员1 468人次。组织了8期船员适任证考试，基本安全培训考试12期，特殊培训考试6期，共发放各类船员适任证书4 758本、其中考试发证1 160本，发放基本培训合格证456本，特殊培训合格证书216本。开展了全省客渡船船员安全知识专项培训，培训客渡船船员6 839名。

加强辖区内危险化学品运输船舶的管理，开展专项检查，完善审核机制，共审核船公司7家，船舶29艘次。湘江长沙枢纽建成蓄水后，省政府发布了《长株潭湘江库区污染综合防治实施方案》，对进入库区的船舶防污染工作做出了具体要求。

4.2　水路运输服务与管理

全省共审验水路运输企业162家，核查率100%，合格率96%；营运船舶5 758艘，核查率97%，合格率100%。对航务管理部门运政管理工作的开展情况、国内水路运输经营者守法经营及企业资质保持情况开展了水路运政管理工作专项检查。

出台了《湖南省〈长江干线船型标准化补贴资金管理办法〉实施办法》，全省已校准拆解船舶40艘、13 760总吨，下拨补贴资金883万元，另有18艘申请拆解改造申报中（补贴资金265万元）。完成湖南省内河标准船型主尺度系列初步研究成果，已完成湘江、沅水过闸干散货船、液货船、集装箱船、自航自卸砂船标准船型主尺度系列研究并交通运输部审核批准后公布。

加快岳阳港城陵矶港区发展，积极推动城陵矶新港区管委会组建并取得实质性进展。开展液货危险品企业资源整合，引导和鼓励企业采取并购、重组、联营等优化组合方式实行企业资源整合，加快企业运力结构调整。开展水上农村客运燃油消耗信息化建设，开发了湖南省农村水路客运燃油补助申报系统，2012年度1.4亿元农村水路客运油补资金已全部发放到船舶经营户手中。

4.3 航道维护与管理

2012年，涉航建筑物行政许可在湖南省政府的政务服务网公开实行办理，并接受电子监察系统的监察。全年共完成涉航建筑物的通航技术条件论证评估38件，完成行政许可47件。

4.4 港口行政管理

全省现有港口63个，港区207个，码头泊位1 932个，最大靠泊能力5 000吨，其中国家主要港口2个，地区重要港口13个，其他港口48个。2012年，完成全省港口岸线开发利用情况调查，起草了《湖南省港口岸线使用审批管理办法》；完成全省港口管理信息系统建设，实现港口经营人信息数据上传；制定了《湖南省港口危险化学品安全监督管理工作的实施意见》，明确各级港口行政管理部门的监管了职能，加强对港区内危险化学品的安全监管；加强港口危险货物从业人员培训，举办水路危险货物运输岸上管理及操作人员培训班，共有71人参加培训并通过交通运输部统一命题考试；加强港口安全监管，完成港口重大危险源现状评价工作，完成了2012年湖南省“平安港口”创建工作方案，制定湖南省港口烟花爆竹集装箱安全专项治理工作方案。

4.5 水运建设市场管理

加强资质管理，严格建设程序和设计评审，完成了岳阳港岳阳县港区鹿角作业区2 000吨级码头工程施工图设计等5个项目专家审查，审核了株洲港铜塘湾港区一期工程等5个项目开工备案。严格执行招投标制度，完成了长沙霞凝三期、株洲港铜塘湾港区一期工程等5项目6批次合同段监理、施工及设备采购招标文件专家审查及厅核备前审核工作。加强监理、施工单位人员履约，在水运建设项目施工现场逐步推广参建单位主要人员指纹打卡考勤制度。加强对首次进入湖南省水运建设市场的施工单位尤其是土建、机械等行业及监理单位进行调研考察，对达不到要求的单位暂缓进入湖南水运建设市场。加强诚信建设，动态跟踪监控，定期通报交流。

加强工程质量安全监督，开展“质量安全年”、水运项目“平安工地”、“打非治违”等质量安全生产专项活动整治。本年度续监项目4个，新受理水运工程4个项目，对11个在建水运工程项目现场进行了14项次质量安全检查及巡查，实现了零质量事故和零安全事故的“双零”管理目标。

4.6 科技创新与推广

与交通部水运科学院、天津水科院、南京水科院、长沙理工大学等科研院所建立良

好的科研合作关系。《湖南内河航运物流发展对策研究》、《湖南内河航道生态保护与修复技术研究》、《湘江长沙综合枢纽工程复杂地基多线船闸设计及施工仿真研究》、《水工混凝土结构CT检测诊断关键技术研究》、《紧临已建船闸扩建的二线船闸结构布置关键技术研究》、《平原微丘区低水头枢纽水库蓄水浸没对库区桥梁及房屋建筑安全的影响机理及其评估与治理关键技术研究》等6个项目通过省交通运输厅立项审查。《受长江来水顶托湘江河湖两相高等级航道关键技术研究》、《湘江航电枢纽多线船闸建设关键技术研究》2项列为交通部西部交通建设科技项目。

4.7　政府信息化服务与管理

湖南省交通运输厅搭建包括船舶、船员等基础信息的交通系统公共信息云计算平台。港航管理机构继续推广使用船员登记系统、船检发证系统以及船舶动态2.0系统，启动了湘江株洲至城陵矶281公里航道电子信息成图研究。涉航建筑物行政许可在湖南省政府的政务服务网实行公开办理，并接受电子监察系统监察。

4.8　水运节能减排

对封闭水域（湖泊、库区）开展船舶技术改造，使用清洁能源。张家界黄龙洞景区游船实施“油改电”项目，改造游船30条；东江约100艘客（渡）船开展使用LNG改造前期工作；开展柴油—LNG双燃料船舶技术研发试点，在岳阳市和湘潭市试点了四艘货船。

港口从以下8个方面开展节能：调整码头设计低水位，减少码头前沿起重机作业的吊距，减少起重机克服重力做功的耗能；调整设备选型及技术参数；增加船舶岸电供电系统；采用风光互补照明路灯；实行集装箱甩挂运输模式；引进天然气牵引车；集装箱码头考虑计算机辅助智能系统；采用地源热空调。目前已在株洲港铜塘湾港区开展绿色低碳交通运输技术应用，同时推广到全省各大港口。

5　2013年发展重点和主要措施

5.1　加快推进水运基础设施建设

完善水运相关规划，加快项目前期工作。重点做好全省“十二五”水运建设规划的中期调整。继续加大水运项目前期工作力度，确保如期完成沅水浦市至常德航道建设工程、澧水澧县至茅草街航道工程等年内拟开工项目前期工作；争取洞庭湖岳阳综合枢纽、涟水复航等重大水运项目前期工作取得新的突破。

加快重点工程项目建设。全年水运建设计划完成投资30亿元。继续加快湘江长沙综合枢纽工程、湘江土谷塘航电枢纽工程、湘江2 000吨级航道一期工程（株洲—城陵矶）、岳阳港湘阴港区漕溪作业区二期工程、全省水上支持保障系统一期工程等在建项目的工程进度；尽早开工建设沅水浦市至常德航道工程、澧水澧县至茅草街航道工程、南茅运河航道整治工程等10个重点项目，并力争湘江2 000吨级航道二期工程（衡阳—株洲）、长沙港铜官港区码头工程、岳阳港云溪（道仁矶）码头工程等8个项目年内开工建设。力争新增3 000吨级泊位2个、1 000吨级泊位7个、500吨级泊位7个。加快民生工程建设。全面推进渡口改造、客（渡）船标准化改造和锚地等民生工程建设。

5.2 全面提升水上交通安全监管水平

实现水上交通事故指数控制在省安委指标值以内，严防发生水上交通重特大责任事故。加强水上交通安全监管，建立全面、全覆盖监管体系。坚持“签单发航”制度，继续开展全省水上交通安全专项整治活动，重点开展乡镇非运输船舶、农村公路汽车渡口专项整治行动。严格执行水域安全管理巡航制度。严格执行《湖南省海事系统巡航工作制度（试行）》。继续开展水上交通从业人员及监管人员培训。加快推进科技兴安战略。全面强化水上交通安全责任追究。

（湖南省水运管理局）

报告6

2012年湖北省水运发展综述

1 政策环境综述

湖北省人民政府办公厅发布《关于促进全省物流业健康发展政策措施的意见》，提出切实减轻物流企业税收负担、加大对物流业的土地政策支持力度等措施，促进物流业健康发展。2012年，相继印发了《湖北省“十二五”综合交通发展规划》、《湖北长江经济带“十二五”规划》、《湖北省汉江流域综合开发总体规划（2011—2020年）》等，强调要充分发挥长江“黄金水道”的综合优势，加快构建沿江现代港口群和长江中游的航运中心，加快航道升等联网，加快长江中游快速通道和综合交通体系建设。湖北省人大常委会审议通过《湖北省水路交通条例》，规范水路交通活动，促进水路交通事业发展。同时，《湖北省内河航运发展规划（2011—2030）》通过专家审查，该规划在航道、港口、船舶、信息化等方面全方位的提出湖北省航运发展的近期、中期、远期目标及具体内容。

2 行业运行概况

2.1 水运经济总体运行态势

● 水路客货运输量及周转量

2012年，全省完成水路客运量444.9万人，同比增长16%；旅客周转量3亿人公里，同比增长7%。库区旅游的形成和发展弥补了长江干流减少的客运量，新增6个库区旅游，客运量发展势头良好。

全省完成水路货运量1.99亿吨，同比增长12.4%；货运周转量1 957亿吨公里，同比增长23.9%。从2010年开始湖北省的沿海和远洋市场得到了快速的发展，全省沿海、远洋货运量从2010年的6 237万吨增长到2012年的8 090万吨年均增长10%；周转量从2010年597亿吨公里到2012年1 216亿吨公里，年均增长34.6%。

● 港口吞吐量

全省共有生产性港口泊位1 874个，泊位长度149 686米，千吨级以上泊位达到844个；散货、件杂货泊位设计通过能力25 196万吨，集装箱通过能力180万TEU，滚装车通过能力94万辆，其中武汉市商品滚装24万辆，宜昌载货滚装70万辆，临时滚装码头75万辆。2012年，全省完成港口货物吞吐量23 518.3万吨，同比增长7.8%；其中，长江干流泊位完成吞吐量20 474.5万吨，占总吞吐量87%。武汉、宜昌、荆州、黄石、黄冈共完成的吞吐量19 380万吨，占全省吞吐量82.4%。完成外贸吞吐量834.9万吨，同比增长15.7%。

从货物形态看，完成液体散货吞吐量699.27万吨，同比上升21.7%；干散货16 886.2万吨，同比增长7.9%；件杂货3 034.6万吨，同比下降13.2%。主要货种有矿建材料、金属矿石、非金属矿石、煤炭，共完成15 909.6万吨，占总吞吐量的67.6%。全年完成集装箱吞吐量95万TEU，同比增长10.2%；滚装车吞吐量50.4万辆，同比下降7.5%。

2.2 水运企业经营状况

2012年，全省共有船舶4 895艘，船舶运力达到834万吨，同比增长3%；新增内河运力100万载重吨，驳船逐步退出内河市场，以自航船为主。地方船舶运力新增58万载重吨。全省千吨级以上船舶达到1 568艘、553万载重吨，货船平均吨位超过1 500载重吨。全省具有5万载重吨以上船舶运力规模企业达到21家，其中具有10万载重吨以上船舶运力规模企业5家。90家航运企业运力规模超过万吨，占全省总运力的3/4以上；马士基、地中海等全球领先的航运企业入驻武汉，全球排名前16位的航运企业有14家在湖北省设有办事处和分支机构。

● 港口企业生产经营情况

武汉、宜昌、荆州、黄石四大港务集团共完成货物吞吐量5 666万吨，同比降低1.2%；集装箱吞吐量完成65万TEU，同比增长18%，其中武汉、宜昌分别同比下降2.6%、11.4%，荆州同比增长23%，黄石与去年持平。宜昌太平溪港埠有限责任公司完成旅客吞吐量121.6万人次，其中发运量52.6万人次，同比分别降低9.6%、9.7%。秭归县银杏沱港埠有限责任公司完成滚装汽车量909.2万吨，同比下降15%。四大港务集团2012年主营业务收入19.95亿元，同比上升16%；总成本18亿元，同比上升18%；利润1.3亿元，同比上升1.1%。

● 航运企业生产经营情况

湖北省重点货运企业（含滚装）船舶数量同比增长7%，船舶运力维持不变；水路运输货运量同比降低2.6%，货运周转量比去年同期上升11%，液货危险品运输、滚装运输货运量和货运周转量增长幅度较快；企业运输收入降低12.8%，运输成本同比下降5%，利润下降88.9%。重点客运企业船舶数量同比增长23%；水路运输客运量同比增长17%，客运周转量比去年同期上升9.8%；企业运输收入降低20.6%，运输成本同比上升19.8%，利润增长27%。主要是高速客船利润率增长较快。

3 基础设施建设

2012年，全省港航建设完成投资63亿元，为年度目标140%，与去年同期比增长24.23%。全年新开工项目23个，在建项目达到93个，总规模突破250亿元，“十二五”规划的重点港航项目全部开工建设。

● 航道建设与养护

至2012年底，全省通航里程为8 464.55公里（含境内长江1 037.9公里），其中一级航道269.4公里，二级航道768.5公里，三级航道224.4公里，四级航道520.9公里，五级航道为1 064.5公里。主要变化为汉江汉川—丰口头100公里航道通过整治工程航道等级由四级提升为三级，其余航道里程无变化。汉江仙桃以下1 000吨级航道整治工程基本完工并达标。

引江济汉通航工程。高石碑船闸主体工程已经建设完成，船闸主体工程（一、二期）已完成，目前启闭机房施工，土方墙后回填。累计完成混凝土90 000方，土方开挖86万立方米，土方回填60万立方米。引航道完成开挖250万立方米，回填完成15万立方米。龙洲垸船闸主体结构完成，累计混凝土完成102 708立方米，土方开挖完成130万立方米，土方回填完成54万立方米。引航道完成开挖153万立方米，土方回填40万立方米，累计完成投资15.4亿元。

汉江兴隆至汉川航道整治工程。截至2012年底，汉江汉川—丰口头100公里航道整治工程基本完工。累计完成工程量情况为护滩带（丁坝）工程沉D型排完成252万平方米，护滩带（丁坝）工程抛石完成78万立方米；护岸工程沉丙纶布排完成101万平方米，抛石护脚完成82万立方米，护岸工程沉D型排护底完成76万平方米；填槽工程完成11万立方米，疏浚工程完成58万立方米。累计完成投资5.5亿元。

● 港口建设

先后开工了武汉新港核心工程阳逻港区三作业区集装箱一期工程、宜昌港主城港区白洋作业区一期工程、黄石港棋盘洲港区二期工程等23个项目；宜昌港主城港区云池作业区二期工程、荆州港盐卡港区三期多用途码头工程、黄石港棋盘洲港区一期7~9号码头工程、黄冈楚江综合码头工程水工部分基本建成；荆州港松滋港区车阳河综合码头工程、武穴件杂货综合码头工程、武汉新港三江港区武钢集团鄂钢矿石、钢铁码头工程等码头项目基本建成。

● 支持保障系统建设

建设完成了湖北省运政港政管理系统，该系统整合已有的行政许可审批系统，并新增包括港政管理、水路运输管理等相关业务功能，取代了人工台账和人工审批；推广使用湖北省水上搜救应急管理系统，该系统涵盖了视频监控、应急指挥、预警接警等各大业务功能，与安全管理日常业务息息相关；推广使用湖北省船检发证系统（VIMS），利用船检发证系统VIMS5.03集中版技术平台，在全省建立VIMS5.03系统网上监控制度，成功实施船检发证系统网上监控、登记号授号、吨位丈量管理系统三方面联动审核的新机制。

4 公共服务与管理

4.1 水路运输服务与管理

启用运政港政管理信息系统。截至2012年底，系统内已录入航运企业及个体户1 044家，运输船舶3 885艘，港口经营企业650家，航运企业管理人员1 934人，港口企业管理人员1 702人。在数据录入的基础上，系统顺利通过试运行，启用了部分审批、制证功能，正式在全省港航海事管理机构“服役”。系统的正式运行大大提高了全省水路运政港政管理的工作效率，提升了服务能力和水平。

结构调整稳步推进。核准长江干线船型标准化拆解改造船舶910艘，实际完成拆解改造船舶700艘，拆改率为77%，下拨船型标准化补贴资金3.3亿，吸引了企业和社会投资30余亿元用于新建船舶，促进运力结构优化。积极推动汉江及江汉运河运输船舶标准船型主尺度编制工作。

资质核查全面加强。全省共核查航运企业450家、个体户1 075家、服务企业176家；核查船舶4 545艘、468万总吨。核查期间，全省共对24家企业、15家个体户提出了资质整改要求；有33家企业、137家个体户未通过本次资质核查。开展全省船舶管理市场清理整治工作。管理船舶106艘，其中化学品船13艘、油船17艘、散货船16艘、其他货船60艘。

积极培育和壮大水路运输市场。积极推进涉外旅游船更新换代。按照退一进一的原则，共新增液货危险品船14艘、5万载重吨运力指标。湖北宜昌新高湖滚装客船公司开通奉节至宜昌滚装旅游客船已获得交通运输部批准，预计首批旅游滚装客船将于2013年初下水投入运营。武汉至上海洋山集装箱江海直达航线日趋成熟，目前共有13艘250~300TEU船舶，可保证每周8班次武汉至洋山江海直达航线运输。

4.2 港口行政管理

对全省港口经营人经营资质情况开展年度核查。采取实地检查与材料审查相结合的形式，共核查港口企业740家（其中危险货物港口企业93家），对101家企业提出了整改要求，取消了20家企业的港口经营资质。

积极组织开展港口危险品安全监管职责交接工作。涉及危险货物安全监管交接任务的有武汉、宜昌、荆州、咸宁、鄂州、仙桃，其中武汉、荆州两地涉及危货码头、灌区等情况相对复杂，相关职责交接工作正在有序推进，其他四个已完成交接任务。

有序开展港口危险货物建设项目安全条件审查。确立了湖北省港口危险货物建设项目安全审查的程序和模式，荆州江陵石化项目港口安全条件审查顺利通过。做好港口危险化学品安全管理配套法规宣贯学习工作。

4.3　水上安全保障与监管

船舶、船员、船公司管理。进一步规范船舶登记工作业务流程，开展船舶登记等基础业务专项检查，确保船舶技术资料齐全有效并船证相符；加强船舶签证管理，通过船舶签证以实现监控船舶动态和把住船舶适航关两大功能。加强船员培训、考试，考官和船员适任评估员管理，提高船舶培训质量和考试评估质量。加强宣传教育，提高船员安全意识。继续以提高审核质量、注重审核实效为主线，全面推进公司SMS的有效运行。同时加强航运企业指标体系考评，推进风险等级评价机制和差异化管理。

客渡船、渡口管理。继续推进老旧渡船更新改造，加大对客渡船舶适航状况排查力度，对船龄超过20年的船舶，动员船主进行更新，提高渡船安全技术条件。核查客渡船舶乘客定额，所有客渡船按现行规范配备救生设备。继续在全省择优评选20处省级文明示范渡口，促进全省渡口安全文明渡运。开展客渡船舶安全专项检查活动，出动车、船1 530次，人员4 596人次，排查和消除各类隐患1 768处。对全省113处隐患实行分级挂牌督办，应城市南垸渡口“三无”汽渡船非法渡运、黄家场渡口汽渡已过强制报废年限非法渡运等15处由省局挂牌跟踪重点隐患得到有效整改。

重点治理“五船五区”。以砂石运输船、客（汽）渡船、“三无”船舶、“农用船”、危险品船为重点，严厉打击砂石船超载运输、客渡船冒险航行、“三无”船舶和农用船非法载客、危险品船不按规定申报等违法行为。加大巡航执法和监管力度，制定现场巡查制度，重点维护客汽渡渡运区、水上水下活动区域、通航密集区、干支交汇水域、事故多发区通航秩序。巩固渡口渡船安全管理专项整治、船舶超载运输专项整治、砂石船专项整治、船舶配员和船员证书专项整治活动成果。

提升预防预控和应急反应能力。加强对辖区水上安全规律的研究，强化针对性监管措施。继续深化安全隐患排查整改力度，严格落实水上交通安全隐患整治“五项制度”、切实“五到位”。严格按照“四不放过”的原则，严肃处理事故责任者。推动地方政府落实水上搜救的主体责任，建立健全应急指挥体系和水上搜救工作机制；分级推动地方政府将搜救奖励、演练、培训等经费纳入地方财政预算；进一步完善应急预案，加强预案的演练和评估，对预案实行动态管理；推广荆州试点经验，在“一江十六湖”重点水域组建搜救志愿者队伍，壮大搜救力量，提高搜救效能；在辖区深入开展“科学搜救年”、“机制创新年”活动。

4.4　政府信息化服务与管理

2012年，省港航局对全省水路网络进行了升级改造，将省局—市局的线路升级为4M电信数据专线。市局至下属收费站点部分线路升级为2M联通数据专线。为“十二五”信息化规划中建设全省交通光纤数字传输网奠定了坚实的基础。湖北省运政港政管理系统、湖北省水上搜救应急管理系统、湖北省船检发证系统在业务部门启用，全面提升了业务处理信息化水平。

5 2013年发展重点和主要措施

抓水运发展的同时，将构建综合运输摆在更加突出的位置。充分融入综合运输体系规划，在《武汉长江中游航运中心发展规划纲要》、《湖北省内河航运发展规划》编修中，要与公路、铁路的发展规划有机衔接，做到港口与园区、集疏运通道配套。建设综合运输试点港区，试点选取工业园、物流园配套的主要港区，研究优化港口和工业园、物流园对接方案。发展多式联运，推动铁路部门加快宜昌云池港、黄石棋盘洲港等主要港口重点港区的铁路通道建设，争取武汉新港集装箱铁水联运纳入部示范建设项目。

抓项目前期的同时，将建设管理摆在更加突出的位置。加快项目建设进度，积极做好“十二五”规划中期调整，力争武汉新港三江港区综合码头工程等20个项目开工建设；力争引江济汉通航工程等6个航道项目、荆州港李埠港区一期综合码头等16个港口项目的主体工程基本完工。深化工程建设标准化管理，建立健全常态、长效机制。规范建设市场主体行为，严格执行水运工程基本建设程序，加强对从业单位的动态管理，巩固招投标领域专项清理成果，督促从业单位诚信履约。

抓港航建设的同时，将养护管理摆在更加突出的位置。加大汉江主通道维护力度，加大航道设标密度并增设发光航标，提高巡航频率及设标改槽等航道维护水平。切实保护航道资源，严格执行涉航项目审批，积极做好项目审批管理的后续跟踪。提升航道应急抢通能力，完善枯水期航道应急维护实施方案，研究切合实际的应急保通措施，重点解决船舶滞留与应急抢通工作的有效衔接问题，做好水情变化的预研预判工作。

抓规模提升的同时，将低碳绿色摆在更加突出的位置。加快船型标准化，加快老旧船舶和高能耗、高污染船舶的更新、改造，鼓励研发建造清洁、高效、节能的标准船舶。打造绿色航运品牌，推进丹江库区、梁子湖绿色航运示范区建设，研究LNG等清洁燃料在示范区客船上的应用，建设绿色生态航道和水运示范线路。推进船舶和港口节能减排，支持船舶使用岸电，加强对重点水域库区流动污染源的监管，健全船舶油污和垃圾接收管理制度。注重工程环保，将环境保护作为工程建设的一项重要内容，做到“施工时最小程度破坏，施工后最大限度恢复”。

抓自身建设的同时，将软实力提升摆在更加突出的位置。加快信息化建设，建设搜救应急系统二期工程，建成16个市州搜救应急指挥分中心，布设49个固定视频监控点和32个移动视频监控点，为900余艘客渡船安装定位及监控设备。加强人才队伍建设，加强行业培训、在职教育和职业资格培训。深化水运文化建设，全系统推进“六型”文明示范窗口创建，推进文明单位全覆盖。

（湖北省港航管理局）

报告7

2012年重庆市水运发展综述

1 政策环境综述

2012年，中央、重庆地方出台了一系列政策，支持水运发展，加快重庆长江上游航运中心建设。《“十二五”综合交通运输体系规划》明确在“十二五”末将重庆打造为全国性综合交通枢纽，基本建成重庆长江上游航运中心。重庆市政府高度重视水运发展，研究出台多项支持政策：对通过重庆航运交易所交易平台完成的航运业务收入免征营业税；发布《重庆市人民政府关于加快发展长江邮轮旅游的意见》，加大长江三峡旅游基础设施建设投入、提升长江邮轮品质，计划在2015年底形成长江三峡游轮母港构架；对集装箱码头作业费继续执行财政补贴政策，补贴范围由寸滩港扩大到全市公共集装箱码头；对船舶制造企业出台相关扶持政策，提振船舶工业发展。

2012年，全市水路货运量、港口吞吐量双双继续突破亿吨大关，巩固了亿吨大港地位。港口货物吞吐能力达到1.5亿吨，集装箱吞吐能力达到300万TEU。货运周转量占全国内河的25%、船舶运能标准化率达65%、货运船舶平均吨位2 000吨、货运船舶平均单位能耗2.6千克/（千吨·千米）、水运平均运距约1 300公里、水路运输方式齐全度、船舶研发自主创新能力、豪华邮轮发展等指标全国内河领先，长江上游航运中心建设得到全面加快。

2 行业运行概况

2.1 水运经济总体运行态势

2012年，全市完成货运量1.28亿吨，同比增长9.5%；货运周转量1 740亿吨公里，同比增长11.7%；完成集装箱货运量66.1万TEU，同比增长6%；完成商品汽车货运量26.3万辆，同比下降2.6%；完成重载汽车货运量13.6万辆，同比下降3.5%。完成客运量1 255.6万人，同比下降5%，客运周转量11.3亿人公里，同比增长2.3%。全市完成港口吞吐量1.25亿吨，同比增长7.7%；外贸吞吐量409万吨，同比增长16.9%。完成集装箱吞吐量79.55万

TEU，同比增长16.3%。完成商品汽车吞吐量35.6万辆，同比增长3.6%；完成重载汽车吞吐量24.92万辆，同比下降6.8%。

2.2 水运企业经营状况

截至2012年底，全市航运企业332家。其中，专业化的集装箱运输企业25家，液货危险品运输企业15家，载货汽车滚装运输企业10家，豪华游轮运输企业6家。目前，重庆上市水运企业已达3家，10万吨以上运力的企业发展到12家，20万吨以上运力的企业发展到3家全市运输船舶4 011艘、581万载重吨。其中，货运船舶2 560艘，567万载重吨。

2012年，全市水路货物运输市场运行总体平稳，但水运市场细分明显，不同运输方式的效益差别较大。总体看，由于整体运输需求的下降，干散货船运力过剩严重，导致运价持续低位运行，如重庆—江苏各及上海的干散货运价在30元/吨左右，上水上海、江苏各港—重庆的运价在60~70元/吨之间，干散货运价处于历史低位。干散货航运企业效益下滑，处境艰难。而集装箱、化学品、成品油、重载滚装等专业化运输方式运价总体稳定，企业效益相对稳定。

2.3 水上交通安全形势

2012年，重庆水上安全形势继续保持稳定。全市长江干线及支流共发生一般及以上等级事故5.5起，死亡失踪6人，沉船4艘。全市地方水域发生一般等级以上水上交通事故1起（10月2日“友发号”砂船事故），沉船1艘，与去年同期相比，事故件数下降80%，沉船艘数下降75%，地方水域继续保持“零死亡”。全市水上交通已连续114个月未发生一次性死亡失踪10人以上的重特大事故，连续119个月未发生重大船舶污染事故，地方水域连续两年保持“零死亡”，确保了水上安全形势总体平稳。

3 基础设施建设

2012年，重庆市水运基础设施建设完成投资30.7亿元，为年计划的102%。

航道建设。2012年，航道及航电枢纽建设完成投资11.1亿元。嘉陵江草街航电枢纽主体工程建成，渠化航道180公里，其中：嘉陵江70公里，涪江20公里，渠江88公里。乌江银盘枢纽完成主体工程建设投产发电，初期蓄水至209米，渠化航道48公里。嘉陵江草街至河口68公里航道整治三期工程（井口至河口25公里航道治理）、乌江河口至白马段45公里航道建设工程等项目顺利推进。全市航道总里程达到4 451公里，其中四级及以上航道里程实际达到1 400公里。

港口建设。2012年，新开工长寿长航钢城等港口工程，主城果园港二期前沿主体工程基本完成，港口建设完成投资19.1亿元。全年新增港口货物吞吐能力500万吨，集装箱吞吐能力60万TEU，到2012年底，全市港口货物通过能力达到1.5亿吨，集装箱实际通过

能力达到300万TEU。大型化、专业化、机械化港口群初步形成，成为带动临港工业、促进区域经济发展的重要引擎；航道通过能力显著提高，5 000吨级船舶可常年抵达主城港区，库区10余条主要支流1 000吨级船舶常年通达，支流对干流的货运贡献率达到20%；重庆已成为长江上游唯一拥有水运一类口岸和全国内陆首个保税港区的地区。

支持保障系统。完成了嘉陵江河口至草街沿江石门信号台、黄花园大桥、渝澳大桥、磁器口、草街沱信号台、北碚庙嘴、草街小龙门等7处视频监控点建设，并接入地方海事视频监控平台。完成了曾家岩水上应急基地VHF机房建设，黑石盘、施家梁VHF基站的建设，进一步完善了VHF通信系统及视频监控系统。

4　公共服务与管理

一是积极推行便民措施，精简了审批项目21项，办理各类港航业务18 000余件次，办结率100%，满意度98%。二是投入约5亿元实施渡口、客渡船、短途客船更新改造，让老百姓乘上了放心船、过上了平安渡。三是争取市政府出台了《关于进一步加快重庆水运发展的意见》，明确了加快水运发展的一系列政策措施。四是累计协调集装箱快班轮优先过闸3 500余班次，保障了重点物资运输。五是为16家水运企业推荐标准化船舶建造贷款5.5亿元。六是全国内河首家航运交易所挂牌运行。各类信息平台建成投用，年度交易额突破40亿元。七是水运地方法规体系基本建成，为依法行政，引导行业健康发展提供了有力保障。

5　2013年发展重点和主要措施

2013年，预计长江上游地区工业化及城市化进程将快速推进，长江航运市场将保持总体上升趋势。预计全市水运建设计划投资将完成32亿，新增港口通过能力600万吨，集装箱吞吐能力50万TEU；完成水路货运量1.4亿吨左右，港口吞吐量1.35亿吨左右，集装箱港口吞吐量100万TEU。

2013年全市水运工作将坚持以科学发展观和十八大精神为指导，坚持以转方式、调结构为主线，坚持以“强安全、促发展、优服务”为总基调，坚持标本兼治，着力推进水运安全形势持续向好；坚持又好又快着力推进重大基础设施建设；坚持结构调整，着力推进水运转型发展；坚持务实高效，着力加强行业管理；坚持创新驱动，着力推进信息化建设；坚持服务为先，着力帮助企业脱困发展；坚持依法行政，着力推进水运法制建设；坚持低碳水运，着力推进绿色发展；坚持以人为本，着力推进人才强航战略。

（重庆市港航管理局）

报告8

2012年四川省水运发展综述

1 政策环境综述

2012年3月15日，四川省人民政府制发《关于加快长江等内河水运发展的实施意见》（川府发〔2012〕9号，以下简称《实施意见》），这是新中国成立以来省政府第一个专项支持水运发展的综合性文件，对于重振四川水运、支撑西部综合交通枢纽建设具有重大历史意义。《实施意见》提出的主要发展目标包括：到2015年，四级及以上高等级航道达到1 209公里，港口货物吞吐能力达到1.1亿吨，其中集装箱吞吐能力超过250万TEU，力争全省水路年货运量突破1亿吨；到2020年，四级及以上高等级航道达到1 645公里，港口货物吞吐能力达到1.5亿吨，其中集装箱吞吐能力超过400万TEU，全省水路年货运量达到1.3亿吨。《实施意见》提出了科学统筹规划、加大资金投入、实行用地优惠政策、实行税费优惠政策、保护和合理利用航道港口资源等八项保障措施，特别是《实施意见》明确省级财政设立水运发展专项资金，并逐年增加，将为引领带动水运基础设施建设，加强养护和水运市场培育创造更好的条件。泸州、宜宾、广安、南充、眉山等市人民政府也相继出台贯彻省政府9号文件的实施意见。

2 行业运行概况

2.1 水运经济总体运行态势

2012年，全省完成水路货运量7 161万吨、货物周转量103.7亿吨公里，同比分别增长12.47%和14.99%。全省完成水路客运量3 276万人、旅客周转量2.7亿人公里，同比分别增长6.26%和3.84%。其中：大件运输完成170批次，4.04万吨，同比分别减少7.61%和增加2.04%。

全省现有港口17个，其中规模以上港口6个；泊位数2 164个，其中千吨级泊位53个，港口货物吞吐能力8 915万吨。2012年，全省港口累计完成货物吞吐量7 705万吨，同比增长9.4%，其中泸州港、宜宾港货物吞吐量分别完成2 348万吨、1 229万吨。完成集装箱吞

吐量16.05万TEU，同比增长47.79%。

2.2　水运企业经营状况

2012年，全省拥有运输船舶8 885艘、1 041 231吨、96 997客座、494 856千瓦、4 988TEU，同比分别增长2.22%、9.63%、-7.31%、13.57%、27.67%。全省共有省际水运企业88家，其中：载重吨1万吨以上的水运企业有22家；新开业省际水运企业11家，由省内运输扩大为省际运输的企业2家。全省拥有省际船舶运力639艘、75万载重吨，平均吨位达1 174吨，较2011年底船舶数量减少6艘、吨位增加8.7万吨、平均吨位增加145吨。新投入营运1 000载重吨以上标准船舶38艘，8.99万载重吨，全省1 000载重吨以上的营运船舶达284艘、63.36万吨，平均吨位达2 231吨。

2.3　水上交通安全形势

2012年，全省发生考核范围内运输船舶水上交通安全事故7起、死亡9人、经济损失372万元，分别占年控指标的3.04%、7.63%、31.08%。7起事故分别发生在嘉陵江（3起）、沱江（1起）、渠江（1起）、长江（1起）、金沙江（1起），其中涉砂船舶事故5起、占事故总数的71.4%，砂石船等辖区重大安全隐患始终客观存在，辖区通航安全形势依然严峻。

3　基础设施建设

2012年，全省水路交通运输固定资产投资累计完成47.7亿元，同比增长89.6%，超年度计划36.3%。其中，航道建设完成投资35.66亿元，港口建设完成投资12.05亿元，同比分别增长117.31%、37.71%。全省等级航道4 037公里，占总里程的34%，四级以上航道达到1 001公里。截至2012年底，全省现有港口泊位1 217个，1 000吨级泊位53个，港口货物吞吐能力达到8 915万吨，水路集装箱在建和已建规模达到233万TEU，其中，吞吐能力达到165万TEU。

航道建设。嘉陵江渠化工程在建枢纽加快推进，基本建成苍溪航电枢纽，渠化四级航道11公里；亭子口枢纽工程建设有序推进；渠江四九滩至丹溪口航道整治工程和富流滩船闸改造工程加快推进。岷江港航电综合开发前期工作取得突破性进展，加快推进嘉陵江川境段航运配套工程、渠江风洞子航电枢纽和渠江达州至广安段航运配套工程前期工作。

港口建设。除乐山港外，全省水运重点发展的“六港”已全部有集装箱码头建成或在建。泸州港多用途码头二期续建工程建成，泸州港集装箱吞吐能力达到100万TEU；宜宾港志城作业区一期工程努力打造具有综合功能的作业区，正在进行重大件泊位、散货泊位的前期工作；广安港新东门作业区一期工程已建成5号、6号泊位，具备15万TEU集装箱吞吐能力；南充港都京作业区一期工程和广元港红岩作业区一期工程建设进展顺利。

民生工程和支撑保障系统基础设施建设。继续大力推进公益性渡口建设，全省安排建设公益性渡口码头210个，更新改造渡船126艘，建设渡改人行桥143座，初步改善了渡口的落后面貌和沿江沿河群众出行条件。继续加大水上安全基础设施设备投入力度，全省水上安全基础设施设备建设部省补助资金达1.5亿元，建造海巡艇40艘，应急抢险救助艇3艘，航道工程和航政船2艘，建设码头视频和船载视频418个，安全监管执法和应急处置能力得到进一步提升。

4 公共服务与管理

4.1 港口航道行政管理

● 加强港口危险货物安全监管

开展港口危险货物监管调查工作，初步掌握港口危险货物泊位、储罐、堆场及安全管理人员配备等情况。全面贯彻实施《水路运输易流态化固体散装货物安全管理规定》，加强全省易流态化固体散装货物港口作业安全管理工作。按照《关于明确港口危险化学品安全监督管理若干问题的通知》要求，进一步加强港口危险货物报告工作。组织开展2012年全省危险货物港口作业企业经营资质核查工作。编制《四川省交通运输厅航务管理局港口危险货物事故应急预案》。推广应用港口管理信息系统。

● 加强重点港口业务经营指导

泸州港保税仓库、出口监管仓通过海关验收，监管平台“两仓”管理系统投入使用；推动“港园城”互动发展战略合作；推动云南企业与泸州港合作开展铁水联运。宜宾港水运口岸迁建项目通过省政府验收并正式开放运行，与重庆集海船运公司、达飞轮船中国有限公司分别就宜宾—上海集装箱内支线班轮项目、宜宾港江海联运项目签订合作协议；与重庆港开展“水水中转”合作，引入了长航、太平洋、集海等船公司到宜宾港开展集装箱运输业务。

4.2 海事监管与服务

● 水上交通安全保障能力建设

深入实施《四川省水上交通安全约谈管理制度》，强化航运公司安全管理体系审核，受理公司、船舶审核申请4次，参加审核员10人次。试点开展水运企业安全生产标准化建设工作，督促落实企业安全生产主体责任。强化水上水下施工监管工作。

开展全省停泊水域及锚地设置条件研究，建立全省停泊水域和锚地资料，切实加强辖区停泊水域、锚地锚泊船舶的安全监管。强化海巡为主、岸巡为辅的水陆联动监管机制，充分利用码头及船载视频系统，加强了对学生渡、赶场渡、旅游水域、船舶密集区、桥区、施工作业区、交通管制区、干支流交汇水域和主要险滩水域等重点水域的巡航巡查力度和频次，及时处置发现的违法行为、事故和险情，确保了重点时期水上交通安全形势的持续稳定。

配合部海事局在长江四川段、岷江开展船舶自动识别系统（AIS）安装工作，内河AIS岸台网络系统一期工程项目建设通过部局验收。加快辖区码头及船载视频建设进度，重点安装日均流量300人以上的渡口码头和乘客定额30人以上的客渡船。目前全省视频监控点累计达1 365个，其中码头视频606个、船载视频759个，初步形成重点渡口码头（港区、水域）视频、重点船舶（渡船）船载视频和常规海巡艇互为补充的现代化水上监管系统框架。

积极创新水上交通应急救援机制，成立水上应急救援小分队，应对突发事件的应急救援能力得到进一步提升。完成“2012年省级防灾救灾综合实战演练”和省交通运输厅2012年“安全生产月”、2012自贡沱江水上应急搜救演练动。

● 海事监管服务

强化海事监管业务，不断提升海事全面履职能力。全年组织4次通航、船舶、船员、危防海事业务知识更新培训，有效提高海事执法人员业务水平。召开砂石运输船安全管理座谈会，规范砂石运输行为和运输秩序。强化船舶安检工作，全面推广船舶动态管理系统2.0应用，出川船舶全部使用动态管理系统办理船舶签证业务。加强危险品船舶和危险品码头现场监管。强化船员操作性和证书检查，对培训机构培训过程实施全程监管，全年共接受1 406人参加各类适任考试，发放及换发新版适任证书4 364本。强化安全风险防范，推进水上交通安全生产领域“打非治违”专项行动。建立重点水工工程现场巡航值守制度，全年组织28项水工建设项目通航安全评审。继续实施对船员培训机构财政补助政策，全省第一家船员服务机构成立。

全省现有各类船舶39 686艘，其中海事登记的有14 416艘（客船、客渡船4 909艘），乡镇登记的自用船有25 270艘（未含渔船）；注册船员19 915人，有12 005名持有各类机动船舶船员适任证书，其中一类船员938人，二类船员2 338人，三类船员8 729人。全年海巡艇巡航29 838艘次，巡航里程159 991公里；船舶进出港签证3 648 881艘次；船舶安全检查42 412艘次，滞留船舶241艘次；水上交通行政处罚1 272件，其中罚款1 068件，罚款数额204.7万元；各级海事机构参与水上搜救59次，遇险人数301人，292人获救，搜救有效率达97%。

4.3　水路运政管理与服务

培育水运市场。建立重点港航企业联系制度和帮扶港航企业长效机制，制定并印发了《四川省交通运输厅航务管理局重点港航企业联系制度》，选取了四川长通港口有限公司等14家重点港航企业对口联系和服务，定期走访了解企业生产经营状况。建立水运市场分析季报制度，定期监测、分析和公布水运市场运行情况。继续实施集装箱快班轮申报制度。

调整水路运输结构。落实交通运输部《关于进一步规范货主投资国内航运业的公告》要求，引导大型骨干航运企业合资设立航运企业，建立合作双赢长效机制。支持发展长江干线及干支直达运输企业，引导个体船舶公司化经营。支持发展大型化、标准化、专业化船舶，过闸船舶标准化率达58.7%，较2011年底增加20个百分点。

水运市场监管。出台加强水路客运市场管理的指导意见，严格水路客运企业及客渡船市场准入；出台完善管理促进水路运输业健康平稳发展的实施意见，加强水路运输管理工作；实施液货危险品船和普货船运输市场调控措施，严格控制新增经营主体和运输船舶；全面清理通过三峡船闸的单壳化学品船和600总吨以下的普货船，对不参与拆解的600总吨以下非标准船舶限制在长江三峡大坝以上经营，及时换发相关船舶的营运证。全面开展全省水路运输业及水路运输服务业核查工作，共核查水运企业154家、水运服务企业14家、个体（联户）经营者5 660户、运输船舶9 614艘。落实水运企业经营资质预警及动态监管制度，加强水运企业及运输船舶日常经营行为的监督检查，开展了水路运政交叉大检查活动，重点检查了企业和船舶经营资质保持情况、各项制度落实情况等。开展危险品水运企业经营资质及船舶的专项检查，检查省际水路液货危险品运输企业3家，液体散装危险品船7艘、6 441载重吨。

水路运输保障服务。假日水路旅客运输组织保障中，精心组织、合理调配运力、强化现场监管，实施春运工作评价考核制度。春运期间，全省日均投放客（渡）船3 209艘、10.25万客位，共完成旅客运输量920.78万人次；中秋、国庆假日期间，全省日均投放客（渡）船3 320艘、8.65万客位，共完成旅客运输量203万人次。葛洲坝及三峡船闸检修期间，完善应急预案，现场协调，强化动态跟踪管理，确保了77艘重点急运物资船舶和144艘集装箱快班轮优先过闸。继续做好农村水路客运油价补贴工作，开展农村水路客运燃油补贴调研和《四川省农村水路客（渡）船燃料消耗量限值及测量方法研究》课题研究。

4.4 科技创新与信息化

加大科研课题研究和科技创新力度。完成厅级科研项目《钢质与纤维增强塑料复合船体工艺研究》、《四川省农村水路客（渡）船燃料消耗量限值及测量方法研究》，完成局级科研项目《嘉陵江运输船舶船型研究与示范应用》、《四川省海巡搜救艇标准系列研究》、《泸宜乐港口物流发展战略研究》、《四川省船舶停泊水域（锚地）设置条件研究》、《利泽蓄水位影响桐子壕航电枢纽研究》、《渠江水运市场现状与发展对策研究》和《岷江运输船舶标准船型主尺度系列研究》。《国家高等级航道网通航枢纽与船闸水力学创新研究及实践》获得国家科学技术进步二等奖，《高原过渡区路面结构与施工技术的研究》、《地震多发区山区公路地质灾害危险性评估技术研究》两项目获四川省科技进步三等奖。船舶设计图报审工作中注重新技术、新设备、新材料的应用。船舶制造中高强度钢焊接、陶瓷垫板焊等达到先进工艺水平并已由试用向普遍使用发展。

推动水路运政管理和港口管理信息化。推广应用全省港口管理信息系统，完成全

省港口经营业务信息采集及数据录入工作。启动四川省水路运政管理信息系统的开发工作，预计2013年4月投入试运行。

4.5　节能减排工作

制定并印发了《四川省水路运输行业2012年节能减排工作要点》，组织主要港航企业参加万家企业节能低碳行动，继续深入开展“车船路港”千家企业低碳交通运输专项行动和2012年节能宣传周活动。积极开展LNG动力船应用前期工作。完成长江重点水运企业及其运输船舶能耗情况调查统计工作。

5　2013年发展重点和主要措施

2013年，四川水运计划投入48亿元加快推进一批支撑性、关键性的重点水运项目建设。加快推进岷江港航电综合开发，争取开工犍为枢纽，年底前再开工一个枢纽；加快亭子口枢纽建设，实现嘉陵江四川段规划枢纽建成12级，在建1级；启动嘉陵江航运配套工程；加快推进渠江四九滩—丹溪口航道整治和富流滩船闸改扩建工程；积极配合长江航务管理局开展长江宜宾—重庆段中洪水期航道维护水深提高至3.7米试运行工作；全省四级以上航道达到1 157公里，其中三级以上达到384公里。南充港都京作业区一期工程年内实现开港试运行，新增港口集装箱吞吐能力28万TEU；完善广安港新东门作业区一期工程后续4个泊位建设，再新增港口集装箱吞吐能力25万TEU，全省港口集装箱吞吐能力达到218万TEU；加快建设广元港红岩作业区一期工程；鼓励引导民营资本投资泸州、宜宾以及金沙江向家坝库区等地港航基础设施建设。继续开展民生工程建设，深入实施公益性渡口、渡改人行桥和涉水点建人行桥项目，建设公益性渡口200个，候船设施60个，渡改人行桥100座，更新改造渡船184艘，建造海巡艇40艘。

2013年，四川省港航管理机构将从规划、政策、资金等方面促进四川水运加快发展。结合当前形势总结“十二五”前阶段规划执行情况，合理优化调整“十二五”水运重点建设项目，力争将广元港红岩作业区一期工程、渠江风洞子航电枢纽等省内重点建设项目调整纳入交通运输部“十二五”规划；继续推进长江干线川境段等级提升研究，加快推进长江宜宾至水富段航道整治工程、岷江港航电综合开发、嘉陵江航运配套工程，渠江风洞子航电枢纽、渠江达州—广安段航运配套工程建设、沱江自贡-泸州段航道建设工程、广元港张家坝作业区等项目前期工作。争取岷江港航电综合开发配套支持政策，加快落实嘉陵江航电枢纽的电价调整的支持政策，为项目建设的顺利开展奠定基础。在航道、港口和支持保障系统建设项目方面争取中央资金更大的支持，引导市、县政府加大水运建设投入和支持力度；发挥省交投集团为代表的投资公司融资平台的融资作用，鼓励社会资金参与水运建设。

（四川省交通运输厅航务管理局）

报告 9

2012年云南省水运发展综述

1　政策环境综述

云南省政府出台了《关于贯彻国务院加快长江等内河水运发展意见的实施意见》（以下简称《实施意见》）。《实施意见》提出云南省水运发展的目标：到“十二五”末，全省航道里程增加30%以上，达到4 000公里，其中，四级以上航道里程达到240公里，五级航道里程达到960公里；全省港口泊位达到220个；全省运输船舶平均吨位比2010年提高50%，全省运输船舶标准化率提升至30%以上，其中，金沙江—长江、右江、澜沧江船型标准化率达到50%以上。构建畅通、高效、平安、绿色的现代内河水运体系，提高水路运输效率和节能减排能力，提升水运安全保障和应急处置能力。《实施意见》提出加快全省内河水运发展的七项基本内容：加快出省出境航道建设，促进区域交流合作；深化航道管养体制改革，加强航道管理养护；加快港口码头建设，发挥港口的水陆运输枢纽作用；加强水运安全监管，提升安全保障能力；强化水运市场监管，规范水运市场秩序；开发库湖区航运，完善区域交通；加强航电协调，促进水资源综合利用。实施意见要求全省各地、各部门要把加快内河水运发展摆在更加突出的位置，纳入各地国民经济和行业发展规划中，努力推动云南内河水运跨越式发展。

2　行业运行概况

2012年，全省完成水路客运量和客运周转量分别为855万人和20 197万人公里，同比增长1.54%和3.11%；完成水路货运量和货运周转量分别为465万吨和87 110万吨公里，同比增长5.92%和6.42%。

全省共有内河运输船舶920艘，净载重吨位111 572吨，总客位数17 482客位，总功率78 105千瓦。其中，客船720艘，11 029载重吨，16 970客位，功率24 565千瓦；货船178艘，100 315载重吨，功率52 091千瓦。与去年同比，船舶总量增加21艘，净载重吨增加16 358吨，总客位数增加7个，总功率增加331千瓦。

水上交通安全持续稳定。从1991年开始至今，云南水运持续保持了22年安全形势的稳定，全省全年未发生重特大安全事故。

3　基础设施建设

水路交通投资进展顺利，景洪港勐罕作业区多用途码头工程、澜沧江海事局工作船码头工程、澜沧江小湾库区航运基础设施工程、澜沧江漫湾库区航运基础设施工程、澜沧江五级航道二期建设工程和澜沧江糯扎度库区翻坝转运码头工程等项目进施工进度明显加快；金沙江向家坝水电站翻坝转运码头工程、糯扎渡库区航运基础设施建设工程、澜沧江中缅界河31公里五级航道建设工程、澜沧江水上搜救系统及西双版纳海事局业务用房建设工程等新项目开工建设。全省水路交通基础设施建设完成投资24 525万，比去年同期25 377万元减少3.36%，从投资结构上看，2012年，水运投资中，内河港口项目完成投资22 205万元、比去年同期增加3.82%，内河航道项目完成投资1 960万元，比去年同期减少12.07%，海事项目完成投资360万元，比去年同期减少79.55%。

截至2012年底，全省有内河港口12个，泊位192个，其中生产性泊位190个（300吨级以上泊位48个，300吨级以下泊位142个），非生产性泊位2个，码头泊位长度9 060米，其中生产性泊位8 840米，非生产性泊位220米。

云南省内河航道通航总里程3 374.76公里，与2011年持平。其中：三级14公里，占总里程的0.41%；四级540.21公里，占总里程的16%；五级295.4公里，占8.75%；六级958.53公里，占28.4%；七级799.33公里，占23.69%；等外级767.29公里，占22.74%。2012年，完成航道疏浚16.21万立方米，水上炸礁192立方米；水下炸礁4 100立方米，完成航道里程牌9座，LED电子显示屏2座。

4　公共服务与管理

4.1　航道维护管理

航道管理养护模式逐步建立。将航道维护分为日常维护和重点维护，航道日常维护由州市航务管理机构负责，省级航道管理机构负责重点维护，全面覆盖了全省的航道维护管理。按照管养分离的模式开展了航道重点养护工程，即重点养护工程完全走市场化道路，按照“管养并重、突出重点、分类维护、保障畅通”的原则，集中有限资金开展重点维护，大幅改善重要航线、重点水域的通航状况，提高了通航保证率。

4.2　港口安全监管

2012年，对景洪港、大理港、水富港等重要港口、港区多次进行安全隐患及应急预案的抽查，全省未发生一起港口安全生产责任事故。

4.3 水上安全监管

加强对重点水域（金沙江、澜沧江、滇池、洱海、漫湾库区、大朝山库区、天生桥库区、鲁布革库区、富宁库区、小湾库区等），重点船舶（“四客一危”、国际航行船），重点时段（春运、黄金周、街天）及重点人员（企业领导、船舶所有人、船员）的管理。春运、汛期和“六月安全月”、中秋、国庆期间，全省投入监督艇330余艘次，投入监督车辆1 164余车次，出动海事执法人员3 900余人次。检查船舶4 600余艘次，检查渡口（码头）419道，召开专题会议180余次，发放宣传资料32 000余份，张贴宣传标语250余条，查处安全隐患334条，整改率为95%以上，确保了人民群众安全出行和节日物资安全运输任务的完成。

深入开展以安全生产“三项行动”、“三项建设”为主题的“安全生产年”活动，结合各项专项整治活动，以“治大隐患、防大事故”为目标，围绕“认识、领导、监管、考核”四个环节，进一步依法依规打击安全生产非法违法行为，促进全省水上交通运输安全保障水平明显提高、安全监管水平明显提升、安全生产秩序明显改善、安全生产形势持续稳定。

开展渡口渡船专项整治。全省512道渡口，完成整治473道，完成率为98.4%，复验收299道，复验完成率58.4%。

4.4 运力结构调整

推进船型标准化工作，制定了《云南省渡口、库（湖）区船舶标准化改造实施方案》。全省标准化船舶新建453艘、改建335艘，分三批实施，第一批完成更新改造259艘，其中新建船舶110艘，改造船舶149艘，完成数占计划数85.5%。第二批更新改造59艘，其中新建42艘，改造17艘。通过船型标准化改造，船舶平均载重吨位由2011年的105.9上升到2012年的121.3，增长率为14.5%。长江干线有货运船舶72艘，净载重吨83 480，总功率23 666千瓦，船舶艘数与全年相比减少3%，载重吨与主机功率与去年同期相比分别增加16%和13%，一批船型先进、技术性能优秀的船舶相继投入运营，船舶科技含量提高，使船舶运营效率得到有效提高。

4.5 节能减排

2012年，运输船舶燃油单耗千吨公里为25.9千克（目标考核为燃油单耗千吨公里34.55千克，实际单耗比目标考核指标低25%），与去年同期相比，减少0.12%；其中客运船舶平均单耗千吨公里为30.85千克，货运船舶平均单耗千吨公里为23.03千克，均达到考核目标要求。

5　2013年发展重点和主要措施

2013年水路固定资产投资将以续建项目为主，新开工项目为辅，其中2012年新建项目澜沧江糯扎渡翻坝转运系统工程、澜沧江糯扎渡库区航运基础设施建设工程、澜沧江中缅界河31公里五级航道建设工程、澜沧江水上搜救系统及西双版纳海事局业务用房建设工程将成为2013年重点续建项目，滇池航运基础设施工程项目有望在2013年开工建设。

水路客运方面，2013年水路运输人数将继续保持稳步增长；随着澜沧江—湄公河国际航线试运行成功，澜沧江—湄公河客运将得到恢复和发展。水路货运方面，向家坝翻坝转运码头的正常运转将带来金沙江—长江水路货物运输的稳步增长；随着澜沧江—湄公河国际航运安全形势的改善，澜沧江—湄公河国际航运将逐步从10.5事件中得到恢复。

2013年，云南省港航管理机构将从规划、政策、资金、安全管理等方面促进云南水运加快发展。以港航投资公司为主体，加快水运工程建设，确保完成2.5亿元，力争实现2.8亿元的投资建设目标；完成金沙江、澜沧江航运的规划修编工作，抓好项目储备，确保“十二五”规划的顺利完成；完善水运工程造价体系和水运建设管理体系。发挥行业主管部门的主导作用，大力发展水上运输，引导、支持航运企业改革和内部组织结构及运力调整，促进常规客运向旅游型及专业化、多元化方向发展，推进集装箱、滚装运输，推动煤、矿等散装专业化运输，确保客货运量保持良好增长势头。继续推进全省渡口、湖（库）区船舶标准化工作，改善全省渡口、湖（库）区船舶技术状况；继续加强渡口、渡船及库区专项整治行动，规范水路运输市场秩序；推进应急搜救能力建设，建立完善搜救体系；确保安全形势保持持续稳定。

（云南省航务管理局）

专题报告篇

专题 1

2012年重点港航企业运输生产经营情况

为掌握长江港航企业运输生产经营情况， 2013年初长江航务管理局会同长江港口协会、长江船东协会，对长航局重点联系企业2012年生产经营情况进行了调研。

（一）航运企业生产经营情况

68家重点航运企业运输生产经营情况，详见表1。

1. 干散货船运输企业

所调查的19家干散货船运输企业半数以上亏损，总体盈利水平大幅下降。19家企业实现主营业务利润2 746万元，比上年减少82.2%；有11家亏损，占57.9%，8家盈利，占42.1%；与上年相比利润增长的企业有2家，减少的有17家。

一是市场供需矛盾突出。一方面运力继续保持增长，19家运输企业共拥有运输船舶1 597艘/234.5万载重吨，分别比上年末减少0.3%和增长4.2%；另一方面市场竞争激烈，份额有所降低，19家运输企业共完成货运量3 243.3万吨，货物周转量406亿吨公里，分别比上年下降8%和2%。

二是运价继续下滑。19家运输企业运输价格在0.025~0.05元/吨公里波动，平均值为0.03元/吨公里，比上年下降6.5%。

三是主营业务成本下降。19家干散货运输企业主营业务总成本11.3亿元，比上年下降4.7%（其中：人力成本下降4.7%，燃油成本下降3.5%），但主营业务总收入12.19亿元，却比上年下降12.9%。据了解，主营业务总成本下降的主要原因是企业采取减少航次，精简职工等措施，从而减少了成本支出。

从调查了解的情况看，实现盈利的企业多具备以下两个方面的特点：一是延伸了产业链，拓展了仓储、配送、物流等服务功能。如有的企业既经营水路干散货运输，又经营港口码头，或经营仓储与公路汽车运输；二是以资本为纽带，与大型货主联合经营，企业在货源和运输价格上得到了保障。

2. 液货危险品船运输企业

所调查的17家液货危险品船运输企业近九成企业盈利，但总体盈利能力有所下降。17家企业主营业务利润1.38亿元，比上年减少20%；有15家盈利，占88.2%，有2家亏损，占11.8%；与上年相比利润增长的企业有6家，减少的11家。

一是运能与运量均保持增长，但运能增长速度明显高于运量增长速度。17家运输企业共拥有液货危险品运输船舶516艘/96.2万载重吨，分别比上年增长5.1%和22.5%，船舶艘数的增长是由于调控措施实施前许可的运力陆续投入营运，船舶吨位的增长是由于船舶以旧更新，新建船舶吨位提高；共完成货运总量1 683万吨、货物总周转量101.5亿吨公里，分别比上年增长5.9%和12.5%。

二是运价略有上升。17家运输企业平均运输价格0.15元/吨公里，比上年增长1.5%。

三是运输成本增长速度明显高于运输收入增长速度。17家企业实现主营业务收入14.8亿元，比上年增长1.9%；主营业务成本12.6万元，比上年增长10.3%（其中人力成本增长6.6%，燃油成本增长11%）。

从调查了解的情况看，液货危险品船运输企业的经营状况明显好于干散货船运输企业。究其原因：运输市场宏观调控成效显现，运力的无序增长的状况2012年有所遏制；实施以旧更新政策，船舶技术经济性能有效提升，吨位明显提高，运输效率明显增强；企业实施兼并重组，企业规模化、集约化经营带来了较好的经济效益，全年通过企业兼并、重组，使液货危险品运输经营主体减少20家。

3. 集装箱船运输企业生产经营情况

所调查的6家集装箱运输企业三分之一以上企业亏损，总体盈利能力下降明显。6家企业实现主营业务利润596万元，与上年相比减少59.6%。4家盈利，占66.7%，2家亏损，占33.3%，上一年度仅1家亏损。

一是运能与运量基本实现同步增长。6家企业共拥有运输船舶146艘/3.6万TEU，分别比上年末减少1.3%和增长6.3%；完成集装箱运输量112.2万TEU，比上年增长5.6%。总体上运输能力大于运输需求，导致船舶航行率有所下降。

二是运输价格略有下降。4家企业平均运输价格0.63元/TEU公里，比上年减少2.7%。

三是运输成本减少幅度高于运输收入减少幅度。4家企业实现主营业务收入7.0亿元，比上年减少3%；主营业务成本6.43亿元，比上年减少8.2%（其中人力成本增加10.8%，燃油成本减少9.4%）。与干散货船运输类似，集装箱船主营业务成本下降主要是运输额度减少，停开船舶、减少航次。

从调查了解的情况看，实现了盈利的企业多具备以下两个方面的特点：一是享受了地方政府的政策扶持，如重庆市政府对通过重庆航运交易所交易的集装箱业务实行了免除3%营业税的政策，并对在重庆市港口装卸的集装箱业务实行装卸价格补贴政策；二是部分既经营干线运输，又经营支线运输的企业，采取了以干线盈利补贴支线亏损的经营

策略，虽然内支线经营亏损，但企业整体经营盈利。

4. 旅客运输企业生产经营情况

所调查的14家旅客运输企业亏损面与上年基本相当，总体盈利能力有所上升。14家企业实现主营业务利润7 508.3万元，比上年增长3.5%，企业实现的利润主要集中在2家涉外旅游客运企业和一家高速客运企业上；6家企业盈利，占42.9%，8家企业亏损，占57.1%，亏损面与上年度持平。

一是运能与运量均出现下降，但运量下降速度明显高于运能下降速度。14家客运企业共拥有运输船舶77艘/31 321客位，与上年相比分别减少4.9%和5.1%；企业共完成客运量89.3万人，客运周转量44 787.5万人公里，分别比上年减少17.1%和15.5%。

二是运输收入与运输成本基本实现同步增长。14家客运企业实现主营业务收入6.06亿元，比上年增长12.5%；主营业务成本5.07亿元，比上年增长11.6%（其中：人力成本增长15.5%，燃油成本增长3.4%）。

从调查了解的情况看，14家客运企业总体上实现的利润较上年增加，究其原因：一是船舶运力结构发生变化，导致客票总体平均价格水平提高，2012年重庆市和湖北省淘汰了一批普通客运船舶，同时新投放6艘/3 000客位大型豪华游轮上线运营，而据调查，新投入的豪华游轮价格保持在2 500～3 000元/人，较建造年份较早的游轮和普通客船的票价提高较多，实现了运输收入的总体增加；二是客运企业经营状况长期低迷，利润基数较低，市场稍有波动，对利润的增长变化影响较大。

5. 载货汽车滚装运输企业生产经营情况

所调查的12家载货汽车滚装运输企业八成以上企业盈利，总体盈利能力下降明显。12家企业实现主营业务利润3 183万元，比上年减少42.5%；2家运输企业亏损，10家运输企业盈利。

一是运力实现零增长，运量有所下降。现有18家载货汽车滚装运输企业共拥有船舶77艘/4 409车位，均与上年持平；被调查的12家企业完成滚装车运输量17万辆，比上年下降4.7%。

二是运输价格下降较大。目前载货汽车滚装运输市场主要受沿江高速公路全线开通的影响，其运输价格基本维持在2 000～3 000元/车，其平均运输价格为2 500元/车，比上年下降8%，较沿江高速公路开通前有了较大幅度的下降。

三是运输收入下降，成本上升。所调查的12家载货汽车滚装运输企业实现主营业务收入8.48亿元，比上年减少10.5%；主营业务成本7.67亿元，比上年增长7.1%（其中人力成本增长9.1%，燃油成本增长3.9%）。

（二）港口企业生产经营情况

长江干线24家重点港口企业生产经营情况，详见表2。

68家重点航运企业运输生产经营情况

表1

企业类别	企业数（家）	船舶数量（艘）	总载重量（万吨）/（万TEU）/（客位）	客（货）运输量（万吨）/（万TEU）/（万辆）	客（货）运输周转量（亿吨公里）/（万人公里）	运输业务收入（亿元）	平均运输价格（元/吨公里）/（元/TEU公里）	运输业务经营成本（亿元）			实现利润（万元）	亏损企业比例（%）
								合计	人力成本	燃油成本		
干散货企业	19	1 597	234.5	3 243.3	406	12.19	0.03	11.3	2.1	6.6	2 746	52.7
液货危险品企业	17	516	96.2	1 683	101.5	14.8	0.15	12.6	3.1	5.6	13 800	11.8
集装箱企业	6	146	3.6	112.2		7	0.63	6.43	1.1	2.4	596	33.3
客运企业	14	77	31 321	89.3	44 787.5	6.06		5.07	1.17	2.28	7 508.3	57.1
载货汽车滚装企业	12	58		17		8.48		7.67	1.4	3.1	3 183	16.7
	比上年同期增减（%）											
干散货企业		-0.3	4.2	-8.0	-2.0	-12.9	-6.5	-4.7	-4.7	-3.5	-82.2	
液货危险品企业		5.1	22.5	5.9	12.5	1.9	1.5	10.3	6.6	11.0	-20.0	
集装箱企业		-1.3	6.3	5.6		-3.0	-2.7	-8.2	10.8	-9.4	-59.6	
客运企业		-4.9	-5.1	-17.1	-15.5	12.5		11.6	15.5	3.4	3.5	
载货汽车滚装企业				-4.7		-10.5	-8.0	7.1	9.1	3.9	-42.5	

长江干线24家重点港口企业生产经营情况

表2

企业类别	货物吞吐量（亿吨）	其中：外贸货物吞吐量（万吨）	集装箱货物吞吐量（万TEU）	主营业务收入（亿元）	主营业务经营成本（亿元）		实现利润（亿元）	亏损企业比例（%）
					合计	其中：装卸成本		
长江干线24家港口企业	6.27	8 735.4	702.5	414.22	382.87	258.6	26.29	12.5
	比上年同期增减（%）							
长江干线24家港口企业	7.6	9.4	15.1	6.2	6.8	8.7	0.4	

所调查的24家港口企业近九成盈利，总体盈利能力与上年基本相当。24家企业实现利润26.29亿元，比上年增长0.4%，其中21家企业实现盈利，占87.5%，有3家亏损，占12.5%。

一是货物吞吐量实现平稳较快增长。24家企业完成货物吞吐总量6.27亿吨，其中外贸货物吞吐量8 735.4万吨，集装箱吞吐总量702.5万TEU，分别比上年增长7.6%、9.4%和15.1%。

二是主营业务收入与主营业务成本基本实现同步增长。24家企业主营业务收入414.22亿元，比上年增长6.2%；主营业务成本382.87亿元，比上年增长6.8%（其中装卸成本258.6亿元，比上年增长8.7%）。

从调查了解的情况看，港口企业生产经营情况总体上比较平稳，且明显好于航运企业，究其原因：一是受益于国家宏观经济形势平稳较快发展环境，装卸作业需求保持平稳较快增长；二是部分港口企业优化了货种结构，通过大力发展新兴产业（集装箱、商品车、石油），有效了弥补了传统大宗货源（煤炭、钢铁）下滑所带来的不利影响，避免了市场风险；三是部分港口企业积极拓展港口服务功能，中转箱量大幅增长，货源进一步丰富；四是部分港口企业采取合作经营，增加效益，实现共赢。

（长江航务管理局运输管理处、长江港口协会、长江船东协会）

专题2

2012年长江水系省际内河液货危险品运输船舶运力分析

2012年长江航务管理局与沿江省市港航管理机构认真贯彻落实交通运输部《关于加强长江液货危险品运输市场宏观调控的公告》精神，强化运输市场管理，优化运输组织结构，维护市场供求关系稳定，液货危险品运输市场整体发展水平得到提升。

截止2012年底，长江水系省际内河液货危险品运输企业共有252家、船舶4 110艘/287.1万载重吨，分别比上年末减少6.0%和增加15.4%。其中：油船2 292艘/净载重量159.3万吨，分别比上年末减少7.8%和增加8%；散装化学品船1 594艘/净载重量66.8万吨，分别比上年末减少7.7%和2.6%；油/化两用船181艘/净载重量59.7万吨，分别比上年末增加57.4%和58.5%；液化气体船43艘/载气量18 851立方米，均与上年末持平。全年通过企业兼并、重组，使液货危险品运输经营主体减少20家，采取以旧换新、以拆换新方式更新船舶运力199艘/47.67万载重吨。

从经营主体来看，2012年经营长江水系省际液货危险品运输的企业252家，比上年末减少7.3%；企业平均运力规模为16.3艘/家、11 391.2载重吨/家，分别比上年末增加5.4%和24.6%。

从经营范围来看，经营长江干线省际内河液货危险品运输企业41家，比上年末增加2.5%，拥有运输船舶287艘，847 898.5载重吨，分别比上年末增加21.7%和28.6%。其中油船109艘，247 732.5载重吨，散装化学品船28艘，67 782.8载重吨，油/化两用船150艘，533 150.3载重吨。其余211家企业均为经营长江中下游干线及支流省际液货危险品运输。

从运力分布来看，2012年长江水系省际内河液货危险品运输船舶的运输能力排在前三位的依次为江苏省119.1万吨、重庆市40万吨和长航集团39.8万吨。其合计液货危险品船舶运力占长江水系总运输能力的69.3%。

从船舶的平均吨位来看，2012年长江水系省际液货危险品运输的平均吨位达699.6载重吨/艘，比上年末增加41%。其中：自航油船656.7载重吨/艘；油驳874.6载重吨/艘；散装化学品船419.5载重吨/艘；油/化两用船3 299.4载重吨/艘；液化气体船302.6载重吨/艘，详见表1。

从船舶的平均船龄来看，2012年长江水系省际液货危险品运输船舶平均船龄10.54年，比上年末减少2.3%。其中：自航油船平均船龄10.25年；油驳平均船龄15.37年；散装化学品船平均船龄9.9年；油/化两用船平均船龄3.9年；船液化气体船平均船龄9.75年。

2012年长江水系省际内河液货危险品运输企业和船舶情况　　表1

序号	省市	企业家数	船舶艘数	载重吨（吨）	企业平均运力规模（吨/家）	平均吨位（吨/艘）
1	四川省	2	5	6 083	3 041.5	1 216.6
2	重庆市	13	123	400 390.3	30 799.3	3 255.2
3	湖南省	17	120	69 701.4	4 100.1	580.8
4	湖北省	20	145	226 654.2	11 332.7	1 642.4
5	江西省	20	170	202 459.4	10 123	1 190.9
6	安徽省	28	572	287 124	10 254.4	501.9
7	江苏省	110	2 578	1 190 898.7	10 826.4	461.9
8	浙江省	13	78	23 066	1 774.3	295.7
9	上海市	22	147	65 701.4	2 986.4	446.9
10	长航集团	7	172	398 507.8	56 929.7	2 316.9
	合计	252	4 110	2 870 586.2	11 391.2	699.6

从老旧船舶的情况来看，2012年长江水系省际液货危险品运输船舶中的老旧船舶696艘，占船舶总数的17%，比上年末减少12.8%。其中：老旧自航油船345艘，占自航油船总数的18.3%；老旧油驳123艘，占油驳总数的30.2%；老旧散装化学品船219艘，占散装化学品船总数的13.7%；老旧油/化两用船3艘，占油/化两用船总数的1.6%；老旧液化气体船6艘，占液化气船总数的16.7%。

2013年，长江航务管理局与沿江省市港航管理部门将按照交通运输部《关于加强长江液货危险品运输市场宏观调控的公告》精神要求，进一步加强长江液货危险品运输市场调控和信息引导，严格市场准入管理，推进行业结构调整，以促进长江液货危险品运输市场健康有序发展。

（长江航务管理局运输管理处）

专题3

2012年长三角地区港口经济运行情况及形势分析

2012年江苏、浙江和上海两省一市继续认真贯彻落实国务院关于促进长三角地区经济社会发展的一系列文件和规划，全面有序推进港航发展工作，生产态势总体良好，上海国际航运中心建设不断取得新的进展，主要生产指标再创历史新高，但增速较去年同期有所放缓。

一、长三角地区经济发展态势

2012年，长三角地区上海、浙江、江苏经济转型取得显著成效。两省一市共完成国内生产总值108 765.89亿元，同比增长9.29%，高于全国经济增速1.39个百分点，经济总量占全国比重为20.94%。其中，上海实现生产总值20 101.33亿元，第一产业增加值127.8亿元，第二产业增加值7 912.77亿元，第三产业增加值12 060.76亿元，第三产业增加值占全市生产总值的比重首次达到60%，比上年提高2个百分点；浙江省完成生产总值34 606.30亿元人民币，第一产业增加值1 669.49亿元，第二产业增加值17 312.47亿元，第三产业增加值15 624.44亿元，增长9.3%；江苏省经济在转型升级中平稳增长，全省实现生产总值54 058.2亿元，第一产业增加值3 418.3亿元，第二产业增加值27 121.9亿元，第三产业增加值23 518.0亿元，经济增速继续领先长三角地区。

二、外贸经济发展状况

2012年，我国外贸进出口总值38 667.6亿美元，比上年增长6.2%。其中出口20 498.3亿美元，增长7.9%；进口18 178.3亿美元，增长4.3%；贸易顺差2 311亿美元，扩大48.1%。2012年比2011年进出口增速回落了16.3个百分点。2012年我国外贸进出口的主要情况是：一是一般贸易平缓增长，加工贸易增长乏力。2012年我国一般贸易进出口20 098.2亿美元，增长4.4%，占我国外贸总值的52%。二是对欧盟、日本贸易下降，对东盟的出口增长较快。2012年中欧双边贸易总值5 460.4亿美元，下降3.7%，占我外贸总值的14.1%。对欧贸易顺差1 219.4亿美元，收窄了15.8%。2012年中美双边贸易总值为4 846.8亿美元，增长8.5%，占我外贸总值的12.5%。对美贸易顺差2 189.2亿美元，扩大了8.2%。2012年与东盟双边贸易总值为4 000.9亿美元，增长10.2%，占我外贸总值的10.3%。对东盟出口2 042.7亿美元，增长20.1%。中日双边贸易总值为3 294.5亿美元，下降了3.9%，占我外贸总值的8.5%。与俄罗斯和巴西双边贸易总值分别为881.6亿美元和857.2亿美元，分别增长11.2%和1.8%。

2012年，江苏进出口总值为5 480.9亿美元，增长1.6%；上海进出口总值为4 365.4亿美元，下降0.2%。浙江进出口总值为3 122.3亿美元，增长0.9%。中西部地区出口保持快速增长，重庆、安徽、河南和四川等中西部省市的出口增速分别为94.5%、56.6%、54.3%和32.5%。

三、水路客货运输增速放缓

2012年，全国完成水路货运量和货物周转量分别为45.6亿吨和80 655亿吨公里，同比增长7.0%和6.9%，低于上年和近四年平均增速。长三角地区完成水路货运量18.26亿吨，同比增长4.2%，占全国比重为40.2%，较去年同期提升0.08个百分点。上海市完成5.037 5亿吨，同比增长3.5%；浙江省完成7.365亿吨，同比增长1.1%；江苏省完成5.858亿吨，同比增长9.2%。长三角地区完成水路货物周转量33 534亿吨公里，同比增长5.7%，上海市完成20 126亿吨公里，同比增长3.6%；浙江省完成7 346亿吨公里，同比增长8.4%；江苏省完成6 062亿吨公里，同比增长14.4%。

四、港口货物吞吐量增速放缓

2012年，全国规模以上港口完成货物吞吐量97.55亿吨，同比增长6.9%。低于2009—2012年11.8%的平均增速。沿海港口完成66.41亿吨，同比增长7.6%；内河港口完成31.13亿吨，同比增长5.4%。外贸货物吞吐量30.1亿吨，增长8.8%，低于2009—2012年平均增速2.8%；内贸货物吞吐量67.3亿吨，同比增长5.9%。近3年港口吞吐量的增速不断下降。全年规模以上港口完成集装箱吞吐量17 651万TEU，同比增长8.1%。

长三角地区港口共完成货物吞吐量320 030万吨，同比增长7.5%，规模以上港口货物吞吐量占全国比重基本与去年同期相比稍微上升，为32.80%。长三角地区港口在我国经济和港口航运发展中继续保持特别重要的地位。

上海市围绕优化现代航运集疏运体系和建设现代航运服务体系全面推进多项重点工作，国际航运主业保持较快发展，航运服务体系建设进一步加快，航运金融、法律、人才建设等进一步加强。2012上海港完成货物吞吐量7.36亿吨，同比增长0.5%。海港完成6.35亿吨，同比增长2.2%；内河完成1亿吨，同比下降4.3%。

浙江省加快推进“三位一体”港航物流服务体系建设，加快港航发展方式转变，取得了明显成效。2012年全省主要港口完成货物吞吐量92 316万吨，同比增长7.8%。

江苏省各项重点工作进展顺利，随着长江南京以下12.5米深水航道建设工程逐步加快，港口的地位和作用进一步提升，长江沿岸港口增长势头不减。2012年，全省主要港口完成货物吞吐量154 154万吨，同比增长9.82%。

2012年长三角地区的主要港口上海港、温州港、江阴港和常州港的增速低于5%，长江沿岸港口南京港、镇江港、苏州港、泰州港的增长势头较好。

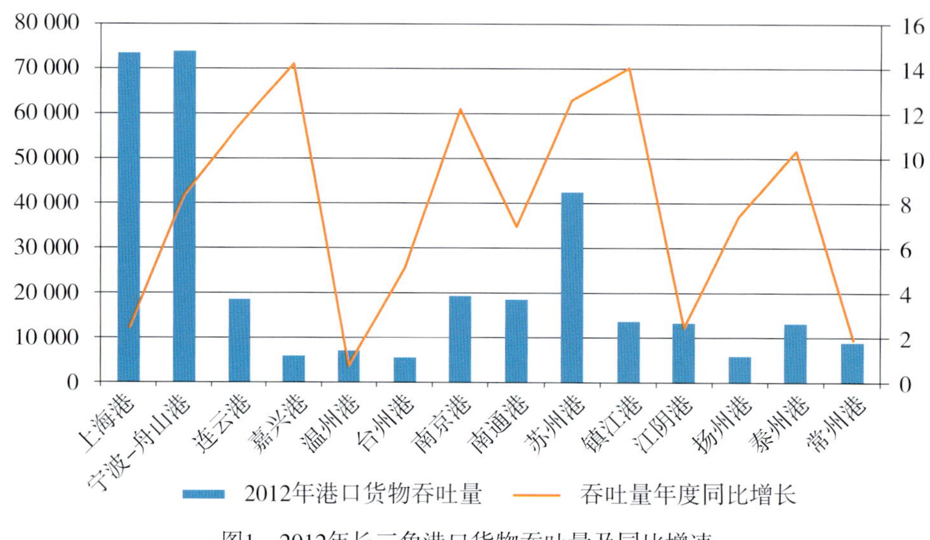

图1 2012年长三角港口货物吞吐量及同比增速

五、港口外贸货物吞吐量增速回落

2012年全国规模以上港口完成外贸货物吞吐量30.19亿吨，同比增长9.4%。沿海港口完成27.53亿吨，同比增长9.2%；内河港口完成2.66亿吨，同比增长12.2%。

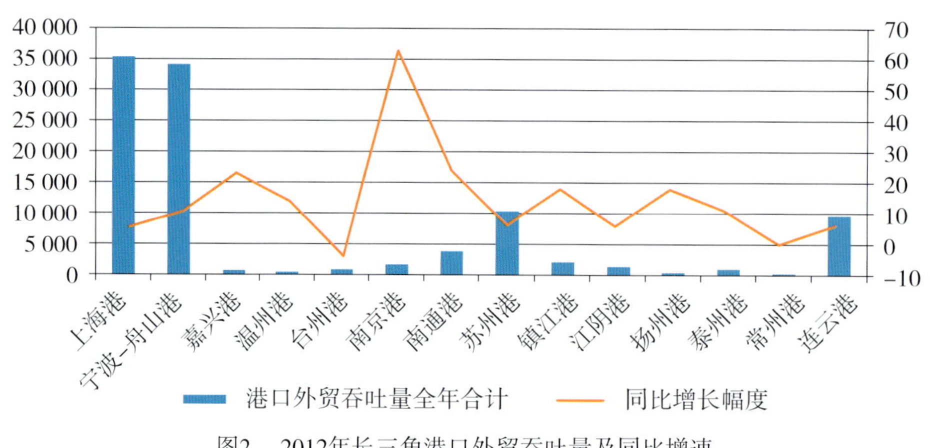

图2 2012年长三角港口外贸吞吐量及同比增速

2012年长三角地区港口外贸货物吞吐量保持稳步增长，共完成103 018万吨，同比增长9%，占全国比重较去年同期有所上升，达到34.12%。上海港完成3.54亿吨，同比增长

5.6%；浙江省主要港口完成3.627亿吨，同比增长10.36%；江苏省主要港口完成3.134亿吨，同比增长11.53%。

有5个港口增幅较大，其中南京港增幅最大，达到60%以上，南通港和嘉兴港超过20%、镇江港和扬州港超过15%。

六、集装箱吞吐量平稳增长

2012年全国规模以上港口完成集装箱吞吐量17 675万TEU，同比增长8.3%。其中，沿海港口完成15 747万TEU，同比增长7.9%；内河港口完成1 928万TEU，同比增长11.8%。

2012年长三角地区港口完成集装箱吞吐量6 581万TEU，同比增长6.83%，占全国总量比重达为37.23%。上海港完成3 252万TEU，同比增长2.5%，集装箱吞吐量继续保持世界第一。浙江省主要港口集装箱吞吐量完成1 757万 TEU，同比增长11.20%。江苏省主要港口集装箱吞吐量完成1 571万TEU，同比增长11.81%。随着南京以下12.5米深水航道工程的推进，上海国际航运中心北翼服务于长三角地区和长江流域经济发展的能力将进一步增强。

2012年，长三角地区港口集装箱吞吐量实现了平稳增长，总体上保持了良好的增长态势，增幅超过10%的港口有6个。其中嘉兴港增速最快，同比增长50%以上，南京港、苏州港的增幅在20%以上，泰州、常州、温州和台州的增速也在10%以上，但是南通和扬州港出现了负增长。

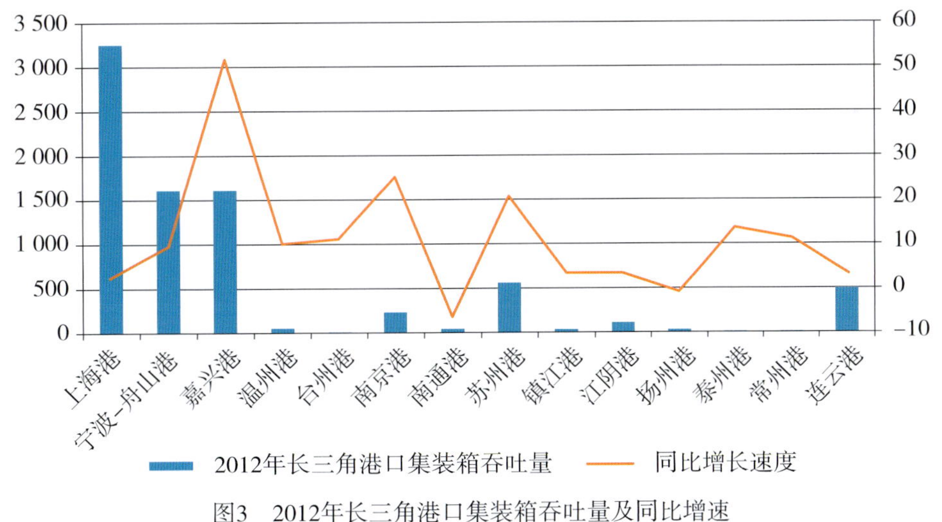

图3　2012年长三角港口集装箱吞吐量及同比增速

七、2013年港口经济发展形势展望

根据IMF预测，2013年，全球经济有望增长3.6%，虽较今年只多了0.3%，但却扭转自2011年以来的下降势头。其中，美国、德国、法国、英国、加拿大、日本、中国、印度、巴西、俄罗斯10国GDP增长预估分别为2.1%、0.9%、0.4%、1.1%、2.0%、1.3%、8.2%、5.9%、3.9%和3.8%，大国对全球经济的引领作用重新显现。值得重视的是，世界

经济格局可能从此发生历史性改变。2013年发展中国家整体占全球GDP的比重将上升至50.8%，将超越发达国家。我国经济增速已经连续10个季度下滑之后，2012年第四季度经济增速反转高于第三季度。2013年我国经济将在8.5%的增幅上下波动。预计2013年，全国规模以上港口货物吞吐量将突破102亿吨，外贸货物吞吐量将达到33.35亿吨；集装箱吞吐量将达到2亿TEU。

2013年，上海国际航运中心建设各项工作继续全面有序推进，长三角港口经济运行总体保持良好态势，预计长三角地区规模以上港口货物吞吐量将达到34.72亿吨；外贸货物吞吐量将达到11.38亿吨；集装箱吞吐量将突破7 100万TEU。上海港集装箱吞吐量仍将保持世界第一，有望完成3 350万TEU，上海国际航运中心的国际地位将进一步提升，国际竞争优势继续增强。

（上海组合港管理委员会办公室）

专题4

三峡坝区通航形势分析

2012年，三峡坝区通航经受了两坝船闸检修、汛期长时间大流量、大风大雾等恶劣气候对船闸通航带来的不利影响，两坝船闸继续保持安全高效运行，货物通过量继续保持高位。

一、三峡船闸运行数据统计

2012年，三峡船闸累计运行9 713闸次，通过船舶44 263艘次、通过货物实载吨8 611万吨，通过客船5 880艘次、24.4万人次。三峡断面通过货物实载吨9 488.6万吨。

三峡船闸运行数据统计表　表1

项目 月份	三峡船闸运行闸次	船舶艘次	过闸货运量（万吨）	过闸客运量（万人次）
1月	800	3 614	704.5	0.3
2月	799	3 473	594.6	0.5
3月	551	2 881	499.8	0.4
4月	712	3 583	607.4	2.8
5月	715	3 719	793.1	0.5
6月	982	4 466	857.3	3.2
7月	542	2 034	437.7	0.6
8月	730	3 179	747.5	1.1
9月	969	4 279	872.7	3.3
10月	962	4 313	825.7	5.0
11月	982	4 319	814.6	5.1
12月	969	4 403	856.2	1.6
合　计	9 713	44 263	8 611.1	24.4

二、三峡过闸运输对比分析

（一）过闸货运情况分析

除2月和12月过闸货运量实现同比小幅增长外，其他各月均较2011年同期下降，尤其是3—4月、7月，受船闸检修和汛期大流量的影响，过闸货运量下降幅度较大。

全年来看，过闸货运量与2011年相比下降15.37%，其主要原因有四点：一是受国家宏观经济和经济结构调整的影响；二是葛洲坝一号船闸开展了55天停航大修，三峡南线船闸同步开展了20天停航岁修，影响了船闸通过能力；三是重庆地区外运煤炭减少，出川货物减少，下行过闸货运量同比下降27.4%；四是2012年汛期通过坝区洪峰次数多、流量大、持续时间长，葛洲坝、三峡船闸数次停航度汛，两坝间航道控制性通航。

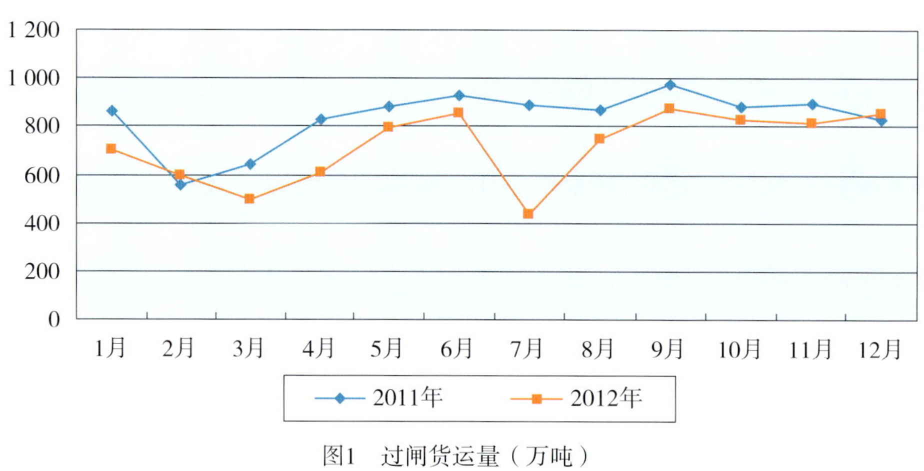

图1 过闸货运量（万吨）

2012年，上、下行货运量占总过闸货运量比例分别为62.1%、37.9%。2012年与2011年相比，三峡船闸上行过闸货运量、下行过闸货运量分别同比下降了3.4%、27.4%。

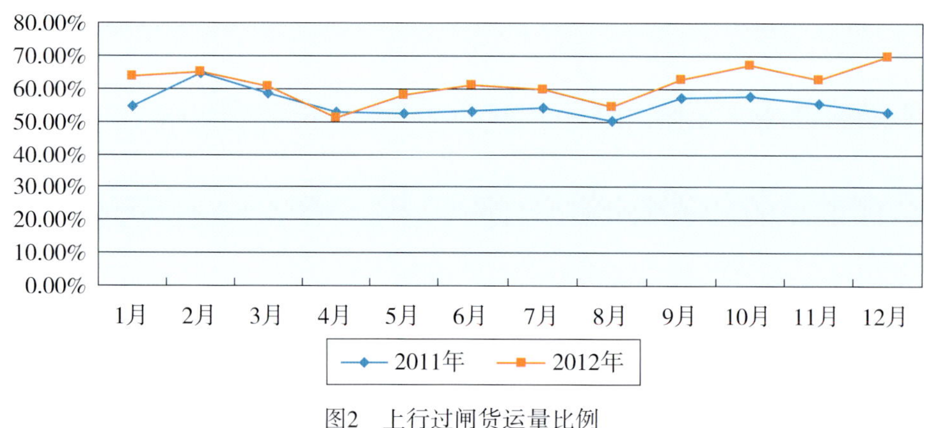

图2 上行过闸货运量比例

从上行货运量占货运总量的比例来看，上行比例高于下行。主要由于我国西部地区对矿建材料、钢材等物资的需求增加，同时受重庆煤炭外运政策变化及社会需求等因素

影响，煤炭下行运量大幅下降。

（二）过闸客运情况分析

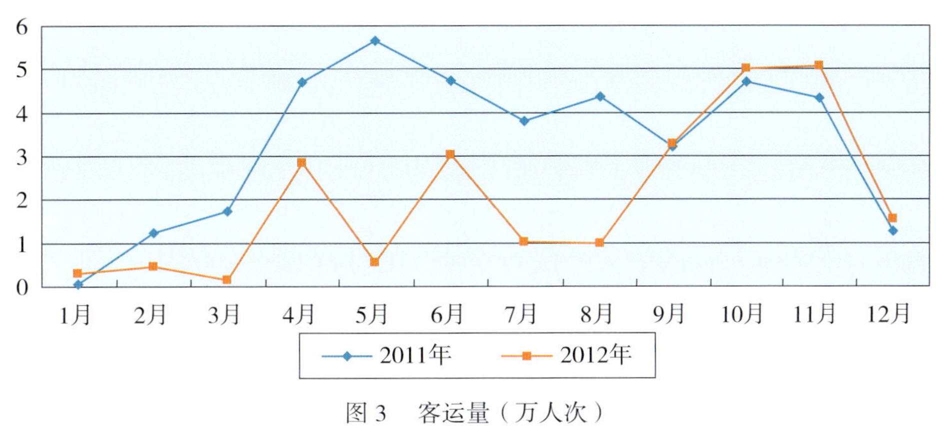

图3　客运量（万人次）

2012年过闸客运量与2011年同比下降39.0%。2012年1月，过闸客运量同比上升；2月，由于三峡北线船闸实施短期停航养护，航运部门协调实施了短线客船翻坝，过闸客运量同比下降62.2%；3—6月，由于葛洲坝、三峡船闸检修期间及检修完成后，为了缓解通航压力，尽快疏散坝区积压船舶，航运部门协调实施了短线客船翻坝，过闸客运量分别同比下降91.9 %、39.8%、90.3%、36.2 %；7—8月，由于通过坝区洪峰次数多、流量大，葛洲坝船闸、三峡船闸数次停航度汛，坝区出现船舶待闸，过闸客运量分别同比下降73.4 %、77.0%；9—12月，坝区待闸船舶得到疏散，同时进入了旅游旺季，过闸客运量分别同比上升1.6%、6.8%、16.6%、21.1%。

三、三峡翻坝转运情况分析

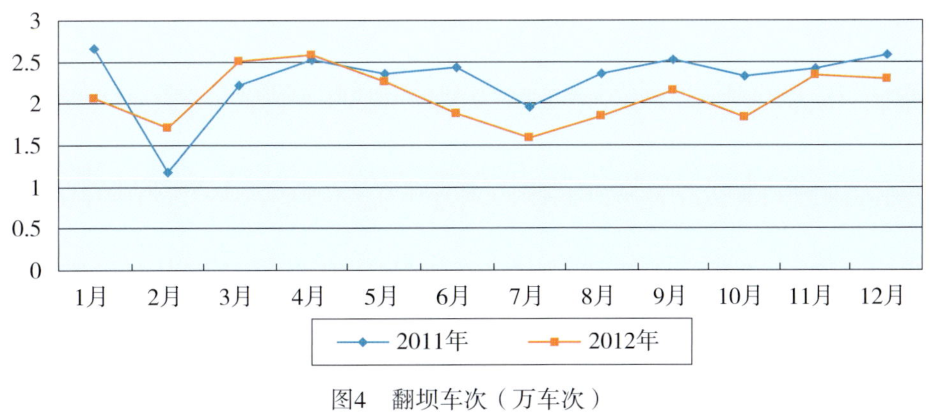

图4　翻坝车次（万车次）

2012年，坝上港口滚装专用码头进出滚装船舶6 307艘次，250 740车次，换算货运量877.6万吨。滚装船舶艘次与2011年同比上升2.42%；滚装车次和滚装货运量较2011年同比均下降8.99%。滚装车次同比下降主要是受国家宏观经济调整影响，以及部分货车选择南岸沪渝高速公路进出川渝地区。

四、三峡船舶滞留情况分析

2012年受船闸检修、大流量、大风大雾恶劣气候等影响，过闸船舶平均在锚时间为54.6小时，与2011年同比增加159.0%。

2012年1—2月，由于处于春节期间，坝区来船较少，无积压船舶，过闸船舶平均在锚时间分别为11.4小时、10.9小时；3—4月，由于葛洲坝、三峡船闸检修施工，影响了船闸通过能力，自3月8日起，坝区出现滞留船舶，最高达到774艘，过闸船舶平均在锚时间延长，分别为61.6小时、126.3小时；5月，由于受大雾恶劣天气影响，葛洲坝、三峡船闸数次停航，坝区仍有较多滞留船舶，过闸船舶平均在锚时间为78.8小时；6月，由于三峡水域因大雾和船闸检修滞留的船舶安全疏散完毕，平均在锚时间大幅下降，为13.6小时；7—8月，由于长江上游普降暴雨，坝区流量持续居高不下，葛洲坝、三峡船闸数次停航度汛，坝区再次出现滞留船舶，最高达到941艘，过闸船舶平均在锚时间分别为59.1小时、121.4小时；9月，随着三峡坝区待闸船舶疏散完毕，过闸船舶平均在锚时间下降为37.0小时；10—11月，由于坝区来船较多，坝区再次出现船舶积压情况，平均在锚时间分别为37.5小时、66.9小时；12月，随着坝区待闸船舶得到疏散，平均在锚时间下降为30.3小时。

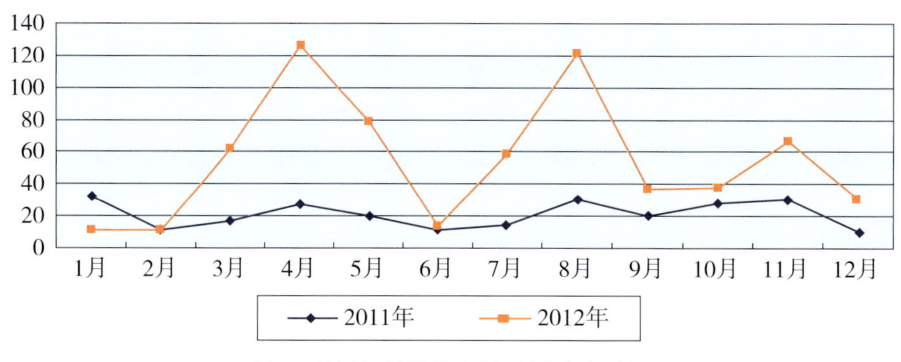

图5　过闸船舶平均在锚时间（小时）

五、坝区通航特点

（1）三峡船闸运行总体正常高效，日均运行28.93闸次，最高日运行35闸次，均创下历史最高水平。

（2）库区船舶大型化趋势明显，3 000吨以上船舶所占比重大幅增加。2012年3 000吨以上船舶所占比例达49.28%，过闸货运船舶平均吨位达3 467吨/艘，同比增长17.31%。但由于大量宽度19.2米的5 000吨级以上船舶过闸，闸室船舶组合受到较大影响，使得闸室面积利用率下降12.31%，单闸次通过船舶艘数下降到4.56艘/闸次（2011年为5.20艘/闸次）。

（3）受国内经济调整影响，下行煤炭等货物明显减少，下行过闸船舶装载率大幅下

降至44.58%（2011年为58.98%），上行船舶装载率基本持平，2012年为72.77%（2011年为76.27%）。

（4）下行为主的煤炭运量大幅下降，而上行为主的矿建、液货危险品、集装箱等运量继续增长，使得上下行过闸货运量不均衡现象进一步加剧，2012年上下行货物比例为1.64∶1（2011年为1.36∶1）。

（5）三峡坝区滚装翻坝转运正常有序，滚装船和滚装车辆均有所下降。

（6）三峡坝区出现船舶滞留的根本原因是三峡船闸的通过能力不能满足船舶的过闸需求，船舶滞留已呈常态化。

六、2013年三峡坝区通航形势展望

2013年三峡坝区通航面临的挑战主要有以下方面。

一是两坝船闸通过能力已趋饱和，船舶过坝供需矛盾依旧突出。2011年三峡、葛洲坝船闸货物通过量双过亿吨，已提前实现三峡工程初步设计目标，2012年三峡、葛洲坝船闸货物通过量小幅下降，但过闸船舶额定吨位达到1.467亿吨，与2011年持平。目前两坝船闸已经处于满负荷运行状态，挖潜空间有限，但过坝货运量持续增长。据预测，2013年三峡过坝运量需求约12 000万吨左右，船舶过坝供需矛盾依旧突出，船舶待闸已呈常态化，通航供给能力已显不足，“通而不畅”局面难以避免。

二是三峡船闸各设备已经进入正常的故障维修更换期，船闸检修期间通过能力严重不足。3月2—3月22日，三峡北线船闸进行岁修，三峡船闸通过能力严重不足，大量船舶将滞留三峡坝区水域，三峡通航形势复杂，通航管理压力巨大，通航保障任务繁重。

三是两坝间通航条件更趋复杂。三峡电站32台机组全面投入运行，两坝间航道水流条件将发生更大变化，通航安全及运输组织管理都将受到极大挑战。

四是向家坝、溪洛渡等长江上游水库2013年的蓄水变化，势必对三峡水库的调度运行产生影响，库区航道条件将进一步发生变化，改善库区、坝区通航条件的难度将进一步加大。

总体来看，2013年三峡坝区通航形势不容乐观，船舶过坝供需矛盾依旧突出，船舶滞留已呈常态化，通航供给能力已显不足，库区通航安全管理与运输组织管理将面临很多困难，需要各方面共同努力和配合。

（长江航务管理局三峡工程航运办公室）

专题5

长江航运技术行业研发中心的建设与运行情况综述

2012年3月28日，长江航运技术行业研发中心（以下简称“研发中心”）在武汉揭牌成立，这是交通运输部为完善交通科技创新体系、提升行业科技创新能力而组建成立的第一个行业研发中心。研发中心将以现代长江航运发展需求为导向，以实现成果转化为主要目标，在新技术、新材料、新工艺、新装备的研究开发和系统集成、培育一流工程技术人才等方面开展工作，并将在水运资源优势利用、促进综合运输体系发展、生态环境保护和带动流域经济发展等方面发挥巨大的社会效益和环境效益。

一、研发中心组织架构

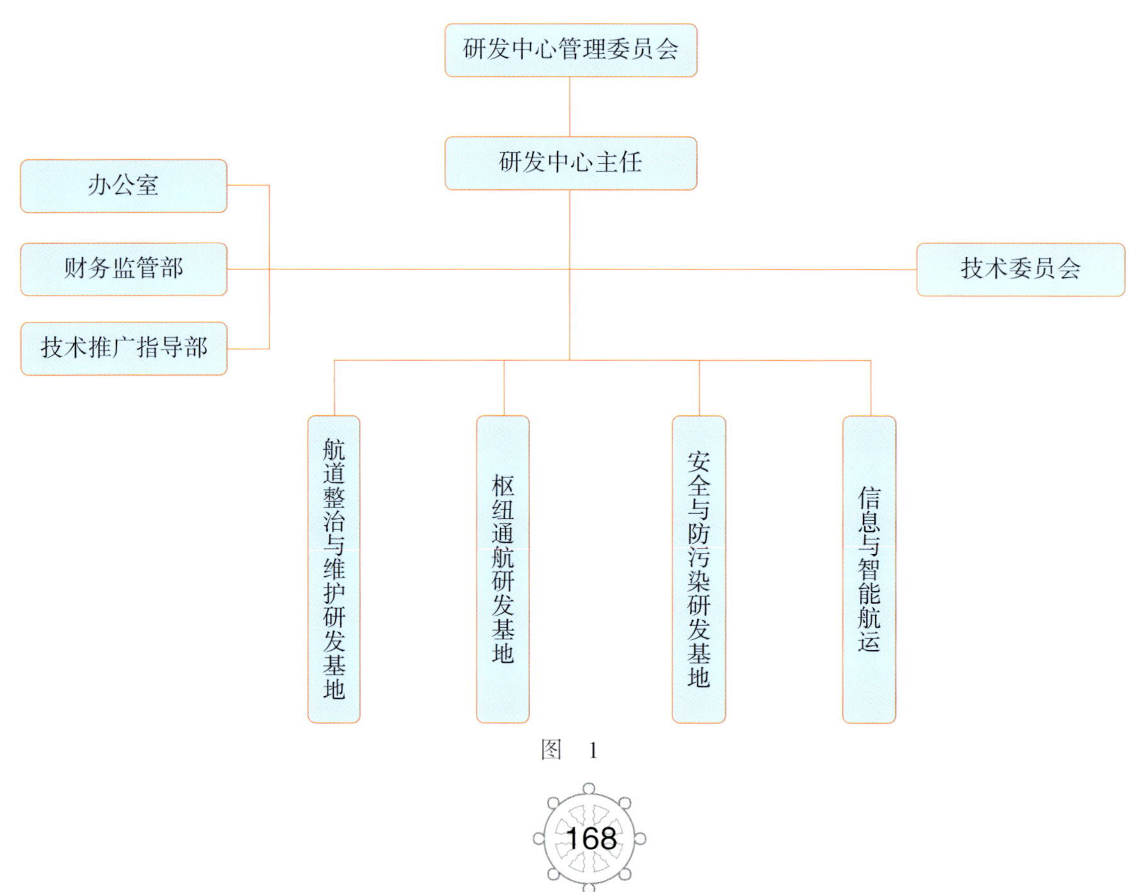

图 1

研发中心的主管部门为交通运输部，依托单位为长江航务管理局。由长航局成立设立管理委员会，作为研发中心最高决策机构。设立技术委员会，作为研发中心开展技术研发、成果转化等业务的技术咨询机构。研发中心实行主任负责制，下设办公室、财务监管部、技术推广指导部等管理部门和研发基地。

研发中心分别依托长江航道规划设计研究院、长江三峡通航管理局船闸通航工程（技术）研究中心、武汉理工大学水路公路交通安全装备与控制工程研究中心、大连海事大学航海智能技术研究所4家科研机构，设航道整治与维护、枢纽通航、水上交通安全与防污染、信息与智能航运4个研发基地。组织架构见图1。

二、研发中心发展思路和整体目标

（一）发展总体思路

围绕长江航运“四个长江，三步构建”现代化发展战略，加强主管部门引导和市场机制调节，建立健全产学研用合作模式，结合内河航道整治与维护、枢纽通航、水路交通安全与防污染、信息与智能航运等领域科技发展需求，开展新技术、新材料、新工艺、新装备的研究开发和系统集成，深化试验和验证，提高科技成果的成熟性与配套性，促进科技成果推广应用，培养一支高水平的航运科技队伍，突破一批关键技术，达到国际先进水平，为实现长江航运现代化提供科技支撑与保障。

（二）发展总体目标

总体目标分为两阶段。

第一阶段即在2015年前，完成研发平台和产品与工程化基地建设，形成开放、合作、共建、共享的管理体制和运行机制。一批重大成果应用到长江航运“十二五”期的规划建设、维护工程以及长航局系统、港航企业日常生产、经营和管理中的相关工程，初步形成产学研用一体化。培养锻炼出一批专业技能人才和科技创新英才，涌现出15名左右行业杰出领军人物。

第二阶段即到2020年，形成内河航道整治与维护、枢纽通航、水路交通安全与防污染、信息与智能航运等领域重大技术和装备的综合与集成研发能力，在若干重大关键技术方面取得重大突破；形成集内河关键技术研究、新产品开发、检测与鉴定为一体的、具有鲜明特色的技术创新中心、成果转化中心与高级人才培养中心，争取将长江航运技术行业研发中心上升为国家级技术研发中心。

三、研发中心建设和运行现状

2012年是研发中心建设发展的第一年，研发中心的各项工作积极推进，研究有成果，应用有实效，机制和人员队伍初步建立，环境条件得到了积极改善。各基地实现了航道整治与维护、枢纽通航、水上安全与防污染、信息与智能技术等方向的一批关键技术突破，完成了一定数量科研项目，实现科技成果推广与应用，形成了一定规模的生产效益。

研发中心成果统计表　　表1

基地名称	完成项目	在研项目	成果	科技成果推广与应用	效益（万元）
航道整治与维护	170	50	22	1	12 000
枢纽通航	3	5	7	1	115
水上安全与防污染	50	100	3	10	3 000
信息与智能技术	4	3	2	2	480
合　计	227	158	34	14	15 595

具体来说体现在技术攻关和科技成果推广与应用两个方面。

（一）技术攻关

1. 航道整治与维护

在长河段航道整治关键技术方面取得一定的突破，对长江中下游长河段系统整治进行了大量的研究工作，提出新水沙条件下荆江河段航道系统整治原则、整治参数、整治措施、建筑物新型结构、航道治理目标及建筑物可靠度评估技术，开发荆江全河段枯水碍航预测预报系统，为形成荆江河段航道系统治理的成套技术奠定了基础。

开展了透水框架新型结构成套技术研究，在航道治理护滩、护底、护岸工程方面应用取得了一些成果。

在助航标志、浅滩河段的航道维护研究方面有所收获，对长江干线大跨度桥区航标配布技术和临河及航道整治建筑物专用标志进行了研究。

完成了智能航道的基础研究工作，结合数字航道示范工程，对典型河段进行智能航道示范工程研究。

2. 枢纽通航

开展了船舶进闸效率提升技术研究，通过对复杂条件下三峡船闸进闸效率影响因素的分析，开展同步进闸成组移泊技术及虚拟闸室研究，建立了船间干扰数学模型进行仿真计算。

对船闸闸室禁停区域船舶越界探测及预警技术进行研究，其核心技术是基于数字图像识别技术和激光探测技术的应用研究及试验装置研究、制造及试运行等。

3. 水上安全与防污染

推进船舶轮机仿真器、船舶驾驶模拟器、海巡艇等科技成果的产业化，建设水路交

通安全系统仿真实验平台与内河防污染监测平台。

4. 信息与智能技术

搭建并运行长江航运综合信息服务一体化应用体系；开发航运综合信息服务一体化应用体系下的各种终端产品；搭建长江航运船联网基础网络平台，设计物联网船舶并开发样机。

（二）科技成果推广与应用

1. 航道整治与维护

主要是已经研发的航道整治关键技术、新型透水构件研究成果和长河段二维水沙数值模拟技术。

2. 枢纽通航

自主研发且具有自主知识产权的大型人字门同步顶升系统在船闸检修中得到了成功推广和应用，其中4×400吨大型人字门同步顶升系统首次在三峡船闸人字门修理中进行作业，完成了三峡船闸南六人字门的失重工作，且首次将重达800多吨的三峡船闸南六人字门一次性顶升680mm的高度。该系统极大地提高了船闸人字门顶门检修的安全性和工程实施的效率，为船闸的快速检修提供了装备保障。

3. 水上安全与防污染

主要是船舶智能终端、多功能航标系统、内河溢油拦截围控设备研发。联合长江航道局申报了交通运输部科技成果推广项目《多功能航标成套技术应用推广》，目前多功能航标系列产品正在武汉航道局试用。

4. 信息与智能技术

电子海图导航系统（ECS）和手机版电子海图导航系统。

四、研发中心下一步重点工作

（一）继续深入推进平台建设

研发中心各基地继续坚持做好推进平台建设工作，基地根据各自研发平台的建设工作计划，围绕基地拟建的研发平台推进相关工作，完成相关指标。

（二）认真做好项目申报、研究和推广工作

研发中心各基地要积极以中心名义开展各类项目申报，围绕研发中心各基地研发方向申报国家支撑计划、863以及交通部西部项目等课题，争取国家重大课题上有所突破。积极开展各项目研究工作，形成关键技术的突破，促进技术成果推广应用。

（三）进一步规范中心运行管理工作

完善中心及各基地的各类规章制度以及规范条例并形成定稿，规范研发中心各部门和各基地的管理和日常工作。

（四）做好人才培训与科技交流工作

为进一步促进科研创新能力建设，加强科技研发与经营管理人才的队伍培养，积极开展中心与外部、中心内部的培训交流。

（长江航务管理局科技通信信息处）

专题6

重庆航运服务体系建设情况

重庆航运交易所是重庆市政府2010年8月批准成立的，主要职责为：发展航运总部经济、做大航运交易市场、提供航运金融服务、建设航运人才高地、开展航运发展战略研究、发布航运市场信息、建设交通电子口岸和综合物流电子商务平台，并通过重庆航运交易所形成专业化的内河航运服务支撑体系，聚集航运金融结算、交易、海事、保险、仲裁等航运要素，增强航运业与金融、贸易等机构的沟通交往，促进长江上游航运中心的形成。

一、重庆航运服务体系建设取得的成效

（一）航运交易从无到有，交易结算实现快速增长

航交所成立以来，相继开展了水路货物运输、港口装卸、二手船舶、船舶保险、三峡邮轮旅游等航运交易，累计完成交易结算63亿元，其中：2012年完成45亿元，航运交易结算中心日均结算1 300万元，结算账户日均余额保持在3 000万元以上。2012年通过航运交易平台完成的航运交易，约占重庆航运省际运输量的60%。

（二）贯彻落实政府水运扶持政策，促进水运行业健康发展

按照重庆市政府出台的《关于进一步加快重庆水运发展的意见》，全面贯彻落实政府对加快建设长江上游航运中心和扶持发展水运行业的政策。

（1）组织实施集装箱码头作业费财政补贴政策，2012年财政补贴航运企业5 000万元，使重庆港对周边省市集聚和辐射能力明显增强。2012年，重庆水路集装箱班轮开班密度提高15%，带动周边省市中转箱量增长35%。

（2）组织实施港航企业免征营业税政策，2012年免征港航企业营业税1.3亿元。在金融危机影响和航运市场低迷的情况下，这项政策对支持大中型港航企业快速发展，帮助中小型港航企业渡过难关，提升重庆港九、新世纪等上市港航企业市场形象发挥了重要作用。

（三）吸引多家外地航运企业到重庆注册，加快总部经济发展

共吸引110余家航运、物流、贸易企业注册保税港区，300多家港航、物流企业通过航交所交易，约占重庆及长江上游地区骨干航运企业80%以上。

目前，世界前20强跨国航运企业已有17家到重庆设立了子公司、分公司或办事处。2012年，多家外地航运企业到重庆注册，重庆在外注册航运企业逐渐回归，航运总部经济发展得到明显加快。

（四）搭建电子商务平台，降低综合物流成本，带动周边省市货物到重庆中转

相继建成货运交易、船舶交易、三峡旅游、航运人才等航运交易电子商务平台。通过电子商务平台，改变了传统航运交易模式，拓展了交易空间，减少了交易环节，降低了物流成本，提高了周边省市货物到重庆中转的积极性。2012年，通过航运交易平台交易的水运物流成本同比下降约10%，周边省市中转量占重庆港货物吞吐量的比重由以前的30%提高到40%。

（五）信息发布和航运研究在业界影响力日益扩大

编制发布长江典型航线干散货运价指数和重庆水运保本运价，编制发布重庆航运月度信息、季度分析和年度发展报告，在发现价格、稳定秩序和引导市场等方面发挥重要作用。

承担了交通运输部《西部港口物流枢纽信息服务平台建设技术研究及示范应用》、重庆市《扩大三峡船闸通过能力研究》等影响长江航运发展的重大课题研究，为政府、行业管理部门和航运企业提供决策支持和信息服务。

（六）航运高端增值服务能力进一步增强

2012年，开展船员注册培训、船舶建造监理、船舶价值（含海损）评估、港口码头通航安全论证、船舶设计及技术咨询等航运现代服务。开发航运融资和航运结算产品，组织航运企业抱团投保，投保船舶的船舶险费率较之前市场水平下降30%~35%。

（七）建设重庆交通电子口岸，服务全市水运外贸运输

整合重庆港务物流集团港航EDI系统，使其由原来单一为重庆港务物流集团服务，升级为服务全市水运外贸运输的重庆交通电子口岸。作为重庆地方电子口岸的基础平台，重庆交通电子口岸已与国家交通电子口岸实现互联互通，与海关、国检实现外贸集装箱数据交换，并在全国内河率先实现国检电子闸口验放，为内陆开放高地建设发挥了重要作用。

（八）加强交流合作，重庆航交所影响力不断扩大

先后迎接英国伦敦波罗的海交易所、致公党中央、国家相关部委、兄弟省市、台湾航协会、上海航运交易所、浙江船舶交易市场等单位50余次视察、调研、参观和座谈，其交易模式和服务理念得到广泛关注，在长江中上游地区已形成较大市场影响力。

二、重庆航运服务体系发展目标和2013年工作重点

（一）发展目标

1.重庆航运辐射能力得到全面提升，周边省市中转量占重庆港全港货物吞吐量的比重由目前的40%提高到50%以上，把重庆航运交易所建设成为对全国内河水运具有影响力的交易中心、结算中心、信息中心和人才中心。

2.引进多家国内外航运公司在重庆设立总部或区域总部。集聚长江中上游地区主要的航运货代、船代、金融、保险、法律咨询与仲裁等企业和机构，成为长江上游航运中心的重要支撑和金融中心的重要要素市场。

3.形成全国内河示范性的交易和信息发布平台。发布内河航运运力以及航运经济、货运和邮轮等运价指数信息，重庆航交所发布的各项指数对内河航运市场具有较强的指导和引领作用。

4.提升航运交易电子商务平台服务能力，做大重庆交通电子口岸。使我市内河航运的比较优势和保税港区、两江新区的政策优势得到充分发挥，促进我市内陆开放高地建设，加快推进我市航运中心和金融中心的形成。

（二）2013年工作重点

1. 继续扩大交易范围，做大航运交易市场

2013年，确保航运交易额达到45亿元，力争达到50亿元。在做大重庆本地区交易量的基础上，逐步扩大长江中上游地区市场份额，提升重庆水运的辐射能力和资源配置能力。

2. 升级航运交易电子商务平台，提升综合服务能力

在现有航运交易平台的基础上，按照扩大交易范围、做大交易量和提升服务水平的要求，对航运交易结算的网络信息平台进行升级改造。

加快推进重庆交通电子口岸建设，形成全市集装箱电子数据交换中心，使航运交易平台逐步向综合物流信息平台发展，形成功能更加强大、服务更加完善的航运交易电子商务平台。

3. 进一步提升航运高端增值服务能力

进一步加快航运交易结算中心建设，开发航运融资和航运结算产品，加大对航运

业的金融支持力度。继续编制发布长江干线典型航线、典型货种运价指数，发布市场信息，引导市场健康发展。继续组织航运企业抱团投保，推进船东互保，降低航运保险费，提升重庆航运保险服务水平。

4. 逐步由政策向市场转变，构建以市场为主体的交易体系

以航运交易电子商务平台为载体，通过提供航运金融、保险、评估等专业化服务，增强航交所在价值发现、资源配置、降低成本、金融服务等方面的功能，巩固和发展公开、有序、高效的航运交易市场，促进航运交易逐步由依靠政策向开拓市场转变。

5. 做好航运发展战略研究，促进综合交通协调发展

利用好航运交易形成的数据基础和市场优势，开展延伸综合物流链条、促进多式联运，协调运输方式等综合交通运输发展战略研究。2013年，重点开展《长江上游地区沿江产业布局及物流经济信息服务》、《长江中上游地区集装箱生成量分析研究》等重大课题，促进综合交通协调发展。

在内陆地区建设航运交易所，国内外没有先例，是一项开创性的工作。重庆将紧紧抓住国家高度重视内河航运发展、七省二市合力建设长江黄金水道等战略机遇，加快构建内河航运服务体系，加快建设长江上游航运中心。

（重庆航运交易所）

专题 7

长江干线船型标准化工作综述

2009年10月1日，交通运输部、财政部联合长江沿江八省二市发布了《推进长江干线船型标准化实施方案》，明确提出了推进长江干线船舶标准化的总体工作目标，即到2013年底，川江及三峡库区船型标准化率达到75%以上，三峡船闸的通过能力提高10%以上，长江干线货运船舶的平均吨位达到1 000载重吨以上，船舶安全技术性能明显提高。长江航务管理局根据交通运输部授权，加强统筹协调，相关省市全面启动了长江干线船型标准化工作。长江航务管理局及各省市交通主管部门以拆解改造老旧运输船舶为切入点，为船型标准化实施工作提供强有力的组织和制度保障，长江干线船型标准化工作取得了阶段性成效。

一、2012年长江干线船型标准化推进工作亮点

（一）推进老旧船舶拆解工作

长江航务管理局和长江水系各省市交通主管部门加快推进老旧船舶拆解工作。一是多层次多角度的进行宣传，形成宣传工作网络和信息报送制度，运用多种方式和渠道向水运企业和船主宣传该项工作的目的意义、政策措施、总体目标和实施步骤等，确保按计划分批将老旧船舶拆解到位。二是规范拆改程序，加强对拆改定点船厂的监督管理，加强对拆解进度的跟踪分析，建立了每月报告和定期通报制度。三是积极争取中央财政补贴资金，向进度较快的省市进行财政补贴资金分配的倾斜，规范中央财政资金申报程序，强化地方财政配套资金的落实。四是规范船舶拆解改造流程，保障财政补贴资金的使用规范和安全，长江航务管理局组织开展了长江干线船型标准化老旧船舶拆改工作专项检查活动。

2012年，八省二市列入拆解改造计划的长江干线老旧船舶累计6 326艘（约208万总吨、552万载重吨），实际拆改完工船舶5 238艘（约167万总吨、236万载重吨），核准补贴资金14亿元（中央财政资金约8.3亿元）。

2012年长江干线老旧船舶拆改情况 表1

省　份	核准拆解改造船舶（艘）	实际完成拆解改造船舶（艘）	备　注
云南	9	9	
四川	157	89	
重庆	976	584	含长航集团
河南	183	182	
湖南	40	40	
湖北	910	700	含长航集团
江西	119	70	
安徽	2 452	2 372	
江苏	1 452	1 171	
上海	28	21	
合计	6 326	5 238	

（二）完成了标准船型主尺度系列的研究制定

2012年1月交通运输部办公厅下发了《关于编制全国内河主要通航水域运输船舶标准船型主尺度系列的通知》（厅水字〔2012〕6号，以下简称《主尺度系列》），长江航务管理局负责长江水系《主尺度系列》编制的总协调工作，包括长江干线航道《主尺度系列》的修订和本水系内涉及的“十八线”航道《主尺度系列》编制的协调和评审工作，京杭运河与淮河水系内有关航道的《主尺度系列》修订和编制工作由长江航务管理局一并负责，相关省市负责编制涉及的“十八线”运输船舶标准船型主尺度系列的编制工作。长江航务管理局组织四川、重庆、湖北、湖南、江西、安徽5省1市分别完成了长江水系、京杭运河与淮河水系12条支流航道运输船舶标准型主尺度的编制。2012年12月，交通运输部发布了《交通运输部关于公布长江水系过闸运输船舶标准船型主尺度系列及有关规定的公告》（交通部公告2012年第69号）、《交通运输部关于公布京杭运河、淮河水系过闸运输船舶标准船型主尺度系列及有关规定的公告》（交通部公告2012年第73号）等《主尺度系列》，自2013年4月1日起施行。作为推进内河船型标准化工作的重要组成部分，《主尺度系列》的发布对于提高航道、船闸等基础设施的通航效能，促进船舶技术进步等方面将起到积极的推动作用。

（三）总结推广船型标准化工作经验

2012年10月12日，交通运输部在重庆市组织召开了全国内河船型标准化总结推进工作现场会，会议认为正在组织实施长江干线船型标准化工作，取得了显著成效，积累了宝贵经验，为在全国范围内开展内河船型标准化工作奠定了坚实的基础。11月12日，受交通运输部水运局的委托，长江航务管理局在江阴组织召开了“十二五”期全国内河船型

标准化座谈会，围绕“十二五”期全国内河船型标准化引导和强制淘汰船舶范围，以及资金补贴标准进行了讨论。11月26—28日，长江航务管理局在宜昌组织召开了长江水系运管工作会议暨长江干线船型标准化执行领导小组会议，会议对2012年船型标准化推进工作进行了总结，并对2013年主要任务进行了研究部署。

二、长江干线船型标准化工作成效

三年来，通过“政策引导、法规约束、措施推动”，长江干线船型标准化工作取得了阶段性成果，主要表现在以下几方面。

1. 标准化船舶使用数量显著提升

新建符合川江及三峡库区标准船型主尺度系列标准的船舶2 705艘。川江及三峡库区新建船舶符合川江及三峡库区标准船型主尺度系列的比率达到了98.5%。

2. 运力结构优化程度显著提升

长江干线内河货运船舶平均载重吨达到了1 080吨/艘，与2005年底相比提高了480吨/艘；长江水系内河货运船舶平均净载重量达到750吨/艘，提高了300吨/艘，液货危险品船舶达到700吨/艘，提高了370吨/艘。

3. 三峡过闸船舶吨位显著提升

过闸船舶平均吨位达到了3 445吨，较2009年提高了1 665吨，增长了93.5%；2 000吨级以上过闸船舶比重由2009年的31.7%提高到了56.9%，为提高三峡船闸的货物通过量提供了有力支撑。

4. 船舶安全技术水平显著提升

2011年长江海事局辖区运输船舶一般以上等级事故件数，比2009年下降了56.5%，死亡失踪人数下降了72.1%，沉船艘数下降了53.6%，直接经济损失下降了72%。2012年共发生事故及险情153件，同比下降21.9%，其中运输船舶一般以上等级事故15.5件，同比下降16.2%，沉船13艘，同比持平。随着一批老旧船舶的拆解、改造或淘汰，长江干线船舶安全技术水平不断提高，长江航运的安全基础进一步夯实。

5. 船舶节能降耗水平显著提升

随着老旧船舶的拆解和退出，以及节能环保的标准船舶陆续投入营运，船舶单位能耗明显降低。如：重庆市内河货运船舶每千瓦载运能力，比2002年提高了4倍，每千吨·千米能耗下降了42%，平均每年水运行业节省燃油12万吨，相应降低了二氧化碳和污染物的排放。

6. 行业自我完善能力显著提升

长江航务管理局会同重庆市、湖北省港航管理部门，组织滚装运输企业自筹资金1.26亿元补偿给退市的非标准滚装船船东，在政府未进行补贴的情况下，40艘非标船舶实现了平稳退市，滚装运输行业探索出了一条非标船退市的新途径。

三、下阶段工作思路及2013年工作安排

长江航务管理局将按照交通运输部的统一部署，统筹协调水系各省市港航管理部门，按照“开前门、关后门、调存量、推示范”的总体思路，推动长江干线船型标准化工作实现两个转变：一是工作重点从规范过闸船舶主尺度、淘汰老旧落后船舶转向提高船舶的安全、环保、节能和经济技术水平；二是工作范围从干线向全水系扩展，全面推进长江运输船舶船型标准化。对于2013年长江干线船型标准化工作，将着力抓好：

（一）全面完成《推进长江干线船型标准化实施方案》相关工作

一是落实好船型标准化补贴资金。组织开展2013年度中央财政补贴剩余资金的平衡申报；开展结余资金的省际间调剂，向资金紧缺、进展顺利的省市倾斜。

二是使用好船型标准化补贴资金。组织开展中央财政补贴资金使用情况和船舶档案专项检查，确保资金使用安全。

三是执行好库区“三类船舶”退市的政策。自2013年1月1日起，严格禁止600总吨以下商船通过三峡船闸，禁止生活污水排放达不到规范要求的客船（含载货汽车滚装船）以及单壳油船、单壳化学品船进入三峡库区航运市场。各级水路运输管理机构、海事部门和三峡船闸管理部门要加强沟通，提前做好政策宣传与解释工作，确保政策执行到位。

四是推进好重点船舶拆解改造。继续采用“以旧换新”的方式，加快干线老旧单壳散装液货危险品船、老旧客船的淘汰更新。

五是组织开展2009—2013年政策效果评估，完成总结性评估报告。

（二）积极推进“十二五”后期船型标准化相关工作

一是开展标准船型技术政策的检查调研。组织开展标准船型主尺度系列执行情况检查、标准船型指标体系运行情况调研、清洁能源（LNG、电力驱动）等节能减排设备和技术应用情况调研，为制定“十二五”后期标准化政策打好工作基础。

二是制定完善“十二五”期船型标准化推进政策。开展符合补贴条件船舶的摸底调查，配合部研究提出后续中央财政补贴条件、标准、管理措施，研究提出对新建示范船舶实施财政补贴的建议。

三是加快推进三峡库区船型标准化工作。会同有关港航管理部门，积极推广使用三峡库区大L/B比船型，推进LNG动力设备、电力驱动、汽车甩挂运输在长江运输船舶上的实船应用；积极推进三峡升船机标准船型的相关研究。

四是按部部署组织开展现有船舶的分类认定。研究制定“自然淘汰、引导淘汰和改造成标准船”三类船舶的管理措施，并组织实施。

（长江干线船型标准化执行领导小组办公室）

专题8

长江电子航道图（2.0版）

2012年10月1日，在历经两年多的技术研发与调试的基础上，长江电子航道图（2.0版）开始在社会营运船舶和相关管理单位试运行，该图的试运行标志着长江航运保障服务功能步入全新数字化时代。

一、长江电子航道图（2.0版）的主要功能

长江电子航道图（2.0版）具有通用性强、定位精度高、更新速度快、航道信息丰富等特点。其功能主要有以下十个方面：

（1）不同水深自动显示功能。能够根据用户需求自动获取所需要的不同水深航道，使用户直观地掌握不同水深航道尺度信息，指导船舶安全航行。

（2）水位水深预测预报功能。能够根据用户需求查询当天实测水位信息和未来七天预报水位信息，并根据水位信息获取当天的水深和未来七天的航道预报水深，为航行船舶配载提供参考。

（3）语音信号预警提示功能。能够实现多种航行安全语音或信号预警提示功能：主要有偏离航道预警、周边船舶交会预警、水下碍航物预警、浅水区航行提示、特殊水域航行提示、桥区水域航行提示等功能。

（4）船舶自动识别定位功能。能够自动对装有AIS系统的船舶进行实时准确定位，并在长江电子航道图上自动识别和直观显示船舶的位置。

（5）船舶远程动态监控功能。能够实时监控船舶所在位置，从而对船舶的安全生产和任务执行情况做到远程实时跟踪、监控，并协助事故调查等。

（6）航道信息动态显示功能。能够显示航标、水位、水下碍航物、临过河建筑物等航道要素信息供用户使用。

（7）航线设计及轨迹回放功能。能够根据船舶自身航行需求，制订计划航线并实时计算航线距离、航行时间；连续记录航行轨迹及实现航迹回放等功能。

（8）航道信息及时更新功能。能够通过无线或有线网络通信自动更新长江电子航道

图（2.0版）数据，及时掌握航道综合信息。

（9）船舶导航辅助决策功能。能够通过GPS定位实时在长江电子航道图上显示本船的船位、航向、航速等，实现多功能导航辅助决策服务。

（10）自动匹配显示应用功能。能够自动完全匹配，实现显示方式控制、显示背景控制，任意放大、缩小、漫游及距离量算、面积量算等功能。

二、试运行总体情况

为确保电子航道图试运行正常，长航局及所属单位成立了长江电子航道图（2.0版）试运行领导小组及办公室，制定了试运行具体实施方案，加强了试运行工作组织领导。试运行过程中，系统运行正常，试用船舶反应良好，未出现任何突发事件。

三、试运行工作基本情况

1. 航道维护

为保证电子航道图运行稳定，航道部门加强了航道的日常探测、检查、航道测绘、航道分析等工作。在确保计划航道维护尺度的同时，确保了长江电子航道图外业数据的采集、及时更新和发布。在运行过程中，各单位的维护管理水平进一步得到加强和提高，特别是中上游各区域航道局积极应对了三峡175米蓄水、向家坝蓄水对辖区航道带来的不利影响，调遣大型挖泥船对通州沙、福姜沙、口岸直、东流、太平口、枝江、芦家河、红灯碛等浅水道实施维护疏浚，较圆满地完成了辖区航道维护工作，长江干线航道未发生航道责任事故，航道尺度保证率100%，航标维护正常率100%。

2. 电子航道图数据采集、更新

航道部门按照试运行实施方案及《长江电子航道图（2.0版）系统试运行航道维护技术要求及管理规定》组织开展航道测绘工作，对河床地形、航标、码头、取水头、陡崖、道路等发生变化的地物要素进行了测绘。

3. 水位（潮位）观测、预测及水位站建设

试运行期间，长江干线共设置水位站99处，航道部门按照水位（潮位）观测要求对辖区内的水位（潮位）进行观测，并对辖区内未来7天的水位进行预测。

长江航道规划研究院每天对长江全线94个水位站未来7天的水位进行滚动式预测，并不断完善长江航道短期水位预测方法，以提高水位预测精度。航道工程建设指挥部督促重点自动水位站的施工单位利用上游向家坝蓄水的时机，完成了上游5处重点水位站的气管正式铺设、水尺埋设等工作，并要求监理单位对李渡、李家沱等自动水位站的高程控制进行了复测检验。

4. 系统服务与监控指挥

2012年10月1日，长江航道局成立了长江电子航道图系统服务与监控中心，实行24小

时值班，为长江电子航道图外部终端用户提供全方位的航道及电子航道图等相关服务，以及对局内终端用户实行有效的监督和管理。

试运行以来，监控中心及时向相关船舶以发送短信、电话通知与回复、与设备厂家沟通、回访船舶用户、协助解决船舶终端设备操作问题及硬件故障等，为用户提供优质服务与技术保障。

5. 系统维护管理及安全监管

为确保电子航道图及系统运行正常，航道部门对系统进行了日常维护管理，主要包括数据采集、数据制作、数据更新及数据预处理平台、生产编辑平台和公共服务平台的维护管理工作；对电子航道图数据采集、制作、更新、发布、应用服务及航道疏浚等各个环节进行了安全监督管理；对电子航道图所涉及的硬件设备设施、数据库、网络及信息产品的安全进行保护。

6. 应急保通

为保障电子航道图系统试运行期试点船舶航行安全及航道畅通，航道部门分别与泸州、重庆、宜昌、岳阳、九江、芜湖、南京、江阴等地的10家单位签署了战略合作协议，完成了救助力量在长江沿线的布局，并通过划分责任河段，在长江干线航道初步形成了“全方位覆盖、全天候运行，反应快速、救助有效”的应急救捞系统。

7. 系统研发

航道部门组织北京方正公司完成长江电子航道图（2.0+）系统的软件开发工作，并交付第三方测试单位准备系统测评工作；同时组织开展了长江电子航道图（3.0版）系统功能需求分析，编制完成了长江电子航道图（3.0版）系统技术规格书，并开展了各项技术实现的可行性研究和前期技术攻关。

8. 海事监管

根据相关协议，海事部门根据现行相关水上安全管理规定，结合水上AIS、VTS、CCTV等系统功能，分析、研究电子航道图运行过程中在海事监管中的运用，为航行船舶提供更加安全、可靠的服务保障。

四、长江电子航道图功能进一步拓展与运用

1. 长江电子航道图深水航道应用

根据长江不同水位变化过程中航道维护工作，加强长江电子航道图深水航路核查与航道演变分析，发现航道淤积及时督促各航道工程单位实施疏浚施工，服务与监控中心对通过浅险水道的船舶用户进行提示、指导和服务，并及时通报辖区海事局，为社会船舶提供更加优质的服务。

2. 社会船舶服务

根据社会需求，广泛征求船舶和管理单位意见，对长江电子航道图设备、系统、数

据和网络等进行进一步完善和改进。

3. 系统功能完善

继续加大科技创新力度，紧密结合实际应用，注重顶层设计，不断提高科学研究水平、创新能力和成果转化能力，协调推进技术研发、平台建设和技术推广应用三个关键环节，加强信息资源整合，促进创新资源高效配置和综合集成，不断提高长江航运科技水平。

（长江航务管理局航道与通航管理处）

资料汇编篇

附表1　长江沿江省市运输船舶拥有量

	船舶数（艘数）	其中		载客量（客位）	净载重量（吨位）	标准箱位（TEU）	总功率（千瓦）
		机动船（艘数）	驳船（艘数）				
2005年	123 746	98 367	25 379	586 869	52 257 408	668 485	19 530 836
2009年	109 236	89 917	19 319	511 960	73 451 568	943 715	26 437 038
2010年	114 714	99 207	15 507	520 840	95 606 568	1 026 658	30 834 224
2011年	114 943	100 444	14 499	502 117	116 063 723	1 134 569	35 135 776
2012年	111 383	98 218	13 165	474 528	117 754 753	1 200 083	36 367 856
云南省	920	920		17 482	111 444	10	78 105
四川省	8 885	7 490	1 395	96 997	1 041 231	4 988	494 856
重庆市	4 011	3 916	95	93 491	5 102 072	52 786	1 440 254
湖北省	4 895	4 531	364	38 064	8 340 647	1 994	1 978 982
湖南省	8 297	8 242	55	76 691	2 839 617	3 386	1 151 602
江西省	4 188	4 154	34	10 967	2 252 872	2 663	708 848
安徽省	29 481	27 505	1 976	15 726	27 491 682	21 609	8 431 011
江苏省	48 794	39 621	9 173	49 501	38 938 248	36 292	10 324 630
上海市	1 912	1 839	73	75 609	31 636 940	1 076 355	11 759 568

附表2 长江沿江省市水路旅客运输量与周转量

	旅客运输量（万人）				旅客周转量（万人公里）			
	合计	内河	沿海	远洋	合计	内河	沿海	远洋
2005年	8 947	7 743	1 202	2	273 524	228 868	41 750	2 906
2009年	8 161	6 728	1 433		258 455	187 760	70 695	
2010年	7 505	6 904	601		262 893	199 057	63 836	
2011年	8 317	7 906	411		241 672	223 147	18 525	
2012年	8 540	8 164	376		246 654	230 490	16 164	
云南省	855	855			20 197	20 197		
四川省	3275	3 275			27 283	27 283		
重庆市	1 256	1 256			113 164	113 164		
湖北省	444	444			29 882	29 882		
湖南省	1 349	1 349			26 292	26 292		
江西省	255	255			3 169	3 169		
安徽省	159	159			2 947	2 947		
江苏省	594	571	23		13 852	7 556	6 296	
上海市	353		353		9 868		9 868	

附表3　长江沿江省市水路货物运输量与周转量

	货物运输量（万吨）				货物周转量（万吨公里）			
	合计	内河	沿海	远洋	合计	内河	沿海	远洋
2005年	94 120	57 355	24 753	12 012	154 632 305	18 631 313	33 238 914	102 762 078
2009年	149 925	94 851	39 039	16 035	207 949 564	33 512 100	49 555 566	124 881 898
2010年	180 134	114 652	45 825	19 657	267 619 897	39 221 449	56 421 796	171 976 652
2011年	202 112	128 462	52 136	21 514	304 230 179	46 607 699	63 813 619	193 808 861
2012年	216 706	140 335	52 446	23 925	323 072 335	53 916 012	60 605 727	208 550 596
云南省	465	465			87 110	87 110		
四川省	7 161	7 161			1 036 767	1 036 767		
重庆市	12 875	12 754	121		17 399 476	17 352 716	46 760	
湖北省	19 927	11 836	7 275	816	19 571 806	7 407 585	6 833 556	5 330 665
湖南省	18 705	18 622		83	5 622 609	4 158 518		1 464 091
江西省	7 916	7 426	490		2 016 561	1 329 992	686 569	
安徽省	40 716	38 402	2 301	13	16 136 607	13 817 841	2 276 124	42 642
江苏省	58 639	41 007	12 110	5 522	60 529 536	8 236 009	11 445 368	40 848 159
上海市	50 302	2 662	30 149	17 491	200 671 863	489 474	39 317 350	160 865 039

附表4　长江沿江省市水路分货类运输量

单位：万吨

	合计	煤炭	石油天然气及制品	金属矿石	钢铁	矿建材料	水泥	木材	非金属矿石	化肥及农药	盐	粮食	其他
2005年	94 120	16 831	12 367	8 807	3 055	17 437	1 826	649	2 562	1 301	775	1 853	33 235
2009年	149 925	24 934	14 707	12 957	4 292	40 359	6 134	575	2 983	1 771	1 723	2 902	36 588
2010年	180 134	29 176	18 236	17 331	5 376	48 904	6 771	679	4 508	1 819	1 902	2 654	42 779
2011年	202 112	30 298	20 207	17 967	6 779	56 274	8 103	774	5 797	2159	2 147	3 796	47 811
2012年	216 706	31 734	21 921	13 749	7 305	63 152	9 102	1 080	7 449	2 507	2 364	3 913	52 430
云南省	465	95		7	6	154	9	11	118	6	6	9	44
四川省	7 161	361	63	49	2	6 140	26	3	186	70	14	22	225
重庆市	12 875	2 984	594	1 505	784	2 929	493	28	715	226	70	124	2 423
湖北省	19 927	4 651	734	5 702	571	4 398	630	17	814	215	95	293	1 807
湖南省	18 705	1 157	755	1 258	1 043	11 571	483	113	810	76	115	141	1 183
江西省	7 916	157	401	19	103	6 475	211	23	103	11	7	27	379
安徽省	40 716	4 005	573	2 216	1 915	19 039	5 011	126	3 756	379	59	1 246	2 391
江苏省	58 639	11 222	10 632	1 375	2 415	10 977	1 900	758	872	1 501	1 998	1 696	13 293
上海市	50 302	7 102	8 169	1 618	466	1 469	339	1	75	23		355	30 685

附表5 长江沿江省市水路分货类运输周转量

单位：万吨公里

	合计	煤炭	石油天然气及制品	金属矿石	钢铁	矿建材料	水泥	木材	非金属矿石	化肥及农药	盐	粮食	其他
2005年	154 632 305	15 156 415	23 621 359	6 323 293	3 719 165	4 305 649	1 138 601	818 705	1 671 331	1 535 244	179 616	1 681 663	94 481 263
2009年	207 949 564	23 534 871	38 217 983	11 456 421	4 133 057	10 503 242	3 114 143	434 710	2 008 945	1 788 137	583 409	4 710 642	107 884 736
2010年	267 619 897	28 628 550	50 200 077	14 218 136	5 821 103	10 947 361	3 419 483	780 859	2 436 356	2 257 396	640 198	2 036 367	146 234 012
2011年	304 230 179	32 529 711	60 438 346	22 384 188	6 787 366	14 129 737	4 568 659	728 121	3 251 714	2 524 813	795 093	4 603 491	151 488 941
2012年	323 072 335.3	32 131 995	74 416 871	18 455 064	7 724 747	16 952 567	5 352 854	634 435	5 367 113	1 967 226	818 806	5 814 110	153 436 546
云南省	87 110	26 850		2 104	384	6 621	1 436	3 568	36 860	854	382	761	7 290
四川省	1 036 767	294 963	85 508	8 648	1 304	283 049	3 966	629	61 446	28 931	8 893	9 746	249 684
重庆市	17 399 476	4 554 382	902 059	2 580 723	1 273 288	1 849 971	703 077	33 475	1 214 763	327 343	90 011	191 393	3 678 991
湖北省	19 571 806	5 477 291	711 632	6 368 278	896 096	2 443 378	481 186	20 982	498 201	150 463	75 606	698 282	1 750 411
湖南省	5 622 609	401 208	258 850	624 100	404 151	1 136 260	173 628	49 436	932 372	43 311	33 545	735 590	830 157
江西省	2 016 561	76 078	415 587	30 702	88 567	834 741	139 448	13 522	123 019	5 505	1 982	12 532	274 878
安徽省	16 136 607	2 134 006	282 153	569 791	880 917	6 167 558	2 458 877	34 506	1 747 569	205 827	12 184	587 841	1 055 378
江苏省	60 529 536	6 067 261	34 065 427	2 343 797	2 680 293	3 849 062	1 227 211	464 226	394 729	839 533	596 203	1 611 790	6 390 004
上海市	200 671 863	13 099 956	37 695 655	5 926 921	1 499 747	381 927	164 025	14 091	358 154	365 459		1 966 175	139 199 753

附表6　长江沿江省市分省市港口吞吐量

	货物吞吐量				集装箱吞吐量			滚装汽车（万辆）	旅客吞吐量		利用自然岸坡完成船舶货物装卸量（万吨）
	合计（万吨）	外贸	出港	外贸	箱数（万TEU）	重量（万吨）	货重		合计（万人）	出港	
2005年	189 672	30 564.1	83 723.7	12 062.5	2 198.7	20 238.8	15 749.9	215.8	10 312.5	4 871.8	5 151.0
2009年	281 114.6	47 727.8	117 061.5	16 270.9	3 557.9	36 091.5	28 995	157.5	6 298.2	3 017.2	1 884.8
2010年	332 462.1	55 778.1	142 017.4	19 940.4	4 242.8	42 702.4	34 259.4	186.7	5 943.6	2 958.6	1 385.6
2011年	376 280.7	63 913.8	137 758.4	22 850.2	4 839.75	49 452	39 852.8	236.57	6 159.1	2 993.2	2 056.0
2012年	396 326.9	69 297.2	166 367.7	23 995.2	5 141.5	53 488.3	43 289.0	247.4	6 049.8	2 938.9	2 057.2
云南省	390.1	27.5	293.1	11.3					933.7	471.9	88.3
四川省	7 705.2	34.9	2 295.9	19.9	16.0	183.3	152.2		1 729.5	855.5	1 046.5
重庆市	12 502.4	409.3	4 832.4	237.5	79.6	894.0	729.1	60.5	1 192.0	570.9	
湖北省	23 518.1	834.9	9 993.6	384.8	95.1	1 335.9	1 143.8	50.2	312.1	166.0	
湖南省	21 867.0	312.5	9 879.4	192.1	29.6	402.2	333.8		1 211.6	537.8	8.2
江西省	25 270.8	190.7	17 078.4	142.1	22.6	256.1	210.9		458.7	228.9	731.3
安徽省	36 097.2	272.2	22 714.4	141.2	45.6	387.3	296.5	7.2	70.0	35.4	182.9
江苏省	195 417.1	31 390.2	70 872.3	69 59.2	1 600.1	17 549.1	14 290.1	1.4	12.2	6.2	
上海市	73 559.0	35 825.0	28 408.2	15 907.0	3 252.9	32 480.4	26 132.7	128.1	130.0	66.3	

附表7　长江沿江省市分省市内河港口吞吐量

	货物吞吐量				集装箱吞吐量			滚装汽车（万辆）	旅客吞吐量		利用自然岸坡完成船舶货物装卸量（万吨）
	合计（万吨）	外贸	出港	外贸	箱数（万TEU）	重量（万吨）	货重		合计（万人）	出港	
2005年	138 968.2	8 142.5	63 881.1	2 353.8	288.6	2 913.5	2 269.1	67.2	9 045.4	4 243.7	5 151.0
2009年	219 938.8	15 295.7	93 471.7	3 353.8	753.0	8 600.2	7 073.3	117.3	6 111.5	2 921.6	1 884.8
2010年	261 769.6	17 681.9	114 468.9	4 766.3	945.1	10 900.3	8 989.4	111.7	5 762.1	2 866.9	1 385.6
2011年	296 096.8	20 779.2	105 974.8	5 750.1	1 177.6	13 606.1	11 212.6	125.6	5 991.2	2 907.8	2 056.0
2012年	312 082.5	23 484.8	132 392.6	6 320.3	1 384.4	15 995.9	13 187.3	119.2	5 907.6	2 866.4	2 057.2
云南省	390.1	27.5	293.1	11.3					933.7	471.9	88.3
四川省	7 705.2	34.9	2 295.9	19.9	16.0	183.3	152.2		1 729.5	855.5	1 046.5
重庆市	12 502.4	409.3	4 832.4	237.5	79.6	894.0	729.1	60.5	1 192.0	570.9	
湖北省	23 518.1	834.9	9 993.6	384.8	95.1	1 335.9	1 143.8	50.2	312.1	166.0	
湖南省	21 867.0	312.5	9 879.4	192.1	29.6	402.2	333.8		1 211.6	537.8	8.2
江西省	25 270.8	190.7	17 078.4	142.1	22.6	256.1	210.9		458.7	228.9	731.3
安徽省	36 097.2	272.2	22 714.4	141.2	45.6	387.3	296.5	7.2	70.0	35.4	182.9
江苏省	174 912.7	21 485.3	64 044.1	5 203.5	1 095.9	12 537.1	10 321.1	1.4			
上海市	9 819.0		1 261.3								

附表8　长江沿江省市分货类内河港口吞吐量

单位：万吨

省市	总计	液体散货				干散货						件杂货					集装箱（万TEU）	滚装汽车（万辆）
		小计	其中			小计	其中					小计	其中					
			原油	成品油	液化气天然气及制品		煤炭及制品	金属矿石	散水泥	散粮	散化肥		木材	粮食	化肥	水泥		
2007年	180 742	1 130 5	2 784	3 449	332	125 586	30 757	24 656	5 494	828	544	35 309	1 925	3 245	1 746	5 204	571	104
2009年	219 939	12 866	2 658	3 927	451	161 859	36 739	27 554	5 017	1 565	1 080	32 521	1 491	1 968	2 076	5 918	753	117
2010年	261 770	14 487	2 565	4 489	227	192 876	46 413	36 503	6 776	1 372	522	40 368	2 216	3 151	2 023	4 875	945	112
2012年	312 083	16 406	2 220	4 999	580	233 133	60 102	41 618	11 030	3 044	60	43 201	1 993	2 721	2 836	6 843	1 384	119
云南省	390.1					309.3	78.6	7.0				80.8	4.2	7.2	4.2	7.1		
四川省	7 705.2	80.7	57.0	1.5	0.8	6 936.4	882.1	45.7	18.3	7.2	1.5	504.7	6.2	20.8	75.3	72.5	16.0	
重庆市	12 502.4	401.2		264.8	39.8	7 959.7	1 944.2	1 024.0	402.8	0.1	0.6	1 549.1	40.8	79.1	328.4	295.5	79.6	60.5
湖北省	23 518.1	699.3	17.5	470.5	28.9	16 886.5	2 586.5	4 043.2	264.1	8.0		3 034.1		213.1	241.5	600.5	95.1	50.2
湖南省	21 867.0	895.1	250.1	393.0	150.9	18 338.8	1 556.2	1 843.6	106.1	48.2	42.1	2 231.0	391.5	246.2	201.8	223.8	29.6	
江西省	25 270.8	272.3	3.9	186.9	36.8	23 683.7	1 027.5	1 139.1	1 035.5	53.0		1 058.7	40.7	24.2	21.8	105.8	22.6	
安徽省	36 097.2	568.5	25.6	472.7	3.2	30 058.6	4 593.2	3 672.1	4 689.6	169.0	4.9	5 010.7	6.6	145.1	46.7	3 004.8	45.6	7.2
江苏省	174 912.7	13 416.6	1 865.5	3 210.0	319.4	120 806.5	46 608.0	29 837.8	3 833.7	2 739.5	9.9	28 138.6	1 502.5	1 896.1	1 911.5	2 456.7	1 095.9	1.4
上海市	9 819.0	72.7				8 153.1	825.9	5.6	680.2	19.0	0.5	1 593.2	0.6	89.5	4.8	76.7		

附表9　长江干线航道计划维护尺度（2012年）

河　　段		航道尺度（水深×航宽×弯曲半径）（米×米×米）	航道维护水深年保证率（%）
宜宾—羊角滩		2.7×50×560	98
羊角滩—李渡		3.5×100×800	98
李渡—忠县		4.5×150×1 000	98
忠县—三峡船闸上隔流堤头		4.5×140×1 000	98
三峡船闸上隔流堤头—葛洲坝1号船闸—宜昌中水门		4.5×140×1 000	98
其中	两坝间	4.5×80×1 000	98
	葛洲坝大江航道	4.5×140×1 000	98
	葛洲坝三江航道	3.5×120×1 000	98
	三峡船闸	4.5×180×1 000	98
宜昌中水门—下临江坪		4.5×80×750	95
下临江坪—城陵矶		3.2×80×750	95
城陵矶—武桥		3.5×80×750	98
武桥—安庆皖河口		4.0×100×1 050	98
安庆皖河口—芜湖长江大桥		5.5×200×1 050	98
芜湖长江大桥—南京燕子矶		9.0×500×1 050	98
其中	乌江水道	4.5×200×1 050	
	裕溪口水道	3.0×100×1 050	
	太平府水道	3.0×100×1050	
南京燕子矶—江阴鹅鼻嘴		10.5×500×1 050	98
其中	仪征捷水道	4.5×150×1 050	
	宝塔水道	4.5×100×1 050	
	鳗鱼沙东槽	350×1 050	
江阴鹅鼻嘴—太仓荡茜闸		10.5×500×1 050	
其中	福姜沙北水道	7.5×250×1 050	
	福姜沙中水道	4.5×150×1 050	
太仓荡茜闸—浏河口		12.5×500×1050	98（其中白茆沙水道95%）
其中	白茆沙北水道	4.5×150×1 050	
	北支水道	维护自然水深	
		2.5×200×1 050	
		3.0×250×1 050	
		5.0×250× 1050	

附表10 长江干线航道计划维护尺度（2013年）

河段		航道尺度（水深×航宽×弯曲半径）（米×米×米）	航道维护水深年保证率（%）
宜宾—羊角滩		2.7×50×560	98
羊角滩—李渡		3.5×100×800	98
李渡—忠县		4.5×150×1 000	98
忠县—三峡船闸上隔流堤头		4.5×140×1 000	98
三峡船闸上隔流堤头—葛洲坝1号船闸—宜昌中水门		4.5×140×1 000	98
其中	两坝间	4.5×140×1 000	98
	葛洲坝大江航道	4.5×140×1 000	98
	葛洲坝三江航道	3.5×120×1000	98
	三峡船闸	4.5×180×1 000	98
宜昌中水门—下临江坪		4.5×80×750	95
下临江坪—城陵矶		3.2×80×750	95
城陵矶—武桥		3.7×80×750	98
武桥—安庆皖河口		4.0×100×1 050	98
安庆皖河口—芜湖高安圩		6.0×200×1050	98
芜湖高安圩—芜湖长江大桥		6.0×500×1 050	98
芜湖长江大桥—南京燕子矶		9.0×500×1 050	98
其中	乌江水道	4.5×200×1 050	
	裕溪口水道	3.0×100×1 050	
	太平府水道	3.0×100×1 050	
南京燕子矶—江阴鹅鼻嘴		10.5×500×1 050	98
其中	仪征捷水道	4.5×150×1 050	
	宝塔水道	4.5×100×1 050	
	鳗鱼沙东槽	350×1 050	
江阴鹅鼻嘴—太仓荡茜闸		10.5×500×1 050	
其中	福姜沙北水道	8.0×250×1 050	
	福姜沙中水道	4.5×150×1 050	
太仓荡茜闸—浏河口		12.5×500×1 050	98（其中白茆沙水道95%）
其中	白茆沙北水道	4.5×150×1 050	
	北支水道	维护自然水深	
		2.5×200×1 050	
		3.0×250×1 050	
		5.0×250×1 050	

附表11　2012年长江航运景气状况

	1季度	2季度	3季度	4季度
一、长江航运景气指数	99.28	101.64	90.30	97.08
二、长江航运信心指数	88.82	91.38	83.38	93.52
三、按类型分				
港口企业景气指数	107.62	108.56	98.67	105.33
航运企业景气指数	89.87	93.81	80.83	87.73
四、按区域分				
上游企业景气指数	90.40	97.08	77.19	88.50
中游企业景气指数	95.58	91.98	73.85	86.54
下游企业景气指数	104.18	107.38	102.08	104.68
五、按运输分				
客运景气指数	108.19	103.61	110.42	95.16
货运景气指数	82.67	105.31	77.80	101.05
六、主要运输种类				
干散货运输景气指数	77.59	100.86	76.81	98.34
液体散货运输景气指数	96.86	100.27	104.62	110.87
外贸运输景气指数	97.05	103.39	103.45	104.35
集装箱运输景气指数	102.03	129.86	107.21	106.82
载货汽车滚装运输景气指数	108.14	98.81	88.56	97.02
七、企业主要景气观察指标				
业务量	85.53	111.04	78.72	101.97
业务收入	89.13	109.41	85.46	106.20
业务收费价格	96.81	96.36	85.79	98.40
营业成本	79.69	80.67	76.02	72.52
盈利（亏损）变化	87.39	104.69	84.02	96.56
净资产收益率	75.55	96.88	84.36	98.24
货款拖欠	99.61	92.89	88.49	94.34
劳动力需求	95.29	96.62	97.05	105.47
船产量	93.07	100.45	87.72	89.42
泊位利用率	104.24	126.00	84.76	119.98
固定资产投资	96.03	114.02	110.22	109.66